公共経営の変容と
会計学の機能

PUBLIC MANAGEMENT

柴 健次 Shiba Kenji 【編著】 同文舘出版

はしがき

　本書は，日本会計研究学会に設置された課題研究委員会「公共経営の変容と会計学の機能」（委員長柴健次，平成24年9月から平成26年9月）の最終報告書に加筆修正を行ったものである。

　当研究委員会は，社会において「公共経営の変容」が進行しているのに対して，これを対象とする会計学研究が少ないという現状に鑑み，この領域の研究を確立したいという思いから設置された。当委員会は，日本会計研究学会の前々会長平松一夫先生と前会長の伊藤邦雄先生のご指示の下，会員各位の支援を得て，その任務を遂行した。

　研究テーマは「公共経営の変容と会計学の機能」である。公共経営の変容は，伝統的な行政経営の在り方が変わることに加えて，行政以外のさまざまな組織が公共の担い手として登場してきたことも意味している。この公共経営の変容に対応して整備されてきたのがいわゆる公会計である。しかしながら，これまでのところ，公会計は政府組織の会計を意味することが多く，非営利組織の会計は別の領域として議論されることも多い。これに対して，われわれは公共経営という観点から接近しているので，公会計は政府会計と非営利会計を幅広く含むと考えている。さらに，特定の公共サービスを複数の組織が担うという現象に対して，組織横断的に会計情報を整備しようとするなら，個々の組織を会計主体とするのではなく，特定サービスを担う諸組織全体を意識する必要がある。これも公会計の範疇に含めるという考えも生まれてくる。

　こうした多様な内容を包含する公会計を対象とするのが公会計学である。われわれの課題研究委員会の課題は，多様な公会計の現状把握から進めて，公会計学の構築の準備をするということにある。つまり，「公会計の研究」とした方が最近の流行に乗りやすいのかもしれないが，われわれはそれには満足できなかったのである。当委員会の設立時の委員長である小林麻理（現在，会計検査院の検査官）のこだわりがこの点にあった。小林委員長を引き継いだ私もまたその路線を引き継いだ。

この研究委員会の設立にあたっては，未開拓の研究分野へ挑戦しようとする研究者が参集した。最初の関門はこのフロンティア集団の中で「公共経営」の概念を共有することであった。ついで，「会計の機能」と「会計学の機能」の違いを明確にすることであった。研究が進むにつれ，この２つの関門が突破されてきた。そのため，中間報告と最終報告では焦点の置き所が変わっている。そういうプロセスも理解してもらうため，研究段階での「中間報告」や「最終報告」の用語をそのまま残している。その上で，本研究のプロセスを明らかにするために第１章が書かれている。本書は市販目的なので，この過程の説明を省いてもかまわないのであるが，構築途上の公会計学を理解していただくために参考になろうとそのままにした。

　著者の金子知裕と佐藤綾子は，課題研究委員会の正式メンバーではなかったが，委員会設置当時よりすべての研究会に参加して，メンバーとともに議論を共有してきた。彼らの意見は，中間報告と最終報告には含まれていない。しかしながら，最終報告を市販化するにあたり，両者に原稿の提出を依頼した。その分，全体としてみれば，最終報告よりは議論が拡大している。

　この研究課題委員会の最終報告は，平成26年９月に開催された日本会計研究学会第73回全国大会（横浜国立大学）で行われた。その最終報告の後，同文舘出版株式会社より市販化の承諾を得た。同社に感謝するとともに，何より本書の出版に結びつく研究のチャンスを与えていただいた日本会計研究学会に対して深く感謝する。

　2016年10月

柴　健次

公共経営の変容と会計学の機能●もくじ

第1章 公共経営の変容と会計学の機能

1 本研究の問題意識　　*1*

2 中間報告の確認　　*2*

1．公会計を必要とする原因 …………………………………… *3*
2．公共経営概念の変化 ………………………………………… *3*
3．公共経営の変化と会計 ……………………………………… *3*
4．公共の担い手の変化と会計 ………………………………… *4*
5．公会計の多様性の確認 ……………………………………… *4*

3 わが国の「いわゆる公会計」改革　　*6*

1．いわゆる公会計改革の収れん ……………………………… *6*
2．3E的な公会計改革の先例 …………………………………… *7*
3．新たな局面に入ったいわゆる公会計改革 ………………… *8*

4 最終報告の課題　　*10*

1．最終報告の構成 ……………………………………………… *10*
2．主な論点 ……………………………………………………… *11*

5 おわりに　　*16*

第2章 公会計の理論と実務の国際比較

1 問題認識と目的 — 19

2 公会計改革および実践の国際比較―会計実践と会計理論― — 20

3 行政・政治学からの研究アプローチ — 23

4 公会計学への体系化の提示 — 27

5 まとめ — 30

第3章 市民からみた公共経営と会計学の機能

1 はじめに — 35

2 市民が公共経営に関わる諸側面 — 36

1. 公共サービスの受領者としての市民 … 36
2. 納税者としての市民 … 38
3. 資源提供者としての市民 … 39
4. 有権者としての市民 … 40
5. 市民の意思決定に必要な情報 … 41

3 市民からみた公共経営と会計の課題 — 42

1. 公共サービス受領者としての市民と会計の課題 … 42
2. 納税者としての市民と会計の課題 … 44

3．資源提供者としての市民と会計の課題 ································ *45*
4．有権者としての市民と会計の課題 ····································· *46*
5．市民からみた公共経営と会計の課題 ··································· *48*

4 市民からみた公共経営と「会計学」の課題　*49*

第4章 国際公会計基準における財務情報と非財務情報の役割と機能

1 国際公会計基準（IPSAS）とは　*53*

2 IPSASにおける概念フレームワーク　*54*

1．概念フレームワークとは ··· *54*
2．財務報告の利用者 ··· *54*
3．情報ニーズ ··· *55*

3 戦略コンサルテーション　*57*

4 IPSASにおける財務情報と非財務情報の役割と機能　*58*

1．財務諸表 ··· *58*
2．予算情報 ··· *60*
3．統計情報 ··· *60*
4．予測財務・非財務情報 ··· *60*
5．サービス業績情報 ··· *63*

5 今後の財務情報と非財務情報の役割と機能に関する考察　*64*

第5章 公共経営における会計の対象領域の拡大とその展開

1 はじめに　　67

2 ミクロ会計とマクロ会計の連携と公会計　　68

3 公共経営の変容と新たな公会計領域の必要性　　70

4 新たな公会計領域の3つの展開方向　　73
1. 公共サービスの新たな提供形態に対する公会計　　73
2. 公共サービスの評価に資する公会計　　76
3. 行政区域を横断する問題と公会計　　80

5 おわりに　　81

第6章 公共経営の変容におけるコスト・マネジメントの理論課題

1 問題認識と目的　　87

2 理論課題1：公共経営におけるコスト・マネジメントの対象領域と範囲　　89
1. 公共経営におけるコスト・マネジメントの定義　　89
2. 公共経営における原価計算対象　　91
3. 公共経営におけるコスト・マネジメントの領域と範囲　　93

3 課題2：公共経営の担い手とコスト・マネジメントの理論課題　　96
1. 公共経営の担い手　　96

2．多様な公共経営の担い手とコスト・マネジメントの理論課題 ……………… 97

第4章 課題と展望　　99

第7章 公共経営における原価計算の機能と課題
―コスト情報の計算と利用―

1 はじめに　　103

2 フルコストの意義　　104
1．フルコストの意義 …………………………………………………………… 105
2．フルコストの利用 …………………………………………………………… 107

3 フルコスト計算の事例　　108

4 日本の公的組織における業務改善とコスト管理の事例　　110

5 事業管理者によるコスト情報の利用～AGAの調査から～　　113

6 まとめと今後の課題　　116

第8章 地方公共団体における企画主体の変容と業績管理における課題

1 はじめに　　119

2 分権化と成果指向の業績管理　　121
1．地方分権による分権化 ……………………………………………………… 121

2．多様な民間組織の活用	*122*
3．成果指向の業績管理	*124*

④ 北上市の事例　　*126*

1．北上市の支援事業の事業化の経緯	*126*
2．事業組織	*129*
3．団地の支援の体制と内容	*130*
4．事業費の構造	*132*

⑤ 考　察　　*133*

⑥ おわりに　　*134*

第9章 地方公共団体において目的適合的な財務諸表の整備に向けて

① 公共経営の変容と地方公会計　　*137*

② 地方公会計改革をめぐるこれまでの取り組み　　*138*

1．「総務省方式」	*138*
2．「総務省方式改訂モデル」と「基準モデル」	*140*
3．東京都方式	*145*
4．「統一的な基準」	*149*

③ 問題の所在　　*151*

1．資産評価と資産の利用目的との乖離	*151*
2．決算情報に対する評価基準の欠如	*152*
3．予算制度とのリンケージの欠如	*154*

4　公共経営において地方公会計が機能するために考慮すべき条件　155

1．活動の目的が公共サービスの提供であること ………………………… 155
2．活動のための資金の源泉が税であること ……………………………… 157
3．評価基準が多元的であること …………………………………………… 158
4．予算制度と連係した情報システムであること ………………………… 158

5　地方公共団体における財務諸表の活用モデル　160

1．「統一的な基準」の普及促進 ……………………………………………… 160
2．地方公共団体における財務書類の活用モデル ………………………… 161

6　財務諸表の活用に向けた課題　163

1．貸借対照表 ………………………………………………………………… 163
2．行政コスト計算書 ………………………………………………………… 164
3．資金収支計算書 …………………………………………………………… 165
4．純資産変動計算書 ………………………………………………………… 166

7　今後に向けて　167

第10章　地方議会における財務報告活用の課題

1　はじめに　171

2　地方議会による財務報告活用の意義　172

1．財政評価における地方議会の役割 ……………………………………… 172
2．財政評価機能における財務報告活用の意義 …………………………… 174

3　地方議会による財政評価における財務報告活用の課題　178

1. 地方議会による財政評価において必要とされる情報 ……………………… 178
2. 地方議会の情報ニーズと情報媒体のギャップ―町田市の事例を基礎として― …… 180
3. 町田市の事業別財務諸表にみる財務報告の有用性 ……………………… 182
4. 町田市の事業別財務諸表にみる財務報告の課題 ………………………… 185

4 まとめと展望 186

第11章 中央省庁における会計の機能と課題

1 中央省庁の特性 193

1. 中央省庁の組織特性 ……………………………………………………… 193
2. 財政における予算管理とアカウンタビリティ ………………………… 194
3. 経理区分の意義と主体との関係性 ……………………………………… 196
4. 移転支出の位置づけと支出効果の認識 ………………………………… 197

2 開示対象としての財務情報の体系 198

1. 事前段階における歳入歳出予算書とその他の財務情報 ……………… 198
2. 事後段階における歳入歳出決算書とその他の財務情報 ……………… 199
3. 企業会計手法を適用した財務書類（財務諸表）の位置づけ ………… 200

3 財務情報の機能と限界 202

1. 財務書類作成規範としての会計基準の性格 …………………………… 202
2. 決算の意義と財務書類の機能の関係 …………………………………… 202
3. 組織における勘定体系と表示単位 ……………………………………… 203

4 公共経営に向けた社会からの期待 204

1. 財政エンティティの会計機能 …………………………………………… 204
2. 政策評価（行政評価）におけるコスト測定 …………………………… 205

3．領域別（問題解決型）のデータ集計と政策立案への役立ち ……………… 205

第12章 公共経営を支える財源としての税金の役割と問題点

1 はじめに　209

2 法定外税の使途の決定と開示　210
1．太宰府市による「歴史と文化の環境税」の概要 ……………… 210
2．公共経営からみた目的税的普通税における課題 ……………… 211

3 地方公共団体による課税自主権の問題　212
1．神奈川県臨時特例企業税事件の概要 ……………… 212
2．公共経営からみた法定外税の実質的困難の問題点 ……………… 213

4 ふるさと納税　214
1．ふるさと納税の概要 ……………… 214
2．公共経営からみたふるさと納税の問題点 ……………… 215

5 おわりに　217

第13章 独立行政法人における会計の機能と課題

1 はじめに　221
1．独立行政法人の定義 ……………… 221
2．問題意識 ……………… 221

❷ 独法会計の機能　　　　　　　　　　　　　　　　　　　　　　　　*222*

1．財政統制 ………………………………………………………………… *223*
2．財務報告 ………………………………………………………………… *223*
3．業績評価 ………………………………………………………………… *224*

❸ 独法会計の課題　　　　　　　　　　　　　　　　　　　　　　　　*225*

1．財政統制 ………………………………………………………………… *225*
2．財務報告 ………………………………………………………………… *231*
3．業績評価 ………………………………………………………………… *237*
4．まとめ …………………………………………………………………… *240*

❹ 今後の展望　　　　　　　　　　　　　　　　　　　　　　　　　　*241*

1．財政統制 ………………………………………………………………… *241*
2．財務報告 ………………………………………………………………… *242*
3．業績評価 ………………………………………………………………… *243*

❺ おわりに　　　　　　　　　　　　　　　　　　　　　　　　　　　*247*

第14章　公益法人・NPO法人における会計の機能と課題

❶ はじめに　　　　　　　　　　　　　　　　　　　　　　　　　　　*253*

❷ 公益法人・NPO法人制度と会計の概要　　　　　　　　　　　　　　*254*

1．公益法人・NPO法人と公共経営 ……………………………………… *254*
2．公益法人制度 …………………………………………………………… *255*
3．公益法人会計基準の経緯 ……………………………………………… *256*
4．NPO法人制度 ………………………………………………………… *257*

5．NPO法人会計の経緯 ……………………………………………………… *257*

③ 公益法人・NPO法人の会計と公共経営　*259*

1．公益法人・NPO法人会計の目的の変化と発生主義会計への移行 ……… *259*
2．公益法人・NPO法人における発生主義会計導入の意義 ……………………… *260*
3．公益法人・NPO法人における正味財産（純資産）の区分 …………………… *261*
4．活動計算書における費用の区分 ………………………………………… *263*
5．発生主義会計における寄附の収益認識時点の検討 …………………………… *264*
6．財務諸表からみるNPO法人の会計の意義（震災時における寄附金の取り扱いを中心に） …… *266*

④ 課題と展望　*267*

第15章 大学経営における財務情報

① はじめに　*271*

② 会計基準に反映された国立大学の在り方　*272*

③ 会計基準に反映された私立大学の在り方　*275*

④ 財務面に関する追加的情報　*278*

⑤ 誰が大学教育の費用を負担するのか　*283*

⑥ おわりに　*286*

公共経営の変容と会計学の機能

公共経営の変容と会計学の機能

 本研究の問題意識

　われわれは公共経営の変容が会計学の機能を変化させる一方で会計学の機能が公共経営の変容をもたらすと考えている。その相補関係を明確に意識するとき公会計学を構築する必要を感ずるのである。しかも，わが国の会計学研究において名称の如何を問わず公会計学に分類し得るものの少なさを実感する研究者にとって公会計学の構築は急務である。

　ここに公会計学は公共経営にかかわるけれども公共経営を説明する理論ではない。それは公共経営に関連する会計行為および会計現象を説明する会計理論である。ここでの会計行為は公会計と呼ばれる。しかし，社会は公会計行為の説明に飽き足らず，公会計行為に関連する諸現象の説明をも求める。この関連現象には，公会計制度や公監査制度，財政健全化関連制度，公有資産管理制度，政策・施策・事務事業の評価，さらには公会計教育までが含まれる。こうした広範な公会計行為および公会計関連事象がなぜ行われるか，なぜ存在するかについての探究が求められている。われわれはこれを学問の真理探究機能であると考えている。

　しかし，学問の機能は真理探究にとどまらない。自然科学の対象は自然現象である。自然行為だとか自然制度というものが存在しない。これに対して，社会科学の対象は社会行為と社会現象である。これら行為は人間行為であるから，自然行為は存在しないと考えておく。以上を踏まえると，われわれは自然現象に適応する行為を行い得るし，人間行為が生み出す社会現象に適応する行為を行い得る。これら環境適応行為は直面する問題を解決するための行為である。こうした問題解決行為を支えるためにも技術や学問がある。こ

こで，技術は直面する問題を直接に解決する機能が問われる。一方，学問は，問題を直接に解決するものではないが，問題解決を間接的に支援する知識体系を提供する。ここに学問の第二の機能として問題解決支援機能を認めることができる。

われわれは課題を「公共経営の変容と会計の機能」としなかった。企業会計においては，外部報告の側面において，会計の機能には利害調整機能（契約支援機能）と情報提供機能があるとされている。また内部管理の側面においては，経営意思決定支援機能があるとされている。このような機能は公会計の領域にもある。しかし，公会計学は公会計を研究対象としているので，公共経営に対する公会計の機能の関係もまた研究対象である。つまり公共経営の変容は公会計の利害調整機能，情報提供機能，内部意思決定支援機能に変化をもたらすことを前提にして，公共経営で生じる会計行為や会計現象の理由を探究し，公共経営で生じる問題の会計を支援する機能が求められている。これら真理探究機能と問題解決支援機能が公会計学に求められる。われわれが課題を「公共経営の変容と会計の機能」にとどまらず「公共経営の変容と会計学の機能」としたゆえんである。

2 中間報告の確認

しかしながら，われわれは中間報告において会計学の機能にまで踏み込まなかった。公共経営の変化と公会計学の機能の関係を考察するためには，その前段として，公共経営の変化と公会計の関係を確認する必要があるからである。それゆえ，中間報告では公会計の機能に重点を置いた。ただし，中間報告においては公会計の機能，最終報告においては公会計学の機能に限定して議論するといった画一的な線引きは困難であった。論ずるテーマによって初めから公会計学の機能を意識する必要があるし，逆に公会計の機能から理論化が難しい場合もあるからである。以上を了解した上で，われわれが確認し合ったことは以下の諸点であった。

1. 公会計を必要とする原因

われわれは，公会計を必要とする原因を公共経営（Public Management）の変化に求めた。ここに公共とは「みんなの社会」と理解することにした。そこで，公共経営とはみんなの社会を経営するという意味になる。すなわち私経営では担えない経営を公共経営と理解したのである。そこで公共経営の変容というとき何を指すか。われわれはこれを，公共の担い手の多様化・拡大化の側面と，これに伴って起きた公共経営の手法の変化であると理解したのである。

2. 公共経営概念の変化

公共経営の概念を拡大すればみんなの社会の新しいガバナンス（New Public Governance：NPG）になるのかもしれないが，公共経営の主体をより狭く捉える場合には，旧公共管理（Old Public Administration：OPA）から新公共経営（New Public Management：NPM）への変化が確認される。こうした変化のうち，世界的にみてもNPMへ向けての変化が会計に対する期待を高めてきたのである。ただ，わが国の場合，NPMへの移行が十分に進んでいるかについては意見の分かれるところである。

3. 公共経営の変化と会計

公共経営が変化するとなぜ会計に対する期待が高まるのか。公共経営の変化はその効率化に特色が求められる。同時に，経済性や有効性も追求される。こうしたいわゆる3つのEを追求するためには，3Eの判断規準を必要とする。かねてより，会計は経営活動を記録し，記録に基づいて経営実態を明らかにする機能を備えていた。これら機能は，先に言及した利害調整機能などが会計の果たす社会的機能であるのに対して，会計の記録機能や実態解明機能は会計に固有の技術機能である。公共経営の変化は会計の技術機能を活かすような改革を生み出してきているのである。これを「会計による管理」という。

わが国における公会計改革を論ずるには，諸外国との比較において，公共

経営がどの形態に最も近いのかどうか（公共経営の変化に一定の法則性が見いだせるとしたらどの段階に位置づけられるか），また，小さな政府の実現，財政の持続可能性，予算の透明化，業績予算など具体的課題の解決のために，会計の技術機能がどのように組み込まれ，それが会計の社会機能にどのようにつながるかを解明する必要性がある。

4．公共の担い手の変化と会計

　公共経営の変容は公共の担い手（すなわち経営主体）の多様化を伴っているので，会計主体をどのように設定するかという問題を真正面から捉えなければならない。公共サービスを提供するミクロの組織を主体にして，会計の範囲を政府会計（国の会計と地方公共団体の会計）に公金の投入される範囲を何らかの方法で結合するのか，公共サービスそのものを主体としてその担い手を会計の範囲とするのかといった新しい問題が生ずる。

　ミクロの主体の発想においても，例えば地方公共団体において企画主体が変容したことに着目し，具体的には行政サービスの多様化と企画機能の多様化・分権化の進展を踏まえて，企画主体の業績責任と業績管理システム，資源配分の意思決定を業績評価情報の在り方を検討していく必要がある。サービスを主体とする発想が生まれてくる理由は，ミクロ主体の会計では説明しきれない事象が生まれてくることによる。例えば，PPP等により提供される公共サービスが把握可能な会計，提供される公共サービスの質が把握可能な会計，水資源や森林資源のサービスが把握可能な会計といった中間形態（メゾ）の会計が志向され始めている。

5．公会計の多様性の確認

　公会計を私会計に対立する用語だとすると，公共が鍵概念となり，すべての会計を公会計か私会計に2分して考察することから，公会計学構築の足がかりが得られる。この観点からは，国および地方公共団体の会計（政府会計）のみならず，公共の利益を追求するNPOなども含める必要がある。

　一方，公＝非営利，私＝営利という図式は成立しないので，すべての会計

を営利会計と非営利会計に2分することも1つの方法である。この場合，論理的には先に示した公会計は営利公会計と非営利公会計として説明可能になる。

第3に，いわゆる公会計に属すると思われる会計制度や会計実務を法人の種類ごとに検討していこうという考えもある。ここでは，国の会計，地方公共団体の会計，公企業の会計，公益法人の会計，NPO法人の会計といった具体的な法人会計が意識される。このレベルの観察から公会計学の構築へ結びつけることは困難を伴う。

図表1-1　会計の分類

分類1	分類2	分類3	分類4
ミクロ会計	公会計	政府会計	国の会計（公企業会計を含む）
			地方公共団体の会計（公企業会計を含む）
			その他政府組織の会計
		その他公会計	公益追及型非営利組織の会計
			その他公的組織の会計
	私会計	営利企業会計	会社（株式会社等）の会計
		家庭会計	家計または個計
		その他私会計	私益・共益追及型非営利組織の会計
			その他私的組織の会計
メゾ・マクロ会計	メゾの会計	ミクロ組織横断的な各種の中間集計	
	マクロの会計	国の経済活動をカバーする全体集計	

最後に，「いわゆる公会計」は，以上のような整理を意識せずに，特定の法人会計である地方公共団体の会計のみを指すという理解がある。この主張者は案外多く，公会計という一般用語を特定法人会計の代名詞として使用しているので，注意が必要である。ただし，コンテキストを理解した上で，互いにこの用語が特定の意味で使われていることを理解し合えているのであれば，あえて否定するまでもない。

③ わが国の「いわゆる公会計」改革

1．いわゆる公会計改革の収れん[1]

　わが国におけるいわゆる公会計（地方公共団体の会計をさす事例が多い）の改革はすでに四半世紀に及ぶ。東京都会計管理局『公会計白書』が示すように，わが国における公会計改革の進展は「諸団体による財務諸表の作成方法の研究」という第1段階（1987〜1999），「総務省方式」の第2段階（2000〜2005）そして「総務省の2つのモデル」の第3段階（2006〜2014）を経てきている。その第1段階の最初に地方自治協会が1987年に「地方公共団体のストックの分析評価手法に関する調査研究報告書」を公表し，そこで決算統計から収支計算書と貸借対照表を作成する手法を提示している。そのころから数えてすでに四半世紀が経過している。この改革の動きが，ここにきて急速に収れんする動きを示そうとしている。総務省今後の新地方公会計の推進に関する研究会が2013年に「今後の新地方公会計の推進に関する研究会中間とりまとめ」を公表して以来，地方公共団体における財務書類の作成基準に関する作業部会と地方公共団体における固定資産台帳の整備等に関する作業部会が積極的に作業を進めた結果，2014年に「今後の新地方公会計の推進に関する研究会報告書」が公表されたのである。いまや第4段階（2014〜）に入ったのである。

　この段階で振り返るとすれば，わが国の公会計改革は3Eの観点からみてどう評価されるかというものである。ここに公会計改革の3Eの観点からの振り返りとは，改革それ自体の評価を3E（経済性，有効性，効率性の3つのことで，これらの英語がすべてEで始まる）の観点から行うというものである。有効性の観点からは，何よりも改革が目指した効果を再確認する必要がある。近年は，改革の議論も細分され，より技術的になってきた面もあるが，改革がめざす効果との対比で議論がされているかという心配もある。また，経済性の観点からは，どれだけの資源がこの改革のために投入されてき

たかを再確認する必要がある。数多くの会合に参加してきたが，この観点の議論はほとんど見当たらない。新たな公会計情報システムはどうすれば最小のコストで構築できるかはほとんどの人が語らない。これら有効性と経済性をあらためて意識してこそ，改革の効率性も議論できようというものである。

会計関連の諸学会でもこれまでの議論を振り返ると，公会計改革の必要性の議論は終わっているとみてよい。近年は，公会計情報の有効な利用法に議論がシフトしてきている。これも多くの蓄積を実現してきている。しかし，公会計制度を無駄なく，効果的に，効率よく整備するにはどういう問題があるかの議論は不十分である。加えて，公会計の有効性は政府・自治体のマネジメントにおいて確認できるとの意識が高まっているにもかかわらず，学会での議論はアカウンタビリティの側面に偏っている。もっと，マネジメントの側面での議論が必要ではないかと大方が主張し始めている。

2．3E的な公会計改革の先例[2]

第2章でも触れられるが，3E的な公会計改革の先例を確認しておきたい。ここでサッチャー首相の登場はイギリス公会計の転機であった。それまで，20世紀初頭に複式簿記の導入実験をしたという以外に，19世紀半ばから大きな変化はなかった。それが，新公共経営（NPW）の開始により，会計の活用の気運が一気に高まった。イギリスでは複式簿記か否かの議論はあまり聞かれないが，発生ベースのコスト把握に関心が集まった。詳細は柴（1994），柴（2003a），柴（2009）などに譲るが，一言でいえば，会計改革を3E的に実施し，会計によるマネジメントを定着させた点に学ぶべき点がある。

スペインは私企業会計も公会計も同時並行的に改革が進んでいる。そのための重要な役割を果たしているのが，Plan General de Contabilidad（あえて翻訳すれば会計基準）であり，企業会計版と公会計版がある。世界の会計の大きな流れに対して常に敏感なスペインは，10年程度ごとに会計基準の大幅な改訂を実施してきている。また，スペインはわが国と同様に簿記教育に熱心であり，会計基準に従った公会計複式簿記（予算簿記と財産簿記の合成）の経験も長い。詳細は柴（2013b）に譲るが，簿記や正味財産については，

柴（2000b）と柴（2005）を参照されたい。この国については，公会計改革を牽引するサラゴサ大学が研究資源を集中していること，また，スペイン一般に，会計は技術だから何よりもその利用を考えるべきとの考えが浸透しているように思えた。

　韓国は，日本より公会計改革が遅れたにもかかわらず，それを支える法律等の整備を一気に行い，また，先駆的自治体が公会計改革をほかに先んじて導入し政府とともに試行錯誤を繰り返し，さらに，会計システムは自治体に配布されるという点などいずれをとっても，迅速かつ効率的に改革が推進されてきた。詳細については清水（2012），柴（2012）に詳しい。なお，一気に導入した感の強い韓国であるが，実は計画的で，豊富な資源投入があるという点が印象に残る。

　最後にアメリカでは，例えば，ポートランド市が，上記3か国と異なり，市民参加の伝統がある独自の都市運営を行っている。自分たちが行財政を決めていくのでアカウンタビリティの遂行を求める声は強い。しかし，同時に，会計については割り切っており，SAP会計システムを導入している。一方，マネジメントはシビアで，「結果を試行する政府マネジメント」（MfR）を実践している。詳細は，小林（2013）を参照されたい。

　以上，4か国はいずれも訪問し，インタビューを重ねてきた国である。そのほかの国々も事例としてあげることは可能であるが，ここでは感覚的にも，客観的にもよくわかる事例にとどめた。これら3Eの観点からみてそれぞれがうまくいっているのに，どうして日本ではうまくいかなかったのか。これは公会計の制度研究の課題である。

3．新たな局面に入ったいわゆる公会計改革

　すでに示した「いわゆる公会計」としての地方公共団体の会計の改革（公会計改革）は，「とにかく公会計情報を作ってみる」の時代を終え，今まさに新地方公会計の統一化・制度化へ向かいつつある。この第1局面も終盤を迎えたここ数年，「作った公会計情報を使ってみる」という第2局面が同時に進行してきた。多くの自治体が公会計の定着に向け，その使い方を模索し

ている。しかし，これで満足してはいけない。われわれは「公会計情報を賢く使う第3局面」へ進むべきときにきている。

公会計情報を「使う」ことと「賢く使う」ことにいかなる違いがあるのか。資源を投入して作った公会計情報を使うことはとても重要である。使わなければ，公会計改革自体が大いなる無駄に終わってしまうからである。しかし，会計情報を「とにかく使ってみる」というのではまだまだ十分ではない。これが「公金を賢く使う」ことと密接に連動するという意味での「公会計情報を賢く使う」でなければならない。

では，公会計情報を賢く使うために期待したいことは何か。

① 自治体は，まずは公金を賢く使うための基本方針を広く開示し，ついでそれに沿った公会計情報の利用を促進せよ。
② 自治体間比較のために公会計情報を利用するとしても，他との共通性を求めて安心するのではなく，他と異なる点こそ重視せよ。
③ 制度化されるであろう新地方公会計に甘んじることなく，求められなくても実施できる自治体独自の管理会計を構築せよ。
④ これを機会に行政に会計を活かす風土を定着させよ。会計を活かす自治体が住みよい自治体，健全ある自治体となろう。

最後に，会計はいかなる要求にも応え得る技術であることを思い起こしてほしい。邪悪な心には邪悪な会計がある。正しい心には正しい会計がある。会計が心を支配するのではない。心が会計を支配するのである。公会計改革も同じである。会計改革の前に存在する意識改革が新しい会計を求める原動力である。決してその逆ではない。

以上のような改革を意識しつつも，われわれは最終報告へ向けての検討を続けることになった。

4 最終報告の課題

1．最終報告の構成

　最終報告と中間報告との違いは，すべての章で公会計学の機能を意識するというものであった。公会計学の機能まで接近することが難しい場合でも，会計に機能を十分に発揮させる新たな試みを提案するというものであった。その上でメンバーの関心領域を再整理した結果，以下のとおりの構成が出来上がった。なお，参考のために本書の章立ても示しておいた。

最終報告書の目次	本書の目次
第1章　公共経営と会計学の理論課題　（柴健次）	公共経営の変容と会計学の機能
第2章　公会計の理論と実務の国際比較　（山本清）	同左
第3章　市民からみた公共経営と会計学の機能　（依田俊伸）	同左
第4章　国際公会計基準における財務情報と非財務情報の役割と機能　（伊澤賢司）	同左
第5章　公共経営における会計の対象領域の拡大とその展開　（大森明）	同左
第6章　公共経営におけるコスト・マネジメントの理論課題　（小林麻理）	公共経営の変容におけるコスト・マネジメントの理論課題
第7章　公共経営における原価計算の機能と課題　（藤野雅史）	公共経営における原価計算の機能と課題　―コスト情報の計算と利用―
第8章　地方公共団体における企画主体の変容と課題　（松尾貴巳）	地方公共団体における企画主体の変容と業績管理における課題
第9章　地方公共団体において目的適合的な財務諸表の整備に向けて　（大塚成男）	同左
	新第10章　地方議会における財務報告活用の課題　（佐藤綾子）
第10章　中央省庁における会計の機能と課題　（会田一雄）	新第11章　同左
	新第12章　公共経営を支える財源としての税金の役割と問題点　（金子友裕）
第11章　独立行政法人における会計の機能と課題　（東信男）	新第13章　同左
第12章　公共経営における民間非営利組織のアカウンタビリティ　（鷹野宏行）	未掲載
第13章　公益法人・NPO法人における会計の機能と課題　（金子良太）	新第14章　同左
第14章　大学経営における財務情報　（梅田守彦）	新第15章　同左

2．主な論点

　第1章（柴健次）は，本研究の方向づけを行っている。われわれの研究の意義はわが国会計学研究において「公会計学」を一領域として確立することにある。諸外国にならい，わが国でも公会計改革が進行している。とりわけ近年は「いわゆる公会計」（地方公共団体の会計）の改革が急進展している。そこでの問題は，財務諸表は作成するけれどもその利用がわからないといった状況にあり，会計の機能も会計学の機能も十分に発揮されていないということである。本研究がこれら問題を解決し，公会計と公会計学が機能する状態になるべく貢献することにわれわれの目的がある。

　第2章（山本清）は，公会計学構築の必要性を説いている。公会計の先進諸国の最近の傾向は，公会計改革における会計の技術的機能から社会的機能への関心移行とそれを踏まえた理論化にみられると指摘する。これに対して，わが国の状況は，外国の公会計やわが国企業会計からの移入にもっぱら関心があり，公会計とＮＰＭとの関連づけの意識が低いと指摘している。また，企業会計以上に政治制度や社会制度に密接にかかわる領域だけに，企業会計の研究で築いてきた多様な研究アプローチが動員され，公会計学の構築がなされる必要性を説いている。

　第3章（依田）は，公会計の重要な利害関係者である市民から理論化する方途を模索している。ここでは市民は，サービス受領者，有権者，納税者，資源提供者という多元的属性を兼ね備えた存在として理解される。少なくともこの4つの属性のそれぞれからみて，公会計にいかなる課題が存在するかが検討される。これら市民の目からみた公会計の課題を検討することによって，公会計学の構築のとっかかりがみえてくるというのである。市民の観点という新しい観点から公会計および公会計学をみてみようという試みである。

　第4章（伊澤）は，国際公会計基準（IPSAS）に対する正しい理解が公会

計を考察する上で不可欠であるところから，国際公会計基準の定義，国際公会計基準の概念フレームワーク，国際公会計基準における財務情報と非財務情報の役割と機能につき詳細な解説を試みている。しかしながら，これらの公会計基準および概念フレームワークは企業版のそれらから開発されたものであり，公会計固有の追加的概念が十分に検討される必要があると指摘する。特に公的主体のサービスについては財務業績だけでは十分理解できない可能性が高いので，非財務情報の情報の活用を十分に検討する必要があると指摘する。

第5章（大森）は，会計が公共経営に資するにはミクロ会計とマクロ会計の連携が不可欠であると主張する。公共経営の変容が公共の担い手の多様化のみならず，主体横断的なサービス提供が出現してきたことによる。これを会計的に検討するには会計対象の範囲の限定ならびに会計主体を理論化する必要がある。具体的には，公共サービスの新たな提供形態に対する公会計，公共サービスの評価に資する公会計，そして行政区域を横断する問題と公会計といった会計技術的な問題の解決が重要となると指摘している。

第6章（小林）は，財務報告中心の公会計論で見落としがちであった公共経営のためのコスト・マネジメントの実務および理論化の重要性を主張する。公共経営で重要な役割を果たす行政において，多様なサービス（事業という）のそれぞれでコストを集計し，マネジメントに役立てる必要があるというわけである。実務的には，事業別にコストがいくら発生したかを集計できるシステムを構築する必要があること，理論的には，コストとアウトプットおよびアウトカムの関係とそれらの関係を踏まえた評価システムの意義づけを行う必要があると主張する。

第7章（藤野）は，公会計改革の流れの中で公的内部組織における事業管理者にとって重要と思われるコスト情報についての研究不足を指摘する。公会計改革においてしばしばフルコストの重要性が指摘されてきたことについ

て，その定義の多様性があると指摘する。そこで，責任セグメント，アウトプット，プログラムなどコストの集計単位を定め，それぞれの集計単位にふさわしいフルコストの定義を用いる必要性を説く。それを踏まえて技術的側面から，コストの集計と利用の実例を紹介する。こうした理論的・技術的検討と実際の仕事のやり方を比べることにより行政現場の効率化に資する道筋がみえてくる。

第8章（松尾）は，行政サービスの多様化と企画機能の分権化が進んでいることを踏まえて，コスト・ベネフィットの最適化を目指した企画立案と業績管理システムの重要性（成果に基づくコントロールの重要性）を説く。実践事例を踏まえるとき，従来の財政法，地方財政法の責任範囲にとらわれない業績管理，財政法中心の予算編成から管理会計における予算の調整機能を重視した予算編成，発生主義会計ベースの財務情報を款項目節中心の現行予算書への反映（事業予算書として）が容易になる仕組みの必要性を説くのである。

第9章（大塚）は，いわゆる公会計（地方公会計）の改革のこれまでの取り組みを詳細に説明したのちに，資産評価と資産利用との乖離，決算情報に対する評価基準の欠如，予算制度とのリンケージの欠如が問題であると指摘している。その上で，活動目的が公共サービスの提供であること，活動の資金源泉が税であること，評価基準が多元的であること，予算制度と連携した情報システムであるべきことを考慮して財務会計が機能するよう考えよと指摘する。その上で地方公共団体における財務諸表の活用モデルを提示するとともに，その普及の重要性を強調している。

第10章（会田）は，中央省庁の特性（組織特性，財政における予算管理とアカウンタビリティ，経理区分の意義と主体の関係性，移転支出の位置づけと支出効果の認識）を詳細に説明している。ここでは何にもまして重要なことは，予算制度に基づく支出行為の厳格なる統制が行われていることである。

それゆえ企業会計的手法を用いた財務書類が作成されはじめてはいるが，開示や会計検査の対象となっていないものもあり，不十分であると指摘する。こうした現状に対して，政策評価におけるコスト測定，領域別（問題解決型）のデータ集計と政策立案への役立ちへの期待を強調している。

　第11章（東）は，多くの議論で見落とされがちな，法人の制度設計（法的枠組み）の中で公会計を位置づける説明を試みている。政府会計は日本国憲法における財政民主主義の仕組みとの関係で位置づけられるべきものであること，比較的早くNPMに着手できた独立行政法人においても，独法会計の制度枠組みの中で会計課題を考える必要があると指摘する。会計の議論からアプローチする研究との対比でみると，この法的枠組みからアプローチする研究の優位性は，公共の観点からマネジメントが機能していない理由が特定できること，そしてネックになっている法律等を変えれば公会計改革は進展することを指摘できる点にある。

　第12章（鷹野）は，非営利組織の一般論として，定義論，存在意義論および範囲論を展開する。次に捕捉し得る法人のデータを示して研究対象の大きさを想像させ，その後，法人別ではなくて形態別に非営利組織の分類を試みる。すなわち，本来型非営利組織，事業型非営利組織，共益型非営利組織である。この分類はアカウンタビリティを展開するために必要だという。ここで補助金や寄付に依存しない事業型非営利組織にアカウンタビリティを求める根拠を模索する。このため制度の恩典から払わずにすんだ税金をオポチュニティーゲインと定義し，この金額を政府からの資金提供とみなせばアカウンタビリティを問えるというものである。

　第13章（金子〈良〉）は，非政府の非営利法人が多様なことから，公益法人とNPO法人に限定して，その法人制度を確認したのちに，公会計の改革との関係を詳細に論じている。これは第11章と同じアプローチである。非営利法人会計はそれぞれの種類の法人制度の下での現行会計とその改善が考察

対象にあるが，非営利組織会計はそうした法人制度の相違を超えた理論化が求められる。そこで制度アプローチを採用する場合には，制度ごとの具体的会計改革が論じられることになる。その上で，公共経営の変容に伴う公共の担い手としての実務的・理論的課題が認識されるのである。

第14章（梅田）は，特定の種類の法人（具体例として大学法人）であってもそこでの会計問題は簡単ではないことを論じている。ここでも大学制度からのアプローチが有効である。大学教育という同一サービスに共通する会計を検討するというアプローチもあるが，現行会計は国立大学の在り方が国立大学法人会計の中身を決め，私立大学の在り方が私立大学法人会計の中身を決めるという具体に，法人制度に従った会計制度になっている。それゆえ期待される会計の機能が異なるという問題が明らかになる。以上を前提として，財務の健全性と教育サービスの負担論が展開されている。

以上が最終報告書の概要であった。しかし，学会での最終報告書は会員向けのものである。それゆえ，われわれの主張は限られた範囲にしか届かない。そこで出版社の協力を得て，最終報告書を市販化することにした。その際，われわれは以下のような対応をした。最終報告において貴重な意見を得ているので，それを反映した修正は行う。しかし，市販化にあたっては出版事情に鑑み，どの章も内容は減らさないものの，分量の削減を試みる。その上で，われわれの委員会に当初からオブザーバー参加してきた金子友裕，佐藤綾子両氏に持論を披露する機会を与える。以上が，最終報告との相違点である。

新たに収録した本書，第10章（佐藤）は，政策の決定，執行過程の担い手が多様化する中，公共経営を持続的なものとするためには，政策評価の過程においても，行政外部のアクターの多様な視点が活かされることが重要である。本章では，住民の代表である地方議会に焦点を当て，行政外部のアクターによる財政評価に有用な財務報告のあり方につき検討する。

同じく本書，第12章（金子〈友〉）では，公共経営を支える財源としての税金ついて，納税と受ける行政サービスとの関係を含め検討した。法定外普通税に関し太宰府市の事例や神奈川県臨時特例企業税事件を取り上げ，自主財源確保の困難性等を指摘した。また，ふるさと納税を取り上げ，受益と負担の分離とこれに伴う納税意識の問題を指摘した。

5　おわりに

　本研究領域は，会計学研究の中にあって研究者数や論文数の点で測ったとしてそのシェアが小さい領域である。しかしながら，公会計先進国でそうであるように，わが国においても限られた資金によって，ともすれば無限に拡大しかねない政府サービスへの需要によって財政がひっ迫している。その状況を改善するために会計の機能を活用する必要があり，また，公会計の機能の重要性は誰もが認めるところでもある。

　わが国でもこの四半世紀ほど，新しい公会計の普及を目指した議論がされてきたし，ここにきて急速に定着の様子がみられる。ただし，ここで生産される公会計情報の活用がずいぶん遅れていると指摘されてきた。このタイミングで，公会計研究者に課題研究の機会が与えられたことはとても幸せなことである。

　そこで，公会計の機能と公会計学の機能をメンバーで議論を重ねてきたが，公会計学の体系を示し得る段階には到達していない。それでも，特に最終報告では，理想的には公会計の機能に関して，それができない場合には公会計の機能に関して，すべての委員が何らかの提言を行うように努力してきた。まだまだ不十分であると批判されるかもしれない。それでも今回の報告が会計研究の世界に一石を投じることができれば幸いである。

注

1）柴（2014）の第1節の一部を転載している。
2）柴（2014）の第2節の一部を転載している。

参考文献

小林麻理（2013）「海外における公共経営と公会計改革の事例（米国・ポートランド市）」小林麻理編著『公共経営と公会計改革』三和書籍，177-191頁。

小林麻理・柴健次（2011）『地方自治体は重い負担に耐えられるか：「民」の力を結集する方法』早稲田大学出版部。

小林麻理・柴健次（2013）「公共経営の変容と会計の機能」『会計検査研究』第47号，217-228頁。

柴健次（1994）「イギリスの政府の市場化と監査社会」『会計検査研究』第10号。

柴健次（2000a）「わが国における地方自治体の貸借対照表導入問題」（関西大学経済政治研究所研究双書）第119冊。

柴健次（2000b）「非営利簿記と営利簿記に関する一考察」『公会計研究』第2巻第1号。

柴健次（2001a）「政府会計における改革の論点—イギリスの資源会計・予算とベスト・バリューに学ぶこと」『会計』第160巻第4号。

柴健次（2001b）「郵政事業会計のあり方について」近畿郵政局貯金局『ビッグバン後の郵便貯金事業のあり方についての多面的検討と今後の課題』。

柴健次（2002）『市場化の会計学：市場経済における制度設計の諸相』中央経済社。

柴健次（2003a）「イギリスの資源会計・予算制度と財政改革」日本公認会計士協会『JICPAジャーナル』。

柴健次（2003b）「私企業会計と公会計の研究交流」森山書店『会計』第163巻第5号。

柴健次（2004）「公益法人会計基準の改正と公会計改革の論点」大阪府立大学『経済研究』第50巻第1号。

柴健次（2005）「公会計における正味財産勘定に関する簿記的考察」『横浜経営研究』（横浜国立大学）第26巻第1号。

柴健次（2009）「第4章 イギリス中央政府監査」日本監査研究学会・公監査研究特別委員会報告書『公監査を公認会計士・監査法人が実施する場合に必要な制度要因の研究調査』（鈴木豊委員長）。

柴健次（2012）「政府会計の理論化に関する一考察」浦東久男・柴健次・清水涼子『行財政改革と公会計』（関西大学法学研究所研究叢書）第46冊。

柴健次（2013a）「第2章 公会計改革の基本的考え方」小林麻理編著『公共経営と公会計改革』三和書籍，35-48頁。

柴健次（2013b）「公会計に関する国際比較研究のための覚書-スペインの公会計の概要」『現代ディスクロージャー研究』第13号（須田一幸先生追悼号），109-116頁。

柴健次（2014）「解題「公会計改革の3E」」『会計』第185巻第5号。

柴健次・宗岡徹・鵜飼康東（2007）『公会計と政策情報システム』多賀出版。

柴健次・松尾貴巳（2012）「行財政改革のための「予算企画」」『会計検査研究』第46号，45-62頁。

柴健次・松尾貴巳（2013）「第8章 公会計と予算制度改革」小林麻理編著『公共経営と公会計改革』三和書籍，125-142頁。

清水涼子（2012）「韓国に学ぶ公会計・公監査の近代化」浦東久男・柴健次・清水涼子『行財政改革と公会計』（関西大学法学研究所研究叢書）第46冊。

公会計の理論と実務の国際比較

 問題認識と目的

　公会計制度改革に関する研究や公会計実務の紹介は多いが，公会計は何か，企業会計と何が異なるのか，どのように体系化していくか，つまり，「公会計」学として固有の原理なり領域は存在するのかに関する研究は少ない。確かに国際公会計基準審議会（International Public Sector Accounting Standards Board: IPSASB）は公会計の概念フレームワークの検討をしている。米国の政府会計基準審議会（Government Accounting Standards Board: GASB）も概念フレームワークを公表していて，パブリック・アカウンタビリティ（公的説明責任）を果たすのが企業会計との違いだとしている。また，Irwin（2013）は歴史的研究のレビューを行い，政府における複式簿記の導入はイタリアのジェノバで1340年頃に始まり，スペイン，ポルトガル，ドイツ，オーストリア等の大陸諸国においても1592年から1761年と英国の1829年より早かったとしている。さらに，わが国でも明治初期に政府が複式簿記を短期間採用したことは会計関係者に知られている（亀井 2006）。しかしながら，いかなる公会計の理論と体系が存在するのかについては不完全で，企業会計の様式に業績測定を加えたものが必要という整理段階にある。会計基準や財務報告基準の検討からでは会計測定に焦点が当てられがちで，公会計の位置する基盤や果たす機能の観点が十分勘案されない限界がある。今日の政府等の公的分野の会計への改革圧力や現実の制度変革の背景を理解し分析しないと，会計の技術論や簿記原理に焦点をおいた研究に限定されるおそれがある。公的部門の会計研究における国際的権威とされるバーミンガム大学教授のJones（2011）は，研究の集大成として全4巻からなる読本「公会計」

(Public Sector Accounting）を編纂している。しかし，全巻を通じた枠組みはなく，予算と業績測定，会計と報告，監査，比較研究の各巻の構成を示すにとどまる。

そこで本章では第1章で示された公共経営と会計の関係を，公的部門の会計制度と変化に焦点をおき理論と実践の相互関係につき国際比較を通じて明らかにし，今後の研究課題と方向性を提示する。

公会計改革および実践の国際比較
―会計実践と会計理論―

公会計制度改革および実践に関しては，公会計の企業会計化および高度化ならびに行政経営との関連性・一体性をどの程度確保するかにつき差があり，英連邦諸国を中心とする包括的改革と欧州大陸の限定的改革に大別される（Pollitt and Bouckaert 2011）。わが国は，政府の公式文書では包括的改革を志向しているようにみられるが，実態は限定的改革に近いと思われる[1]。

各国で改革の内容や進捗が異なるのは，条件適合理論[2]によれば公的部門の会計が置かれている状況への適応と利害関係者および外部環境との相互作用が違うためである。環境からの影響に加え，影響を与える主体的活動も織り込んだ概念モデル（図表2-1）が示すように，公会計改革を分析する相互作用としては，8つの関係に整理できる。上の枠は理論および実践の場が国外あるいは公的セクター以外にある場合であり，他国の公的部門に影響を与えたり，他国から影響を受けることを示す。また，下の枠内は国内の理論と実践の関係を示す。ここで，会計は中立的な測定・伝達を行う装置とされ，経営原理（政府の場合は行政経営）への適合性・合目的性を要請される。もちろん，結果的に会計が社会的・政治的機能（Hopwood 1988）を担うことはあるが，目的妥当性の下，客観性・信頼性を満たす測定システムであるとされる。公的部門では経済性・効率性・有効性といった資源管理への有用性に加え，資源調達の非自律性や非交換性のため予算準拠・法令順守が会計に求められる。

図表2-1　改革における実践と理論の関係

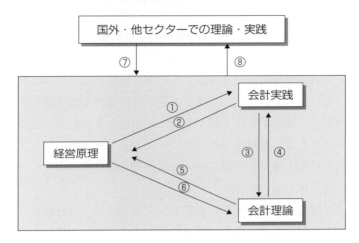

　もともと会計理論と会計実践は相互依存の関係にあり，必ずしも理論が実践に先行するものでない。会計実践である会計慣行を体系化したものが一般に公正妥当とされる会計基準であり，他方，公正価値会計のように理論から基準に規定され実践に適用されることもある。

　この枠組みに従い，8つの関係の具体事例を示すと以下のようになる。

　まず①の経営原理が会計実践に影響を与えるものの代表例は，公的部門に企業経営的な考え方を導入する一環としての会計の企業会計化である。政府部門や公企業の民営化に伴い，会計システムが政府会計から企業会計に移行するのも含まれる。この場合の経営原理は新公共管理（New Public Management: NPM）であり，企業会計はNPMの重要な装置とみなされている（Hood 1995; Power and Laughlin 1992; Pollitt and Bouckaert 2011）。

　次に②は反対に会計実践が経営原理に影響を与える場合である。英国政府での資源会計予算（Resource Accounting and Budgeting）は発生主義会計の資源計画・管理への適用であり，企業会計の実践の政府予算制度への応用とみなすことができる。③の会計実践から会計理論への影響例は，公的部門に固有の会計理論が存在しない場合に，企業会計の実践・実務を参考にして

国や自治体の財務報告基準が作成される時が該当する。

　会計理論から会計実践に向かう④は，理論を実践に適用することから，そのギャップが大きいと公正なる会計慣行の伝統と摩擦を生じる可能性がある。わが国の自治体における基準モデルの適用はその典型であり，税金を出資とする考え方と財源別仕訳という特徴から理解可能性と複雑性の実務上の問題を生じている。また，ニュージーランド等で経済学的な機会費用概念（純資産の所有コストを認識するキャピタルチャージ等）を会計的に認識し費用計上するのも該当する。わが国での独立行政法人会計も業務実施コスト計算書において国有財産の無償使用等について機会費用概念を使用し，国民負担となるコストを算定している。

　また，会計理論から経営原理に影響を与える⑤には，会計測定の技術的進展・開発により経営原理に新たに活用できるようになった場合が相当する。例えば，公的部門の予算管理や経営管理は公共の福祉の増進という目的から，企業のように利益や収支の集約された財務尺度のみで行うには不適切である。このため，活動やサービスの質・量とコストの関係がどのような関係にあるかに踏み込んだ事前分析が必要とされる。コスト削減してサービスの水準が満たされないと政策の意義や効果が失われるからである。この点で，活動の質・量と原価の関係を明らかにする活動基準管理（Activity Based Management: ABM）が確立されれば，経営原理での費用対効果の徹底が期待される。一方，⑥の経営原理から会計理論への影響例は，市場原理の活用の視点から政府サービスを市場から公共調達するとき，調達者の供給コストの公正な比較を可能にすることである。いわゆる官民競争入札あるいは市場化テストを機能させるため，コスト計算を官民双方でどのような方式で行うかの理論的検討である。政府施設を使用する場合や公務員が行っている業務を民間事業者に委託した場合に，無償利用の施設使用料相当額や公務員の解雇・削減に伴う退職金割増などの経費増相当額を考慮する必要性と合理的な計算方法が理論に求められる。

　他国の公的部門や企業会計からの影響を示す⑦には，わが国でのNPMの導入や公会計の企業会計化が該当する。また，国際公会計基準（International

Public Sector Accounting Standards: IPSAS）の独立行政法人の減損会計への応用もこの例にあたる。特に独立行政法人は独立行政法人通則法（平成11年法律第103号）で「会計は，主務省令で定めるところにより，原則として企業会計原則による」（第38条第1項）と規定しており，法制度からみても⑦の代表である。最後の公的部門の会計から他国の会計あるいは企業会計への影響⑧もあり，例えばバランスト・スコアカードや業績測定あるいは財務報告での非財務情報の開示などは，公的部門の評価制度や実務慣行を参考にしたものといえる。

もちろん，現実の実践と理論の関係は，この①から⑧が組み合わされることも少なくない。

3 行政・政治学からの研究アプローチ

会計学からの研究アプローチは第1章で概説されたとおりであるが，公的部門は会計の対象となる取引が国内で行われるのが基本（機器の国際調達等は例外）である。国境をまたぐ経済取引が通常である民間（企業）部門と異なり，国単位の法制度の制約を受ける。このため，図表2-2における国外および他セクターの影響を受けにくく，会計理論の直接的影響に限界がある。この法制度との関係を扱う領域が行政学・政治学からの研究アプローチである。わが国では公会計は会計学や財政学の領域とされ，実際の研究者の専攻所属も両分野が中心である。しかしながら，欧米では公会計と行政学・政治学の財政・財務管理はほとんど境界がなく，融合した領域となっている。例えば，米国の行政学会（American Society for Public Administration: ASPA）は学会誌として『行政管理研究』（Public Administration Review: PAR）を発行する一方，公会計，財政，公的金融の関係する分野に特化した2専門団体（予算財務管理学会（Association for Budgeting and Financial Management: ABFM）と全米予算施策分析学会（American Association for Budget and Program Analysis: AABPA））と関係を有している。そしてABFMとAABPAが共同で発行するPublic Budgeting & FinanceはPARの

予算・財務管理面に焦点を置いたものとなっている。また，欧州の行政学会で国際行政学会（International Institute of Administrative Sciences: IIAS）の欧州支部に相当するThe European Group of Public Administration（EGPA）は公的財務管理研究のスタディ・グループを編成しており，そのコアメンバーの大半は公会計研究の専門家で国際比較政府会計研究学会（Comparative International Governmental Accounting Research: CIGAR）に属している。そこで，公会計（研究）の国際比較においては行政学・政治学の研究アプローチを検討していく必要がある。

このアプローチでは公会計を政府のガバナンスや経営改革のサブシステムとして扱う。今日の国際的な潮流は，政府による公共サービスの供給を旨とする行政管理タイプ（Old Public Administration: OPA）から政府以外の主体およびその連携による公共サービスの供給や民間サービスの供給タイプへの移行である。

図表2-2では，財・サービスの特性が公共サービスか民間サービスか，供給メカニズムが政府か市場・社会かにより4つの象限に区分する。ここで

図表2-2　行政経営のモデル

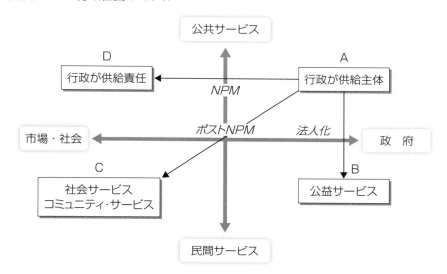

公共か民間かはサービスの非排除性と集団性を満たすか否かで，民間サービスに「公共」性がないことではない。するとOPAは公共サービスを政府が自ら供給するタイプAに位置づけられ，組織内部管理，特に投入管理が基本になる。政府部門の法人化は広義の政府活動にとどまる（タイプB）が，制度的には政府組織から分離され，本人・代理人関係になり，業績契約の考え方が適用される。わが国での国立大学の法人化は，その例である。NPMでは供給者を市場原理により決定し，政府は財・サービスを購入する主体とされる（タイプD）。このため，外部的に観察される成果が重視される。さらに「ポストNPM」に位置づけられる「新しい行政サービス」(New Public Service: NPS)[3]や「新しい公共統治」(New Public Governance: NPG)[4]では，政府以外の主体との連携・協働・調整が重視され，政府が単独の供給者や供給責任者とならない（タイプC）。NPMやポストNPMでは市場・社会のメカニズムを使用するため，企業経営・会計や非営利経営・会計との親和性が高まる。もっとも，現実の行政はこうした線形的な発展段階を経ているというより，Christensen and Laegreid (2011) が指摘するように，各概念が考古学の地層のように積み重なって構成され組み合わさったもの[5]とみなせる。

　経営モデルと原理及び会計の関係を整理すると，図表2-3のようになる。経営原理については，OPAは前述したように垂直的な関係による管理であり，官僚制に代表される階層・階統構造により決定・執行される。その特性はどれだけの資金を確保し，政策として何を実施し，投入するかである。プログラム予算 (Planning, Programming, and Budgeting System: PPBS) やゼロベース予算 (Zero Base Budgeting: ZBB) など政策分析・効果評価を予算管理に活用する試みはこれまでも実施されてきた。しかし，基本的には行政府内部の予算管理や行政管理の改革にとどまり，議会の関与や法律に基づくものでなかった。このため，会計は予算準拠や正確な執行を管理することに力点がおかれ，その点で現金主義が適切なものとされた。プログラム予算といっても議会の歳出承認は科目主義によっていた。もちろん，科目主義では費目とプログラムの関係が対応しておらず，事前の投入規制であるから，資源投入や組み合わせの柔軟化による成果向上には限界がある。NPMは分

図表2-3　行政経営のモデルと会計の関係

	OPA	NPM	ポストNPM[注]
経営原理	階層性 集権的統制	市場機構 分権的統制	ネットワーク 調整的統制
特性	投入基準 準拠性	成果基準 効率性	プロセス・成果基準 有効性
会計の機能	予算会計 正確性・硬度	財務会計 比較可能性	討議・行動会計 柔軟性
難点	硬直性	公正性確保	アカウンタビリティ確保

注：NPSやNPGを含む広い概念である。

権的統制による執行を旨とするから，統制は投入や過程・手続きでなく成果に重点がおかれる。測定も成果とそれに伴う資源消費に焦点が置かれ，業績指標と発生主義によるコストが基本になる。そこでは，所定の質を確保し経済性に優れた供給者からサービスを購入することが前提になっていて，コストや業績指標の比較可能性と信頼性が要求される。もちろん，公的部門では何が成果かを定義することが容易でないのに加え，コストをどのように測定するかの課題もある。NPMではPPBSやZBBでの教訓を生かし，費用便益分析でなく簡易な業績指標と目標値の設定およびサービス供給に伴う資源消費に限定したコストを算定することにしている。それでも，資本使用コストをどう計算するか，減価償却の基準となる有形固定資産の評価をどうするか，そのことが潜在的供給者を含めた公正競争に資するか[6]の課題が残されている。

　ポストNPMはネットワークによる問題解決を図る調整的統制である。ただし，この調整はOPAやNPMを否定するものでない。このため，ゴーイング・コンサーンに裏づけられ，明確な組織境界を確定する報告主体に基づく伝統的な会計と柔軟かつ可変的な主体であるネットワークの会計がどのような関係になるかいまだ明確でない。複数の自治体が一部事務組合を設立して行政サービスを行う場合，あるいはNPO団体などにサービスを委託する場合は，当該組合・組織を報告主体とすれば従来の理論・実践が適用できる。

だが，地域社会や住民との協働という場合には，関与する自治体などの行政側の活動だけでよいか（現状では住民団体への補助金等の歳出項目になっている），計画や執行の管理ではネットワークの総体の活動と成果，負担と受益などをシミュレーションでき，その実績を会計報告するような体系が望まれる。しかし，現状では計画モデルにとどまり，報告体系をどうするか，流動的かつ複数の連携主体にいかなるアカウンタビリティを確保するかの課題が残されている。

4 公会計学への体系化の提示

　理論面での会計研究の主流は，国によって大きく異なり公的部門の会計も同様である。米国では，効率的市場仮説や情報の経済学，公共選択学等の新制度派経済学の影響を受け，実証的会計理論や分析的会計理論が盛んである。しかし，かかる経済的あるいは実証的な会計研究と政府会計基準審議会（GASB）や連邦政府の会計基準審議会である連邦会計基準助言委員会（Federal Accounting Standards Advisory Board: FASAB）に代表される会計実践との相関関係は高くない。また，英連邦の政府部門では企業会計に準じた発生主義の予算・会計制度が発達しているが，その推進は会計専門職（団体）であり実証的会計理論や分析的会計理論から必ずしも必要性・有効性が正当化されているからではない。他方，米国政府部門では発生主義会計を適用しているものの，英連邦と異なり予算は現金主義を維持している。

　つまり両国とも公的部門における会計実践と発生主義会計との結びつきは強いが，会計研究と発生主義会計（予算）との結びつきが弱いため，結果として会計研究と会計実践の関係が弱い状態（図表2-1での③と④が不均衡）になっている。この状況はわが国でも同様であり，財務報告・会計基準をめぐる会計制度研究（他国の制度検討を含む）と会計実践の関係は強いものの，その他の会計研究と財務報告・会計基準の関連性は低い。例外はニュージーランドであり，1980年代末からの行政改革でNPMの基盤となった経済原理（公共選択論，代理人理論および取引費用理論[7]）に最も忠実な財務管理制度を

導入し，予算および会計とも経済コスト（機会費用概念）に基づき運用管理することとした。その意味で経済理論を会計実践に適用したものといえる。ニュージーランドはNPMからポストNPMに移行したという説もあるが，大蔵省の首席会計アドバイザーを務めるWarren（2014）は，OECDの発生主義会計セミナーで発生主義予算は研究者・実務家から批判があるものの十分機能していると反論[8]しており，少なくとも財務管理においてNPMは健在かつ効果をあげているようである。

また，行政学・政治学研究の見地からは，前述したように国別差異は小さい。実務面ではNPMやポストNPMへの移行を主張する国（英連邦諸国）では政府サービスコストに占めるアウトソーシング率が高くなるはずである。しかし，OECD（2013）によると消極的な国（大陸諸国）と比較して有意な差は確認できない。むしろドイツやわが国のアウトソーシング率の方が，ニュージーランドやオーストラリアより高い水準になっている[9]。

以上のことから，現行の会計学および行政学・政治学の理論枠組みは移行過程や要因の分析には利用できても，実態・実践の結果を説明するものではないといえる。また，公会計に固有の理論枠組みを提供しない。従来の公会計研究は独自の枠組み提供に至っていないと考えられる。

公会計の特性とは，資源循環過程に着目すれば，図表2-4に示す資源調達（投入）と財・サービスの供給・評価（成果）の関係が直接的でないことに求められる。企業も政府および非営利組織も中間の経済主体内部での資源配分と資源消費は，予算管理と原価計算という従来の会計学の領域で把握可能である。NPM化とは，伝統的な行政管理（OPA）では関係がないとされてきた投入と成果に擬似的な交換関係を持ち込んで財務尺度による行政経営を目指す（New Public Financial Management: NPFM）[10]ものである（Broadbent and Laughlin, 2013）。これに対し，ポストNPMのNPG化とは，公共財・サービスの特性に応じて供給主体・方式を柔軟に選択するアプローチであり，その選択決定に政府，企業，非営利間の比較可能性を確保するため統一の会計基準を必要とするものと理解できる。ただし，NPMおよびポストNPMは結果の評価と需要調整および資源調達を直接的に同一尺度で測

図表 2-4　財・サービスの資源変換過程

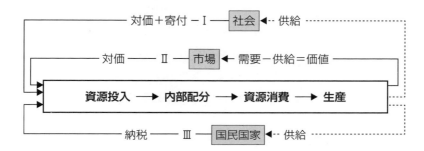

注1：枠内は供給主体の内部過程を示す。
　2：右側は財・サービスの供給と需要の調整過程を，左側は資源調達過程を示す。
　3：網掛け部分は資源配分機構を指す。NPMはⅢからⅡへ，ポストNPMはⅢからⅠおよびⅡへの移行を目指すものと考えられる。

定するシステムの開発・確立に至っていない。このため，企業のように市場での交換取引を通じた需要と供給の自動調整および結果の評価と資源調達の直接的対応関係が成立しない。

　図表2-4で説明すると，企業の供給する民間財は市場で需要され，その需要額は市場での評価を示すから貨幣価値換算が収益で可能である。この対価が企業で収益として認識測定され資源の流入となる（Ⅱ）。他方，政府が自ら供給する財は供給時には原則として対価を徴収しないから，原則として供給した財・サービスだけ需要されるものの，その価値は生産額ではない。また，資源調達はこの供給・需要に応じてなされるものでなく，逆に供給に先立って非自発的に（納税により）調達され，供給量は調達額の議会による配分によって事前決定される（Ⅲ）。さらに，非営利組織が供給する財・サービスも市場や政府の調整機構の枠外のものであり，対価性は原則としてなく供給量は需要量に一致する。この量は事前の資源調達額，すなわち一部利用料などの対価部分と寄付金等の自発的拠出に依存して決定される（Ⅰ）。政府および非営利では，右側の供給主体の生産から需要に至る流れは貨幣的な対応が直接的でなく非貨幣的な量的・質的尺度で測定されるにとどまる。左側の調整機構から資源調達に至る過程は，財務・貨幣尺度による資源の調

達・流入という点で統一的な測定が可能である。

このため，非交換性（図表2-4では右と左の測定尺度の非対称性であり，点線と実線で示される）にかかる測定体系の開発を進めるか，内部の資源配分・消費という領域に特化するか，あるいは別々の測定体系で連続性を保つ（業績測定プラス発生主義会計，つまりNPM的な路線）かの選択になる。公会計学として価値ある課題は明らかに第1であろう。

5 まとめ

本章では公会計の研究と実践の両面がどのような関係にあるか，国際的にどのような異同点があるかについて，公会計の機能する政府システムと関連づけて検討してきた。特に，近年の公会計制度改革は複式簿記とか発生主義会計という技術論を超えて，政府の統治機構および行政経営システムをどうするかのサブシステムとして位置づけられることを明らかにした。わが国での公会計改革は企業会計に準拠した財務書類の作成モデルとその活用に焦点がおかれているが，もう少し広い観点から考察する必要がある。例えば，最近まとめられた総務省の「今後の新地方公会計の推進に関する研究会報告書（案）」では，「会計」と「財務書類」を区分し，公会計改革を財務書類の作成により現行の予算・決算制度を補完するとしている。具体的には「地方公共団体の会計は，国の会計と同じく，住民から徴収された対価性のない税財源の配分を，議会における議決を経た予算を通じて事前統制の下で行うという点で，営利を目的とする企業会計とは根本的に異なっている」とする。その一方で「財政の透明性を高め，国民・住民に対する説明責任をより適切に果たし，財政の効率化・適正化を図るため，発生主義等の企業会計の考え方および手法を活用した財務書類の開示が推進されてきた」としている。この論理は制度的には「会計」を法律用語として予算・決算を含む財政と同義に理解し，財務書類は制度以外の補完的な情報と区分している。もし企業会計と根本的に異なるならば，なぜ説明責任の向上や効率化・適正化に資することになるか，他国政府で企業会計を使用しているのかを明確にする必要があ

るが，その合理的説明はない。また，財務書類の質的属性のトップにあげる「理解可能性の原則」で「利用者が会計の専門知識を持った人々に限られず，一般の住民にも理解できるようなものでなければならない」とする会計は企業会計を含む広義の会計概念となっており矛盾している。

　わが国の実態はNPMとの理論的・制度的な関係づけは低く，外国の公会計あるいはわが国の企業会計の会計実践から影響を受けて公会計制度改革が実施されている。この改革の過程は参照されることが多い英連邦や米国においても似たような状況にある。例外はニュージーランドであり，経済学の合理主義に基づく会計理論を会計実践に適用して行政改革を進展させてきた。2000年代以降のNPMの見直し下でも会計制度は大きな変更はないのが特筆される。

　しかしながら，世界的な経済危機や資源制約あるいは人口増と人口減少に二分化される国際社会の問題解決には，関係主体の連携や積極的な協働あるいは意思決定や行動の変化を通じた調整が必要になってきている。国境や世代，地域を超える利害関係者の同意や解決に向けた協力・参加（ネットワークあるいはガバナンス型）には，主たる問題解決主体である政府やその契約の相手方である民間事業者を報告主体とする会計モデルは適合しない。このネットワーク・ガバナンス型の経営モデルでは，財務会計の焦点たる外部報告と管理会計の対象になる内部管理が一体的・融合的なものになる。ここでは，報告主体および業務管理の主体自体がネットワークを構成し，政府組織以外の民間事業者，市民等の関係者が時間軸に伴い多様な形態で計画，意思決定，執行および評価に関与する。

　かかる流動的・参加的な要素を含む複数の主体の活動を一定のまとまりで管理し，その資源循環を測定システムとしてどのように制度化できるのかが問われている。OPAの現金主義の予算・決算制度あるいはNPMの発生主義の予算・会計制度も政府組織を報告主体とする点では共通している。双方とも，会計の機能する場は内部組織および（擬似）市場である。もちろん，既述したようにネットワークおよびガバナンス型の経営モデルであるポストNPMもOPAやNPMと独立でなく積み重なったものであり，企業会計を否

定するものでない。かかる状況は，公的分野における会計研究が経営原理からの要求に理論的に応えられていないことを意味し，会計実践に応用する段階にないこと，換言すれば，経営原理の実行可能性が保障されない信条にとどまっていることを指す。公会計学は国民国家，市場，社会という3つの基本的な問題解決の場を通じた資源の認識・測定・報告の体系化を目指す方向に，発展させていくことが必要といえる。この体系化研究のアプローチとしては経済合理性を前提とする実証主義会計理論，分析的会計理論の他，制度派会計理論・批判的会計理論などの制度・文化主義からの研究，さらにはこれらを統合した理論や実験的手法を応用したものや行動会計学による研究も考えられる。公会計は企業会計以上に政治制度や社会制度あるいは国際関係による影響が強いことから，多様な研究アプローチをすることで会計の機能やその変容を明らかにする必要がある。このことは理論なき記述・規範的研究が大半とされるわが国の会計学（公会計研究も類似状況にあると認識している）の質的向上にも寄与するものと思われる。

注

1. 経済財政諮問会議（2013）では「企業会計原則による公会計は，経営改革を進める上での基礎インフラ」としているが，「ストックに含めた財務情報の透明化を進め，企業会計原則を前提とした地方公会計の整備を促進する」としている。また，財務省（2013, 33）も「国の財務書類は，国の財政を企業会計に準じた手法により表示することによって説明責任を高めるために作成されるようになったものです」としている。
2. 条件適合理論とは組織の構造や戦略を環境に反応して適合性を保つと考えるものであり，Burns and Stalker（1961）やLawrence and Lorsch（1967）らの研究が古典的なものである。この理論では会計制度の変更も組織の環境適応とみなす。
3. NPSはDenhardt and Denhardt（2000, 2007）によりNPMの対抗軸として提唱されたものであり，住民をNPMの顧客でなく市民とみなし，各関係主体の連携により政策目的の達成を図るとしている。アカウンタビリティへのアプローチはNPMの市場機構に対して多面的（multifaceted）としており，その確保は図表2-1で示したように複雑なものとなっている。
4. NPGは何人かの論者によりガバナンスおよびネットワークを強調する政府経営として提唱されている。その中でOsborne（2010）が最も体系的にまとめている。PollittらはNPSを代替モデルとして認識していないが，彼らの区分にしたがえばNPSはNPGに近いものといえる。
5. 新制度派経済学の比較制度分析の見地に立つ青木（2014）も「実際の組織やシステムは

6 例えば，官民の公正競争として，対象となるサービスコストを増分原価で算定するか全部原価で算定するかで大きくコスト比較の結果は異なる。受注したい企業では既往業務に対して当該競争にかかるサービスの供給で増加する原価を回収できれば採算は合うが，まったく新規にサービス参入する企業では増分原価でなく全部原価になる。
7 公共選択論は政治家，官僚，利害関係者などがそれぞれ自己の効用極大化をめざして意思決定し行動すると考えるのに対し，代理人理論は国民の代理人を政治家，政治家の代理人が官僚というように本人・代理人の委任関係の連鎖として政治システムをみる。また，取引費用理論は直接供給や委託・アウトソーシングかなどは組織内関係を含めた経済取引にかかる費用でどれが少なくて済むか（最小化できるか）に基づき決定されると考える。
8 発生主義予算が現金主義予算に比して「複雑すぎる」とか「現金主義統制を危機にする」といった指摘に対し，「現金主義より悪くない」とか「現金主義統制を強化する」として反論している。詳細はWarren（2014）のプレゼン資料の6枚目参照。こうした発生主義に対する批判は，本文であげたIrwin（2013）でも出てきていて，フランスの大臣サリーはSimon Stevinの複式簿記の提案に対して「（複式簿記）が現在明確で簡潔である部分に複雑性とあいまい性を生むと考えた」としたのに通じる論理である。ただし，2013年から憲法改正により業績予算と発生主義会計を導入したオーストリアでは，ほぼニュージーランドと同じ考え方に立っている。発生主義は現金主義を捨てることでなく，むしろ現金主義に追加情報を与え，財政錯覚の抑止と財政状態の変化をより正確に示すとしている。予算書の最上位区分である章（chapter）は，現金主義による「中期歳出枠組み」（MTEF）を含むキャッシュフロー計算書と発生主義による運営報告書から構成されている。
9 NPM先進国とされる英国，豪およびニュージーランドの2011年度の一般政府レベルのアウトソーシング率はそれぞれ50.3％，43.3％および50.2％であり，NPM後進国と称されるドイツおよび日本は58.9％および51.2％となっている。むしろ豪は低い水準になっている。
10 NPFMはNPMのうち市場での財務取引のように政府財務運営を操作化できるという想定にたつ会計論理（accounting logic）を強調する論者（Olson, et al. 1998; Broadbent 1998）による呼称である。

参考文献

青木昌彦（2014）『青木昌彦の経済学入門』筑摩書房。
亀井孝文（2006）『明治国づくりのなかの公会計』白桃書房。
経済財政諮問会議（2013）「経済財政運営と改革の基本方針～脱デフレ・経済再生～」。
財務省（2013）『平成25年　特別会計ガイドブック』。
Broadbent, J. (1998) The gendered nature of 'Accounting Logic': Pointers to an accounting that encompasses multiple values, *Critical Perspectives on Accounting*, 9 (3): 267-298.
Broadbent, J. and R. Laughlin (2013) *Accounting Control and Controlling Accounting,*

Emerald.
Burns, T. and G.M. Stalker (1961) *The Management of Innovation*, Oxford University Press.
Christensen, T. and P. Laegreid (2011) Complexity and Hybrid Public Administration-Theoretical and Empirical Challenges, *Public Organization Review*, 10: 407-423.
Denhardt, J.V. and R.B. Denhardt (2000) The New Public Service, Serving Rather than Steering, *Public Administration Review*. 60 (6): 549-559.
Denhardt, J.V. and R.B. Denhardt (2007) *The New Public Service*, Expanded Edition, M.E. Sharpe.
Hood, C. (1995) The "New Public Management" in the 1980s: Variations on a Theme, *Accounting, Organizations and Society*, 20 (2/3): 93-109.
Hopper, T. and A. Powell (1985) Making Sense of Research into the Organizational and Social Aspects of Management Accounting: A Review of its Underlying Assumptions (1), *Journal of Management Studies*, 22 (5): 429-465.
Hopwood, A.G. (1988) *Accounting from the Outside: The collected Papers of Anthony G. Hopwood*, Taylor & Francis.
Irwin, T.C. (2013) Shining a Light on the Mysteries of State: The Origins of Fiscal Transparency in Western Europe, *IMF Working Paper*, WP/13/219.
Jones, R. (2011) *Public Sector Accounting*, Vol.1-4, Sage.
Laughlin, R. (2008) A Conceptual Framework for Accounting for Public- Benefit Entities, *Public Money and Management*, 28 (4): 247-254.
Lawrence, P.R. and J.W. Lorsch (1967) *Organization and Environment*, Harvard University Press.
OECD (2013) *Government at a Glance 2013*, OECD.
Olson, O., J. Guthrie and C. Humphrey (1998) *Global Warning: Debating international developments in new public financial management*, Cappelen Akademisk Forlag.
Osborne, S. (2010) *The New Public Governance: Emerging Perspectives on the Theory and Practice of Public Governance*, Routledge.
Pollitt, C. and G. Bouckaert (2011) *Public Management Reform*, 3rd edition, Oxford University Press.
Power, M. and R. Laughlin (1992) Critical Theory and Accounting, in Alveson, N. and H. Willmott (eds.), *Critical Management Studies*, : 113-135. Sage
Warren, K. (2014) Time to Look again at Accrual Budgeting, presentation material for 14th OECD Public Sector Accruals Symposium, Paris.

市民からみた公共経営と会計学の機能

 はじめに

　ニュー・パブリック・マネジメントに向けた公共経営改革以前の伝統的なパブリック・マネジメントにおいては，公共サービスの担い手はそれほど多様化しておらず，比較的容易に特定の担い手が識別できた。しかし，公共経営改革により，公共サービスの担い手は政府を超えて拡張し，民間の非営利セクターや市民セクター等を含めて多様な経済主体が公共サービスを提供することとなる。

　このような点を踏まえ，本書においては公共サービスの提供主体別の会計の機能と課題が主要な研究対象となっている。それらの研究では，異なる会計主体が実施する公共サービス提供に係る経済活動をいかに結合し，それによって達成される効率性，有効性をいかに目的適合的に測定するかが課題とされ，各会計主体の会計についてその課題解決に向けた研究が行われている。これらの研究においては，各会計主体の特徴および当該主体が提供する公共サービスの性質，そしてその公共サービスの提供の仕方等に応じて会計の機能と課題が探究される。

　しかし，各会計主体の特殊性が強調されすぎると公共経営における会計主体間の会計の機能と課題についての共通的な把握が困難になる可能性がある。各会計主体の特徴を踏まえつつ，公共経営における公共サービスの提供主体の活動に係る会計の機能と課題の探求に際しては，何らかの統一的な視点から眺めることに有用性があるように思われる。

　そこで，本章においては，公共経営を眺める統一的な視点として市民の立場を想定し，市民からみた公共経営と会計および会計学の機能を検討する。

市民は，公共サービスを提供する会計主体とは異なるが，公共経営に密接な関係を有するステイクホルダーであり，公共経営のあり方に大きな関心をもっている。市民は，社会生活を営む上で，公共経営との関わりの中でさまざまな意思決定を行っているが，その意思決定に向けて市民の立場から公共経営をみる場合，会計および会計学がどのように機能できるのかについて検討することには，一定の意味があるように思われる。

　ただし，市民と公共経営との関わりといっても，市民は単なる公共サービスの受領者ではなく，国および地方公共団体に租税を納める納税者でもあるというように，市民と公共経営の関わりは単一のものではなく，複合的なものである。したがって，市民と公共経営がかかわる局面ごとに会計および会計学の機能を考えて行く必要がある。

　以上を前提にして，本章では，まず，市民と公共経営との関わりをいくつかの局面に分類する。具体的には，サービス受領者としての市民，納税者としての市民，納税以外の資源提供者としての市民および有権者としての市民の4つの局面を想定する。次に，市民と公共経営との関わりにおける各局面からみた公共経営について会計がどのように機能しているのか，具体的には，市民の意思決定に際して会計がどのように機能しているのか，また，どのように機能すべきかを検討する。最後に，市民と公共経営との関わりの中で，会計の機能が十分に果たされるためには，会計学はいかにあるべきかについて検討する。

　なお，本章で対象とする「市民」とは，国における国民と地方公共団体における住民の双方を包摂する概念として使用する。

❷ 市民が公共経営に関わる諸側面

1．公共サービスの受領者としての市民

　公共サービス基本法によれば，公共サービスとは，「国（独立行政法人を含む）又は地方公共団体（地方独立行政法人を含む）の事務又は事業であっ

て，特定の者に対して行われる金銭その他の物の給付又は役務の提供」および「国又は地方公共団体が行う規制，監督，助成，広報，公共施設の整備その他の公共の利益の増進に資する行為」であって，「国民が日常生活及び社会生活を円滑に営むために必要な基本的な需要を満たすもの」をいう（公共サービス基本法2条）。つまり，同法は，国民が日常生活および社会生活を円滑に営むために必要な基本的な需要を満たすことを目的として，国又は地方公共団体が実施主体となって，国民の中の特定の者に向けて行う物の給付または役務の提供，および社会一般に向けて行う公共の利益の増進に資する行為を公共サービスとして定義づけている。

したがって，これによれば，市民は，国または地方公共団体から，日常生活および社会生活を円滑に営むために必要な基本的な需要を満たすために，直接的に特定の物の給付や役務提供を受領することになり，また，国または地方公共団体が社会一般に向けて行われる公共の利益の増進に資する行為を社会の一員として間接的に受領することになる。

ただし，公共サービスの実施主体は，国または地方公共団体に限られない。公共サービス基本法によれば，国および地方公共団体が公共サービスの実施に関する業務を委託する場合を想定し，当該公共サービスの実施に関し，委託を受けた者との間で，それぞれの役割の分担および責任の所在を明確化するものとしている（公共サービス基本法8条）。公共サービス実施の受託者に何らの限定が付されていないということは，公共サービスの実施に相応しい条件を具備するならば，非営利組織はもとより，個人や営利企業も含めた民間事業者も受託者となる可能性がある。このことは，市民が公共サービスをさまざまな提供主体から受領することを意味する。具体的には，①国・地方公共団体の行政主体が直営により公共サービスを提供する場合，②行政主体による直営と民間委託による民間事業者が同一の地域内で併存して同一の公共サービスを提供する場合，③行政主体による直営と民間事業者が独立して同様の公共サービスを提供する場合（ただし，提供主体により市民が負担する金額や受領するサービスに差が生じる可能性がある。また，民間事業者に対して行政から補助金が支出される場合もある），④行政主体と関係しな

い民間事業者が公共サービスを提供する場合に大別される（馬場 2007）。

公共サービスの受領者としての市民の立場から公共経営を眺めるならば，どの提供主体からどの公共サービスがどのように提供されているのか，また，自らが公共サービスの提供を受けるに際して，どの公共サービスをどの提供主体からどのように受領したいか等が問題関心となろう。

2．納税者としての市民

租税とは，公共サービスを提供するための資金の調達を目的として直接の反対給付なしに強制的に私人の手から国家の手に移される富をいう（金子 2014）。日本国憲法（以下，「憲法」と略す）においては，国民に納税の義務が課されている（30条）。同時に，「あらたに租税を課し，又は現行の租税を変更するには，法律又は法律の定める条件によることを必要とする」として租税法律主義を規定した（84条）。

憲法が立脚する民主主義の見地からは，租税が国民の財産権を侵害するものであることから，新たに租税を課す場合や現行の租税を変更する場合には，国民の代表者から構成される国会が制定する法律により定めることとしたものである。したがって，ひとたび法律により新たに租税が課された場合には，国民はその租税を納付する義務が生じる。ここに納税者としての市民の立場が存在する。

憲法では，「納税の義務」についても「租税法律主義」においても，「国民」・「法律」とのみ規定しているだけで，地方公共団体における「住民」・「条例」について規定していない。この点につき，旭川市国民健康保険条例事件において最高裁判決は，憲法84条の「法律」に地方公共団体の「条例」が含まれるとして「租税条例主義」を認めた（最判平成18年3月1日民集60巻2号587頁）。

なお，市民が納税するということは，租税の定義にもあるように，市民の手から富が国家の手に移されることであるが，これはまさに市民が国または地方公共団体に経済的資源を提供したことに他ならない。しかし，納税の場合には，強制的に富が移される点に特徴があり，この点で，納税以外の経済

的資源の提供が納税とは異なる目的により自発的に行われるのとは異なるので，両者を分ける意味が存在する。

　納税者としての市民の立場からすると，自分の経済活動の結果，納税額がいくらであるかを知ることに多くの関心が向かうのは当然である。ただし，同時に現行の租税制度が公平な制度となっているか，不公平な制度となっていないか，という点にも関心が向かうと思われる。

3．資源提供者としての市民

　市民は，納税者としての立場とは別に，国・地方公共団体または民間の公共サービスの提供主体に対して，特定の目的をもって，自発的・直接的に経済的資源を提供することが考えられる。例えば，ある科学技術の発展に寄与することを目的として，ある大学に現金を寄付することとか，ある福祉サービスを提供することを目的とするNPOの趣旨に賛同して，その活動にボランティアとして参加することにより，無償で労働を提供すること等が考えられる。公共経営に対する市民のこのような関わりの局面を資源提供者としての市民と呼ぶこととする。

　公共サービス提供のための原資を調達するための制度として租税の制度が構築されているために，国民には納税の義務が課されている。したがって，納税には好むと好まざるとにかかわらず，強制の契機が働く。それに対して，市民による公共サービス提供主体への寄付は，自発的に行われるものであるから，公共の利益の増進に向けた個人の意思が明確に反映されることになる。

　市民による寄付が，国・地方公共団体またはその委託を受けた民間組織というような活動原資が租税収入に由来する組織に対して行われる場合には，一般財源である租税収入の各公共サービスへの配分に部分的に介入するという機能を有する。それに対して，行政とは関わりのない領域で公共サービスを提供している民間組織に市民から寄付が行われた場合には，行政による公共サービスの提供によっては実現できない公共の利益の増進に貢献するという機能を有する。この機能は，行政主体による公共サービス提供のための租税収入の配分を補完する機能ということができる。ただし，市民による寄付

により，所得税法の寄附金控除といった税の軽減措置が適用される場合には，税の軽減額が国・地方公共団体から寄付者である市民に「租税支出」されるということができる。この場合には，寄付者である市民を媒介にして国・地方公共団体から寄付の相手方である民間組織へ補助金が交付されたのと同様な状況となる。とすると，租税制度には，公共の利益の増進に向けた個人の意思を一定程度反映させる仕組みが組み込まれているということもできる。

資源提供者としての市民の立場からすると，現状において公共サービスがどのように行われているか，およびそれを踏まえてどこにどのように資源提供すれば，公共の利益の増進に向けた自らの意思が十分に反映されるか，ということが関心事となろう。

4．有権者としての市民

憲法では代表民主制が採用されているので，国のレベルでは国民が国会議員を選出し，選出された国会議員が国民の代表者として国会において立法等の活動を行う。また，地方公共団体のレベルでは住民が地方議会議員を選出し，選出された地方議会議員が住民の代表者として条例制定等の活動を行う。なお，地方公共団体では，首長についても住民が選挙により選出する。このような体制の下では，国民・住民が自らの政治的意思を国政および地方政治に反映させる最も重要な手段が，選挙である。ここに公共経営との関わりにおいて有権者としての市民が存在する。

選挙における投票に市民の政治的意思が十分に反映されるためには，国・地方公共団体からは，市民の政治的意思決定に必要十分な情報が公開される必要があると同時に，それが容易に入手できなければならない。

公共経営との関わりにおいては，有権者としての市民は，まず，国・地方公共団体がどのような政策を採用してどのような公共サービスにどのように資源配分するのか，そのためにはどれだけの経済的資源が必要か，その経済的資源をどのように調達するのかといった情報が必要になる。つまり，年度予算についての情報である。次に，その年度終了後には，予算がどのように執行がなされたのかという予算の執行状況を表す決算についての情報が必要

である。すなわち，予算執行のための経済的資源である歳入が予算どおりに収入されたのか否か，また，歳出が予算どおりに実行されたのか否かということが明らかにされなければならない。仮に予算どおりの執行がなされた場合であっても，さらに，その予算執行によって公共サービスが市民に提供された結果，どのように政策内容が実現できたかという政策の達成状況についての情報も必要であろう。

このような情報が有権者としての市民に提供されることにより，市民が有権者としての投票に向けた意思決定を適切に行うことが必要になる。

5．市民の意思決定に必要な情報

以上のとおり，市民が公共経営にかかわる側面として，サービス受領者としての側面，納税者としての側面，資源提供者としての側面および有権者としての側面の4つの側面をあげた。これらの側面からみた公共経営を図示したものが，図表3-1である。

個々の市民の意思決定および行動は，個人生活から広く社会生活までの多岐にわたっている。ただし，公共経営との関わりにおける市民の意思決定および行動は，上記の4つの側面に分類して整理することができる。のみならず，このように4つの側面に分類することにより，市民がそれぞれの側面から意思決定する際に必要となる情報が明らかになる。

具体的には，公共サービスの受領者としての市民の側面では，自らが公共サービスを受領する立場として，公共サービスがどの提供主体からどのように提供されているのか，それがサービス受領者のニーズに合った提供になっているか，という情報が必要となる。納税者としての市民の立場からは，納税者として自らの経済活動から発生する納税額がどのようになるのかということが容易にわかるような租税制度であることが必要であり，その租税制度が納税者間で公平な制度になっているか，また，公平に運用されているかについての情報が必要となる。資源提供者としての市民にとっては，自らの経済的資源をどの領域および組織に提供すればよいかについての意思決定の判断材料になる情報が必要となる。そして，有権者としての市民にとっては，

図表3-1　公共経営との関わりにおける市民の諸側面

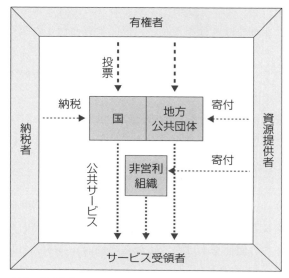

出所：著者作成。

国・地方公共団体の予算・決算の状況および政策がどの程度達成できたかについての情報が必要となる。

❸ 市民からみた公共経営と会計の課題

1．公共サービス受領者としての市民と会計の課題

　われわれが高齢となり，何らかの社会福祉施設，例えば，介護老人福祉施設に入所することを想定した場合，どのような施設に入所したいかを考えると，①当該施設を経営している法人の経営状況が安定しており，入所者に対して十分なサービスが提供できる状況が確保されていること，そして，②現実に入所者に対して行き届いたサービスが提供されていること，このような条件を満たした施設に入所したいと考えるのが通常であろう。そうすると，

入所を検討している複数の施設について，その経営母体の法人の経営はどのような状況にあるのか，また，実際にその施設においてどのような福祉サービスが提供されているのかについての情報が必要となろう。

これについて，社会福祉法は，社会福祉法人に対して各会計年度について「事業報告書，財産目録，貸借対照表および収支計算書」を作成すると同時に，それを当該社会福祉法人が提供する福祉サービスの利用を希望する者その他の利害関係人の閲覧に供しなければならないと規定している（社会福祉法44条）。また，同法は，社会福祉事業の経営者に対して，福祉サービスを利用する者が適切かつ円滑にこれを利用することができるように，その経営する社会福祉事業に関し情報の提供を行うよう努めなければならないとしている（同法75条1項）。なお，国・地方公共団体に対しても，福祉サービスを利用しようとする者が必要な情報を容易に得られるように，必要な措置を講ずることが義務づけられている（同法75条2項）。

法人の経営状況は財務諸表等の会計情報により知ることができる。また，どのようなサービス提供が行われているかについては，事業計画書や事業報告書といった文字情報により知ることができる。したがって，公共サービスの受領者としての市民にとっては，自らが具体的な公共サービス提供を受領する場合に，その公共サービス提供主体を選択する意思決定に際して必要となる情報が，公共サービス提供主体となる組織の会計情報であるという点で会計が重要な意味をもつ。このことは，上記の社会福祉の分野のみならず，保健，医療，学術，文化，教育等さまざまな公共サービスの提供の場面にも妥当する。

しかし，公共サービスの受領者が意思決定を適切に行うための情報が，わかり易く，比較可能な状態で提供されているかという観点から，会計が十分に機能を果たしているかを検討してみると，課題があるように思われる。

まず，公共サービスの内容は多岐に渡るが，その中の代表的な例として，社会福祉，医療，教育を取り上げただけでも，その領域ごとに会計の基準が設定されており，その内容は必ずしも共通の内容とはいえない。領域ごとの特殊性の存在は否定できないが，それを踏まえても，可能なかぎり基本的な

枠組みのもとで比較可能な会計情報の作成および提供がなされる必要がある。そのための統一的な会計のルールの設定が課題となる。

また，同一の領域においても，公共サービスの提供主体の法的組織形態が異なると，異なる会計の基準により会計情報を作成しなければならない。例えば，社会福祉の領域において福祉サービスを提供する民間の主体の中にも，社会福祉法人，公益社団・財団法人，特定非営利活動法人（以下，NPO法人）等の法的組織形態があり，そのほか国・地方公共団体の公的な組織形態も存在する。社会福祉法人については社会福祉会計基準，公益社団・財団法人については公益法人会計基準，NPO法人についてはNPO法人会計基準というように法的組織形態ごとに会計基準が設定されており，それらが，完全には同一ではない。

さらに，上記の会計基準では，法人全体の会計情報が作成・提供されれば足りるとされている。しかし，同一組織の中に複数の施設が存在している場合には，真に知りたいのは施設ごとの会計情報であり，当該施設のサービスの提供内容である。可能なかぎり施設ごとの情報についての会計情報の作成・提供が課題となる。

最後に，サービス提供の内容に関する情報として適切な情報とは何か，ということが問題となろう。仮に，サービス提供のための支出額が会計数値として表現されたとしても，それによりどのような成果・効果が達成できたのかということをどのように明らかにすべきか，ということについては，必ずしも共通的なルールが確立していえるとはいえない状況にある。

2．納税者としての市民と会計の課題

納税者としての市民が公共経営と関わりがあるのは，まず，自らの経済的活動により納税額がいくらになるかという税額の計算過程についての会計である。法人の会計においては，企業会計に対する税務会計（または税法会計）と呼ばれる領域である。市民の個人所得課税の領域では，法人におけると同様な税務会計の領域がある。

国民の納税の義務の下で，納税者の予測可能性と法的安定性を確保するこ

とを目的として租税法律主義が租税制度の基本原則とされ，これに基づき，税務会計のルールが定められている。このルールに基づいて，納税者が間違いなく税額計算を完了できるためには，ルールが一義的に明確であり，理解しやすいものでなければならない。税務のルールを定めた法律の1つである租税特別措置法の条文は複雑で読みにくく，悪文の代表例とされている。

　事の性質から多少複雑でわかりにくくなるのはやむを得ないが，必要以上に複雑になりすぎると，納税者の理解が困難になってしまう。税務会計においては，税務のルールを納税者にわかりやすく規定することが会計の課題となる。

　納税者自身の納税義務から離れて，租税制度の内容に関して他の納税者との間での課税の公平が図られているか，また，租税制度の公平な運用が行われているかについても，十分な情報が納税者に入手できなければ，適切な判定ができない。そのために必要な情報は，国・または地方公共団体の会計のうち歳入の部分にかかわる情報であり，税目ごとの収入等やその他の事情について充実した統計情報の作成・公表が課題となろう。これにより，納税者としての市民が税制に対してどのように主体的に判断を下さなければならないかが問われることになる。

3．資源提供者としての市民と会計の課題

　公共経営に必要な経済的資源の調達方法が租税の徴収であり，納税の義務を負う国民は，納税の義務を適正に果たしているならば，公共経営に対する経済的資源の提供は，それだけで十分なはずである。公共経営のために徴収された租税は，一般財源として，議会が承認した政策のもとで編成された予算に基づき，資源配分されて公共サービスのために支出されるからである。

　しかし，市民が，政策に基づく公共サービスでは不十分と考える場合，また，国・地方公共団体からの公的な経済的資源を利用しないで公共サービスを提供している民間組織に対して経済的に支援することにより，公共の利益を増進させようと考える場合には，納税のほかに，さらに寄付や無償の役務の提供といった経済的資源を提供することが考えられる。

そのためには，経済的資源の提供の意思決定を適切に行うための情報が必要である。具体的には，公共サービスのための経済的資源がどのように各公共サービスに配分されて支出されているのか，公的な経済的資源を受け取らずに公共サービスを市民に提供している民間組織はどのような状況にあるかといった情報である。

公共サービスのための経済的資源がどのように各公共サービスに配分されて支出されるのかについては，国・地方公共団体を起点とし，サービス受領者としての市民による公共サービスを終点として，公共サービスがその間にどのように流れているのか，その状況がわかる情報が必要になる。そのためには，国・地方公共団体，その他の公共サービス提供主体を1つの大きな会計主体とするような会計の仕組みを想定して，その会計に関する情報が作成され，公表される必要がある。法的には別々の組織を包括して，1つの会計主体と見立ててどのように会計情報を集約していくかといった課題が考えられる。

4．有権者としての市民と会計の課題

有権者としての市民と公共経営の関わりは，選挙における投票という場面で現実化する。投票に向けては，公共経営と市民の関わりのあらゆる側面から得られる情報が，市民の意思決定のための判断材料となる。したがって，上に述べたサービス受領者，納税者および資源提供者としての市民にとっての必要な情報は，有権者としての市民の意思決定にも必要な情報ということができる。したがって，そのような情報を獲得することとの関係での会計の課題も共通である。そこで，ここでは，有権者としての市民と公共経営の関わりに特有の情報を獲得する際に会計がどのような機能を果たし，そこにどのような課題があるかについて検討する。

市民が有権者として投票するのは，原則として，国レベルでは国会議員，地方公共団体レベルでは首長および地方議会議員を選出する場合である。投票とは，国政および地方政治を任せるに最も相応しい候補者を選択するというきわめてシンプルな意思表示の方法であるが，その意思表示に向けては，

国政および地方政治がどのように行われているかについてのさまざまな情報のもとで，総合的に判断して意思決定しなければならない。そのためには，国および地方公共団体の財政の状況についての情報が必要となる。すなわち，予算・決算の状況および政策がどの程度達成できたかについての情報である。

国・地方公共団体以外の公共サービス提供主体の会計の間には，その性質の違いからくる相違点もあるが，会計のシステムには共通点も多い。その結果，財務諸表の体系として複式簿記による貸借対照表，収支計算書（または，正味財産増減計算書，損益計算書）といった財務諸表が採用されている。それに対して，国および地方公共団体の財政については，単式簿記による歳入・歳出の管理だけであり，予算については，予算総則，歳入歳出予算，継続費，繰越明許費および国庫債務負担行為が作成されることになっており（財政法16条），財政に関する報告は，歳入歳出決算書，歳入決算明細書，各省各庁の歳出のみである（財政法39条）。このような予算・決算についての情報では，一般にはきわめてわかりにくく，国・地方公共団体の財政の状況を理解することが困難である。

そこで，近時，複式簿記・発生主義といった企業会計の考え方および手法を利用して，国全体の資産や負債などのストックの状況，費用や財源などのフローの状況を明らかにすることにより財務状況をわかり易く開示することを目的として，平成15年度決算分より「国の財務書類」が作成・公表されている。「国の財務書類」では，一般会計および特別会計について貸借対照表，業務費用計算書，資産・負債差額増減計算書および区分別収支計算書が作成されている。そのほか，参考情報として国の業務と関連する事務・事業を行っている独立行政法人などを連結した「連結財務書類」も作成・公表されている。

このような取組みの制度化に向けて，平成26年通常国会において「国の財務書類の作成及び財務情報の開示等に関する法律案」が上程された。同法案は，「企業会計の慣行を参考とした国の財務書類等の作成及びその国会への提出等による財務情報の開示等について定めることにより，国の資産及び負債，国の事務及び事業に要した費用その他の国の財務に関する状況を明らか

にしつつ，かつ，国会等による予算執行に対する検証の充実を図り，もって政府の有する国の財政状況を国民に説明する責務が十分に果たされるようにするとともに，適正な予算編成と効率的な行政の推進に寄与すること」を目的として掲げている（同法案1条）しかし，同法案は審議未了となっており，制度化されるには至っていない。

5．市民からみた公共経営と会計の課題

　公共経営との関わりにおける市民の各側面での会計の課題を検討してきたが，それらをまとめると次のようになるであろう。

　①公共サービスの受領者としての市民の立場からは，公共サース提供の各主体が作成・公表する会計情報はどのようなものでなければならないか？
　②納税者としての市民の立場からは，現行の税制の内容をいかにわかりやすくするか，および現行税制がどのように運用されているか？
　③資源提供者としての市民の立場からは，国・地方公共団体およびそれらから提供される経済的資源を利用して公共サービスを提供する主体を1

図表3-2　市民からみた公共経営の会計上の課題

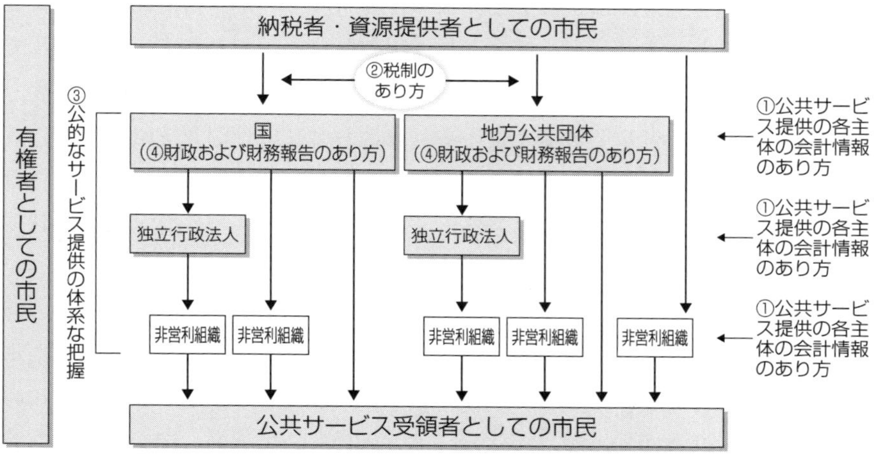

出所：筆者作成。

つの大きな会計主体と想定した会計情報の内容およびその大きな会計主体によっては提供できない公共サービスを提供している会計主体の状況がどのようなものか？

④有権者としての市民の立場からは，国および地方公共団体による財務報告の内容をわかり易いものにするにはどうしたらよいか？

以上を図表にまとめたものが，図表3-2である。

そこで，最後に，次節においてこのような会計における課題を解決するために会計学にどのようなことが期待されるかについて検討する。

市民からみた公共経営と「会計学」の課題

　会計学とは，社会における会計現象を対象として，その対象を通じて妥当する原理原則を解明し，統一的な理論体系を構築することを目的とする学問分野である。学問の真理探究機能を社会における会計現象を探求の対象として発揮・実現することが目指される。それと同時に，学問は，社会に存在している何らかの問題に対しての解決支援機能も発揮することが期待されており，現実に，さまざまな学問が社会に生起するいろいろな問題に対して有効な解決支援機能を果たしている。会計学も諸学問の1つとして，学問の真理探究機能を有すると同時に問題解決支援機能を発揮することが期待される。

　前項の末尾で提起した，市民からみた公共経営における会計上の課題の解決に向けて会計学がどのように問題解決支援機能を発揮し得るかについて検討する。

　まず，第1の課題である公共サービス提供の各主体が作成・公表する会計情報はどのようなものでなければならないかについて，会計学がどのように機能できるかの検討である。まず，公共サービス受領者にとって十分な情報を提供するためには各提供主体がどのような会計情報を作成・公表すべきかについては，提供主体の組織的な根拠法により会計情報の作成・公表が制度化されているわが国の状況のもとでは，その諸制度が可能なかぎり共通の内容となるような共通化が必要である。それには，会計学は，各提供主体の会

計に共通する統一的会計理論を構築するとともに，各提供主体の特殊性を踏まえつつも会計情報の作成・公表が共通的な内容となるような制度設計に貢献することが必要である。

サービス受領者としての市民に対して，各提供主体のサービス提供内容が十分に理解されるためには，サービス提供に伴う提供主体のコストの情報が提供されなければならないが，単なる金銭的な情報では不十分な場合が多く，金銭情報以外にも物量情報その他適切な情報が文字情報として報告される必要がある。そのためには，会計学は，このような外部に報告する場合の報告内容をどのように行うかについて依拠できる原理原則を構築し，具体的な指針を提供する必要がある。

次に，第2の課題である税制の内容をいかにわかり易くするか，および現行税制がどのように運用されているかについて，会計学がどのように機能できるかである。会計学に確立している会計理論の観点から，税制の内容が会計理論に即した合理性のある内容になっているかという検討が可能である。会計学の立場からは，会計理論から乖離した課税上の取扱いがなされる場合（いわゆる「別段の定め」），それに合理性・相当性が認められるかの検証が必要である。

現行の租税制度がどのように運用されているかについては，それを表す運用情報をどのように集計して描くかが問われる。それには，経済学的手法，統計学的手法，社会学的手法等さまざまな手法による情報作成が可能であろうが，その中核に位置するものの1つが会計学的手法であると思われる。例えば，租税制度の中の個別の制度の適用を受けている納税者の数といった情報は，税額の計算過程における各段階における運用情報であり，租税制度が公平に運用されているかどうかの有力な情報となり得る。このような租税制度の内容にかかわる情報の選別・特定に際しては，会計学の知見が重要となろう。

さらに，第3の課題である公的な資源を原資とする公共サービスの提供の状況を国・地方公共団体はじめ公的な資源を原資として公共サービスを提供する主体全体を1つの大きな会計主体と想定して，その会計情報により公的

資源による公共サービス提供の有様を明確にするために会計学がどのように機能できるかである。国・地方公共団体はじめ公共サービスを提供する主体を1つの大きな会計主体と想定することは，企業会計における連結会計・連結決算を想起させる。企業会計における連結会計の研究により得られた知見を動員することにより，会計学の立場から国・地方公共団体をめぐる「連結会計」のあり方の理論的基礎を提供するとともに，具体的にどの範囲の組織を対象にして，どのように連結会計を行うかについての提案が要請されると思われる。

資源提供者としての市民は，公的な経済的資源の流れからはずれた純粋に私的な公共サービスの提供に対して自らの経済的資源の投入を欲している。その受け皿となる民間の非営利組織である公共サービス提供主体は，市民に向けて自らのサービス提供活動の内容を社会に公表して経済的支援を求めることになる。会計学の立場からは，会計主体が自らの事業活動の報告を明確で理解しやすいものにするためにはどのようにしたらよいかという点について，外部報告のあり方の知見を提供することが可能であろう。

最後に，第4の課題である国および地方公共団体による財務報告の内容をわかり易いものにするには，会計学はどのように機能できるかである。上述のとおり，「国の財務書類」のように複式簿記・発生主義といった企業会計の考え方および手法を利用した財務書類作成の取組みが進められてはいるものの，国および地方公共団体においては，制度的には，未だ伝統的な単式簿記に基づく官庁会計により，予算・決算が行われている。「国の財務書類」の作成の取組みに会計学が重要な機能を果たしていることは論を俟たない。しかし，上記①から③の課題を解決するためにも，国・地方公共団体の基本的な会計システムを単式簿記の官庁会計システムから複式簿記に基づく企業会計方式のシステムに移行することが急務である現在，会計学は，官庁会計のシステムから移行すべき企業会計方式のシステムの内容を明らかにするとともに，そのシステム移行をどのように行っていくべきかについての理論的な指針を提示して，国・地方公共団体の会計システムの移行についての制度化を実施し易くするためのさまざまな方策を提案することが要請されている

と思われる。

　ただ，企業会計方式のシステムに移行すればよいのではなく，市民からみた公共会計の観点からは，会計のシステムの全体像がいかに明確でわかり易く描かれるかが非常に重要である。会計学には，この点について明確でわかり易い会計報告の内容はいかにあるべきかという知見を提供することが望まれる。

参考文献

金子宏（2014）『租税法〔第19版〕』弘文堂。
馬場健（2007）「公共サービスと行政サービスについての整理」『法政理論』39(2): 366-388。

国際公会計基準における財務情報と非財務情報の役割と機能

 国際公会計基準（IPSAS）とは

　国際公会計基準（International Public Sector Accounting Standards: IPSAS）は政府系企業以外のすべての公的セクターの主体が作成する一般目的財務報告に適用される国際基準である。この公的セクターには中央政府や地方政府，国際機関などが含まれる。この定義から分かるようにどのサービス（公的サービスか私的サービス）かで適用する会計基準をわけるのではなく，どの主体（公的セクターか民間セクター）がサービスを提供するかで適用する会計基準を分けている。

　IPSASは国際会計士連盟（International Federation of Accountants: IFAC）に属する国際公会計基準審議会（International Public Sector Accounting Standards Board: IPSASB）によって策定されている。IFACやIPSASBには各国にIPSASを適用させる強制的な権限がないため，各国では自主的にIPSASを適用し，また，IPSASを参考にして自国独自の会計基準を適用している。

　これまで各国の政治的，経済的，社会的背景が異なるために公会計基準は各国独自のものが適用されることが多かったが，ある国の財政の悪化が他の国の財政に影響を与えるなど各国間の財政の関連性が高まり，また，国際機関の要請もあることによって各国の財政を比較可能にするために国際的に統一された会計基準を適用すべきという流れが強くなっており，IPSASの存在感が高まっている。日本においては，まず，中央政府については，「今後とも公会計の基準の議論に際し，「国際公会計基準（IPSAS）」を参考にしていくことが適当」とされ，次に，地方自治体については，「国際公会計基準

および国の公会計等の動向を踏まえた新地方公会計の推進方策」を検討するとされており，どちらの会計基準を策定する際にもIPSASが参照されている。

また，IPSASは単に各国の財政に関する情報を提供するためのツールとして捉えるべきではなく，各国が適用することによって公共経営の改革・高度化を進めることを意図していることにも注目すべきであり，それはIPSASBでのプロジェクトの設定に色濃く表れている。

本章ではIPSASBのボードメンバーとして審議に参加している筆者が公共経営の変容という観点でIPSASにおける財務情報と非財務情報の役割と機能を捉えてみたい。

❷ IPSASにおける概念フレームワーク

1．概念フレームワークとは

概念フレームワークとは発生主義会計を採用する公的セクターの主体が作成する一般目的財務報告における概念を規定するものである。概念フレームワークは一義的にはIPSASBがIPSASや推奨実務ガイドライン（Recommended Practice Guidelines: RPG）を策定するときにこれらの概念を適用するものであるが，概念フレームワーク・プロジェクトにはIPSASBだけではなく各国の会計基準設定主体が参加していることに注目すべきである。

つまり，概念フレームワークは単にIPSASの基礎となるものというだけではなく，各国の会計基準設定主体が自国の公会計基準を策定するときの基礎にすることによって各国の公会計基準を国際的に収斂させる動きであると捉えるべきである。概念フレームワークの策定は2007年より開始され，4つのフェーズに分けて進められ，2014年にすべてのフェーズが完了した。

2．財務報告の利用者

概念フレームワークでは一般目的財務報告の利用者はサービス受領者

（service recipients）と資源提供者（resource providers）であるとしている。政府や他の公的セクターの主体は納税者や寄贈者，貸し手などの資源提供者より資源を受領し，市民や他のサービス受領者へのサービス提供に使用している。したがって，これらの公的主体は資源を提供した人に対して資源をどのように管理し使用したかについて説明責任があるだけではなく，これらの資源を使用し必要なサービスを受領する人に対しても説明責任があるとし，サービス受領者と資源提供者を同等に捉えている点が特徴的である。これに対し，企業会計では一般的には財務諸表の利用者を投資家や債権者などの資金提供者であるとし，ここから従業員や顧客，社会一般などの他のステークホルダーに広げている。

したがって，IPSASでは資源提供者だけではなくサービス受領者も公共経営にコミットすることを想定しており，これら情報利用者が情報に精通して判断や意思決定を行うことができるように経済的情報を識別し，測定し，伝達することを想定している。

また，サービス受領者や資源提供者に対して多様な事項を評価することを支援する必要があることから概念フレームワークでは伝統的な財務諸表だけでは不十分であり，財務諸表を拡張し，補足し，補完する情報が必要であり，財務諸表を含めてこれらを一般目的財務報告書（General Purpose Financial Reports）と呼んでいる。

3．情報ニーズ

概念フレームワークでは，説明責任と意思決定目的のために，サービス受領者と資源提供者は下記の事項の評価を支援するための情報が必要であるとしている。

①報告期間における公的主体の「業績」
- ・サービス提供および他の運営上および財務上の目標を達成しているかどうか
- ・責任のある資源を管理（マネージメント）しているかどうか
- ・資源の調達や使用にあたって予算・法律・他の規則に準拠しているか

どうか

② 流動性(liquidity)(現時点での債務を支払う能力)と支払能力(solvency)(長期的に債務を支払う能力)

③ 長期的に主体がサービス提供その他の事業を行うことができる「持続可能性」(sustainability)
・「財務能力」(financial capacity):活動資金を調達し将来における事業上の目標を達成する能力
・「運営能力」(operational capacity):将来においてサービスを提供するのに十分な物理上その他の資源

④ 主体が環境変化に適応する能力

　概念フレームワークのコンサルテーション・ペーパーでは一般目的財務報告とその他の情報の関係を図表4-1のように説明している。

　一般目的財務報告とは特定の情報ニーズを満たすための財務報告を作成することを要求できない,幅広い利用者の共通した情報ニーズを満たすことを意図した財務報告である(図表4-1でいう「一般目的財務報告書」)。財務

図表4-1　一般目的財務報告とその他の情報の関係

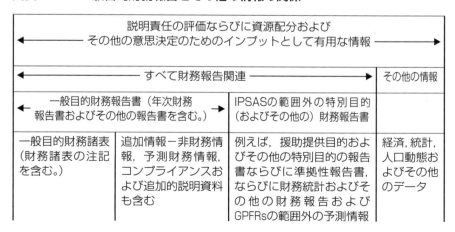

出所:概念フレームワーク　コンサルテーションより筆者訳。

情報の利用者のうちある利用者は特定の情報ニーズを満たすために報告書を作成することを要求する権限があるが，これらの報告書は一般報告財務報告に含まれない（図表4-1でいう「IPSASの範囲外の特別目的（およびその他の）財務報告書」）。また，一般目的財務報告は説明責任や意思決定目的のためのすべての情報ニーズを満たすことはできず，ある場合には，利用者は他の情報源を必要とするかもしれないことが指摘されている（図表4-1でいう「その他の情報」）。

概念フレームワークでは一般目的財務情報で提供されるべき情報は下記のとおりであるとしている。

- 財政状態・財務業績・キャッシュ・フロー
- 予算情報と資源を獲得し使用することを規定している法律その他の権限との準拠
- サービス提供の達成度
- 予測財務・非財務情報
- 説明的情報

3 戦略コンサルテーション

IPSASBでは2014年に2015年以降の戦略コンサルテーションを実施し，利害関係者からIPSASBの将来の戦略的方向性について意見照会し，2015年から2019年までの5年間のIPSASBの事業計画における個別のプロジェクトの優先順位についても意見照会した。その戦略コンサルテーションではIPSASBの戦略目的を下記のように暫定的に決め，これまで以上に公共財政管理に重点を置くこととしている。

戦略目的とは以下を通じて発生主義IPSASの適用をさらに増やすことで，グローバルに公共財政管理（public financial management）と知識を強化することである。

- 高品質な財務報告基準の策定
- 公的部門を対象とするその他公表物の開発

・IPSASとその適用の便益に関する知識の向上

　ここにいう，公共財政管理とは，広義には，公共サービスの目標の効率的かつ効果的な提供を可能にし，それに影響を及ぼすため，財務資源が対外的にも，そして公的部門の主体の内部的にも，両方の観点から，計画され，指図され，そして管理される仕組みをいう。

IPSASにおける財務情報と非財務情報の役割と機能

1．財務諸表

　概念フレームワークでは政府や他の公的セクターの主体の財政状態，財務業績およびキャッシュ・フローに関する情報が必要であるとされている。これを表すのが伝統的な財務諸表であり，財政状態計算書（貸借対照表），財務業績計算書（損益計算書），キャッシュ・フロー計算書から構成される。
　基本的にはこれらの伝統的な財務諸表は企業会計における財務諸表と同じであるが，公的セクターにおける財政状態や財務業績をどのように捉えるかについては留意が必要である。
　例えば，中央政府から地方政府に補助金が交付されその補助金が翌年度以降に使用される場合に，地方政府では補助金を交付された年度に収益計上し財務業績に含めるか，それとも補助金が使用される年度に収益計上し財務業績に含めるかという問題が生じる。これらの問題を解決するためには政府が資源配分意思決定を行う複合的なプロセスの中で会計がいかなる機能を果たし，その中で公的セクターが評価されるべき財務業績とは何かを決定する必要がある。IPSASBでは「概念フレームワーク　第2フェーズ『財務諸表の構成要素と認識』」の中で公的セクターにおける財政状態と財務業績について検討された。
　「概念フレームワーク　第2フェーズ」では財政状態計算書の構成要素として資産と負債，財務業績計算書の構成要素として収益と費用を定義し，財

務諸表の構成要素に関して伝統的な考え方を踏襲しているが，一方，上記にあげた補助金の移転収入のように，ある環境下では財務諸表が公的主体の財政状態や財務業績を評価するために有用な情報を提供するためには財務諸表の構成要素では捉えられない経済的現象を認識する可能性があることを指摘している。それらの経済的現象を「その他の資源」(other resources) や「その他の義務」(other obligations) と呼び，資産や負債の定義には該当しないとしても財政状態計算書に計上される可能性があることを指摘している。

また，概念フレームワークでは伝統的に財務指標の1つとして捉えられていた「純資産」(資産－負債) ではなく「純財政状態」(net financial position) という財務指標を導入した。純財政状態は次のように計算される。

資産－負債＋（その他の資源－その他の義務）＝純財政状態

さらに，「概念フレームワーク　第3フェーズ『財務諸表の資産と負債の測定』」では，一般目的財務諸表における資産と負債の測定基礎 (measurement bases) を選択するための測定概念 (measurement concepts) を検討しているが，その中で，取得原価や市場価値などの測定基礎を選択するときに考慮すべき測定目的 (the objective of measurement) を定義していることが注目される。測定目的は次のとおりである。

　測定目的とは，公的主体が説明責任を履行し，意思決定目的に有用な情報を提供するために，財務能力 (financial capacity)，運営能力 (operational capacity)，サービスのコスト (cost of services) を最も公正に (most fairly) 反映する測定基礎を選択することである。

ここで，
・財務能力とは，公的主体が活動に必要な資金を獲得し続ける能力である。
・運営能力とは，将来において物理的その他の資源を通じてサービスを提供することを公的主体が支援する能力である。

・サービスのコストとは，歴史的または現在の金額で表示される一定期間に提供されるサービスにかかるコストである。

2．予算情報

通常，政府や他の公的セクターの主体では年度予算を承認し，公表している。予算は納税者や他の資源提供者から資源を調達することを正当化し，資源の使用権限を与えるものであるので，公的セクターの主体が活動した結果生じた収益，費用，キャッシュ・フローなどが承認された予算に従っているかを示す必要がある。IPSASではIPSAS第24号「財務諸表における予算情報の表示」において予算数値と実績の比較を求めている。

3．統計情報

各国では財務諸表による財務情報の開示以外にも国際連合による国民経済計算（System of National Accounts: SNA）や国際通貨基金による政府財政統計（Government Finance Statistics: GFS）による統計情報を開示している。財務諸表による財務情報は政府全体のみならず個々の公的セクターの主体の財政状態や財務業績を表すものであり，統計情報は国全体や政府部門についてマクロ経済的意思決定を行う基礎となるものである。両者は利用者や利用目的が違うために定義や認識・測定などの原則が異なるが政府の意思決定の結果を表すことでは同じであるため可能なかぎり整合的である必要がある。IPSASではIPSAS第22号「一般政府部門に関する財務情報の開示」を規定している他，「国際公会計基準と政府財政統計報告ガイドライン」プロジェクトを進めている。

4．予測財務・非財務情報

政府や多くの政府のプログラムの長期性により，ある会計年度の多くの意思決定の結果は将来においてしか判明しない。財務諸表はある一定時期や一定期間の財政状態や財務業績しか表さないので，それらを予測情報で補う必要がある。IPSASBではRPG第1号「公的主体の財政の長期持続可能性報告」

を公表している。

このRPGは公的セクターの主体の財政の長期持続可能性に関する報告についてのガイドラインを提供するものであり，将来のインフローとアウトフローに関する報告日現在の政策や意思決定の影響に関する情報を提供し，一般目的財務諸表を補足するものである。このRPGに準拠した場合，①表やグラフ形式による将来のインフローやアウトフローの予測と，予測を説明するための記述，②インディケーターを含む長期持続可能性の「側面」(dimension) に関する記述，③予測を実施するにあたっての原則・仮定・方法論に関する記述，を報告する。

このRPGのコンサルテーション・ペーパーでは公的主体において財政の長期持続可能性報告が必要な理由を図表4-2で説明している。

図表4-2は財政状態計算書で表示される情報を示している。図表内の(A)・(B)と(D)・(F)は過去の事象によって特定された取引を表した計算書で表示されているが，(C)と(E)は過去の事象によって特定されていない将来の収益や将来の義務に関するキャッシュ・フローであり，これらは

図表4-2　財政状態報告書で提供される情報

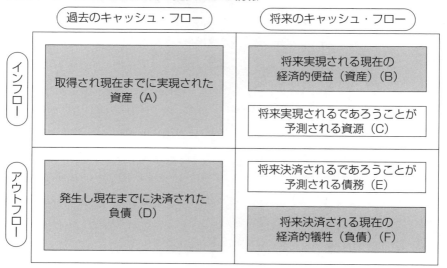

伝統的な財務諸表には表示されない。特に社会給付（social benefits）のような政府の政策の長期の財務上の影響を情報提供することは財務報告の意思決定目的および説明責任目的を担保するためには重要であるので，一般目的財務諸表の表示とあわせて，政府プログラムの長期財政持続可能性に関するその他の情報を表示することは必要であるとIPSASBは意思決定した。

このRPGでは，サービス・収益・負債の3つの側面から長期財政持続可能性について説明することを要求している。これら3つの側面の関係は図表4-3のとおりである。

図表 4-3　サービス・収益・負債の3つの側面の関係

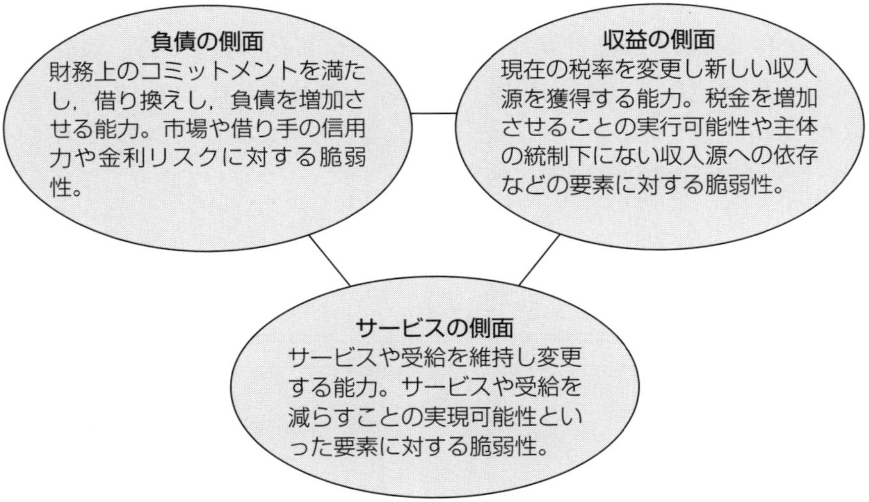

負債の側面
財務上のコミットメントを満たし，借り換えし，負債を増加させる能力。市場や借り手の信用力や金利リスクに対する脆弱性。

収益の側面
現在の税率を変更し新しい収入源を獲得する能力。税金を増加させることの実行可能性や主体の統制下にない収入源への依存などの要素に対する脆弱性。

サービスの側面
サービスや受給を維持し変更する能力。サービスや受給を減らすことの実現可能性といった要素に対する脆弱性。

5. サービス業績情報

　政府やほとんどの公的主体の主要な目的は市民に必要なサービスを提供することであるので，財務業績だけでは公的主体の財務結果を十分に表すことができず，サービス提供目的の達成度の観点から評価する必要がある。IPSASBでは2015年にRPG3号「サービス業績報告の報告」を公表した。

　このRPGでいうサービス業績情報とは，公的主体のサービス業績目標，それらの目標の達成，および主体が提供するサービスに関する，利用者のための情報である。サービス業績情報は，主体が提供するサービスの効率性と有効性を利用者が評価するのにも役に立つ情報である。

　サービス業績情報の用語の定義は下記のとおりである。

　このRPGでは公的主体は次の情報を表示することを要求している。

(1)　報告する各サービスについて，次の情報を表示すべきである。

　①サービス業績目標
　②サービス業績目標の達成を示す業績指標
　③サービスのコストに関する情報

有効性	アウトプットまたはアウトカムの面からみた，実際の結果とサービス業績目標との関係性をいう。
効率性	①インプットとアウトプットまたは②インプットとアウトカムの関係性をいう。
インプット	主体がアウトプットを提供するために使用する資源をいう。
アウトカム	主体によるアウトプット，主体の存在，および運営の結果生じる，社会に対する影響をいう。
アウトプット	主体が，主体の外部の受益者に対して提供するサービスをいう。
業績指標	定量的測定値，定性的測定値，および（または）主体が資源を利用し，サービスを提供し，サービス業績目標を達成する内容および程度の定性的検討をいう。
サービス業績目標	インプット，アウトプット，アウトカム，効率性，または有効性の面から表される，主体が達成することを目的とした計画上の結果の説明をいう。

(2) 業績指標とサービスのコストについて，主体は次の事項を掲示すべきである。
①報告期間の計画上の情報および実際の情報
②前報告期間の実際の情報

今後の財務情報と非財務情報の役割と機能に関する考察

「第4節 IPSASBにおける財務情報と非財務情報の役割と機能」をまとめると次のとおりとなる。

- 概念フレームワークでは財務報告の利用者としてサービス受領者と資源提供者を想定し，それらに対する説明責任と意思決定利用目的のために伝統的な財務諸表を拡張し，一般目的財務報告書が必要であるとしている。
- 概念フレームワークでは情報ニーズとして報告期間における主体の「業績」があるとし，ここでいう「業績」とは財務上の目的を達成しているかどうかだけではなく，サービス提供および他の運営上の目標を達成しているかどうかまで拡張している。
- 戦略コンサルテーションではIPSASBの戦略目的としてこれまで以上に公共財政管理に重点が置かれ，この公共財政管理には対外的に財務資源を管理する仕組みだけではなく公的部門の内部的に管理する仕組みを含む。
- 概念フレームワークでは財務諸表の構成要素については伝統的な考え方を踏襲しているが，伝統的な考え方では公的主体の経済的現象を完全には捉えられないとして「その他の資源」や「その他の義務」という考え方を導入し，「純財政状態」という財務指標を導入した。また，資産と負債の測定では，財務能力だけではなく，運営能力やサービスのコストについても測定目的であると明示され，資源提供者だけではなく，サービス受領者の情報ニーズにも対応しようとしている。
- 予測財務・非財務情報では，伝統的な財務情報には表示されない情報が

あり，財政の長期持続可能性報告が必要であることを指摘し，サービス・収益・負債の3つの側面から長期財政持続可能性について説明することを要求している。
・サービス業績情報は，財務業績だけでは公的主体の財務結果を十分に表すことができず，サービス提供目的の達成度の観点から評価する必要があるという観点から，主体のサービス業績目標，それらの目標の達成，および主体が提供するサービスに関する，利用者のための情報を要求している。

これらのIPSASにおける財務情報と非財務情報について現状の役割・機能の課題と今後の展開についてまとめると次のとおりである。
・概念フレームワークでは利用者を資源提供者だけではなくサービス受領者に，利用目的を意思決定利用目的だけではなく説明責任まで拡張することにより，一般目的財務報告という概念を導入している。これ自体は問題がないと考えられるが，伝統的な財務諸表を出発点として財務諸表以外の財務情報・非財務情報まで拡張していく手法が適切などうかは今後検討する必要がある。特に一般目的財務報告の中の財務諸表の位置づけはその目的と限界について再整理が必要であると考えられる。
・財務諸表については伝統的な構成要素では公的主体の財政状態や財務業績を評価するために有用な情報を提供するために「その他の資源」と「その他の義務」という考え方を導入したが，この考え方の妥当性を理論的に詰めていくためには財務業績について収益と費用の差額といった計算結果ではなく期間衡平性などの概念で説明する必要がある。
・財務諸表の資産と負債の測定についても3つの測定目的を指摘するだけではなく資産や負債の測定が全体として意味があるものにするためには純資産（資本）について公的主体としての意味づけが必要である。
・予測財務・非財務情報についてはサービス・収益・負債の3つの側面から長期財政持続可能性について説明することは有用であると考えられるが，年金などの社会給付の認識・測定など財務諸表で表示される情報と

長期財政持続可能性報告の関係を十分に整理する必要がある。
- サービス業績情報については財務業績だけでは公的主体の財務結果を十分に表すことができず，サービス提供目的の達成度の観点から必要とされている情報であるが，サービス受領者にとっては説明責任・意思決定利用目的のために（財務諸表よりも）主たる情報であるともいえるので一般目的財務報告の中での位置づけについて十分に検討する必要がある。
- 戦略コンサルテーションでは戦略目的としてこれまで以上に公共財政管理に重点を置くこととし，ここにいう公共財政管理は対外的だけではなく公的部門の主体の内部的の両方の観点から記述されているが，概念フレームワークを含みこれまでのIPSASBでの活動は財務報告は外部利用されることを前提としているために，特に公的主体の内部的な観点からの公共財政管理とは何かを検討し，その公共財政管理の考え方がIPSASBのプロジェクトに与える影響を検討する必要がある。

参考文献

財政制度等審議会（2006）「公会計整備の一層の推進に向けて～中間とりまとめ～」。
総務省（2010）「今後の新地方公会計の推進に関する研究会」開催要項。
International Public Sector Accounting Standards Board (IPSASB) (2008) Consultation Paper, Conceptual Framework for General Purpose Financial Reporting by Public Sector Entities : The Objective of Financial Reporting, The Scope of Financial Reporting, The Qualitative Characteristics of Information Included in General Purpose Financial Reports, The Reporting Entity.
IPSASB (2009) Consultation Paper, Reporting on the Long-Term Sustainability of Public Finances.
IPSASB (2013) Recommended Practice Guideline1, Reporting on the Long-Term Sustainability of an Entity's Finance.
IPSASB (2014) The Conceptual Framework for General Purpose Financial Reporting by Public Sector Entities.
IPSASB (2015) Recommended Practice Guideline3, Reporting Service Performance Information.
IPSASB (2015) The IPSASB's Strategy for 2015 Forward : Leading through Change.

第5章 公共経営における会計の対象領域の拡大とその展開

はじめに

　公共経営の変容に伴い，会計が有する利害調整，情報提供および意思決定支援という諸機能もまた変化する。公共経営は，伝統的な計画と執行の反復による伝統的行政管理（Old Public Administration: OPA）から新公共管理（New Public Management: NPM）やポストNPMへと展開してきている。第2章で整理されているように，OPAでは，行政が公共財の供給主体となり市場機構を介さずに公共財が市民に提供されていたが，NPMでは，行政が公共財の供給責任を負う一方で，提供主体は企業や非営利組織といった民間組織により市場機構を通じて市民に提供されるようになってきている。さらに，ポストNPMでは，提供される公共財の性質を鑑みて，公共財の提供主体を政府とすべきか民間組織とすべきかを柔軟に判断するものとしている。

　しかし公的部門では，企業のように提供される財・サービスが市場機構を通じて価格形成されているわけではないため，企業会計のように市場価格評価を基調としたコストとベネフィットの把握による効率性の測定に資する仕組みを公会計に移植したからといって，当該公会計によって公的部門の活動を適切に説明できるわけではない。

　NPMなどにより公共財・サービスを可能なかぎり民営化や官民連携等でアウトソーシングし，公会計主体としての一公的部門組織（個別自治体など）のコストの劇的な低減が達成されたとしても，それは果たして市民にとって喜ばしいことであろうか。本章では，公共経営が変容してきていることにより生ずる経済事象を適切に説明するために，公会計がどのように対応し得るか，また，公共経営が本来提供すべき公共財・サービスという観点を公会計

にどのように反映することができるか，という点について，主として公会計の対象領域を拡大する必要性を論じることで，問題提起したい。

❷ ミクロ会計とマクロ会計の連携と公会計

　本節では，公共経営の変容に起因してもたらされる新たな会計ニーズを明らかにするために，公会計の対象領域の違いに着目し，ミクロ公会計とマクロ公会計とに分けて捉える。ミクロ公会計は，個別経済主体としての各公的部門組織を会計実体とし，各組織による公共財・サービスの提供等の活動を対象とする会計領域と捉える。他方，一国（経済）全体を会計実体としてあらゆる経済主体[1]による経済活動を対象とするマクロ会計[2]のうち，公的部門や公的機関による活動を対象とする会計領域をマクロ公会計と呼ぶ[3]。

　一般に，「公会計」と呼称する場合はミクロ公会計を指すことが多いが，ミクロ公会計は，会計にかかわる諸規則等に基づいて作成される決算書等の作成などを関心対象とし，日本でも中央政府については「国の財務書類」や「連結財務書類」などの作成が，また，自治体については，東京都や大阪府等における独自の会計基準による財務諸表の作成や，総務省が推進する「統一的な基準による地方公会計」による財務書類等が該当する。さらに，政府の業績評価や政策コストの正確な捕捉等，政策の意思決定を支援することを目的に管理会計からアプローチされる領域もまた，ミクロ公会計に含まれる。

　他方，マクロ公会計分野では，各国統計局において国際標準として機能している「国民勘定体系」（System of National Accounts: SNA，以下，2008SNA）が，代表的なマクロ会計システムといえる。2008SNAでは，旧版（1993年版）からの改訂において，政府機関による活動の多様化や政府の財政政策へのマクロ会計情報のいっそうの役立ちを考慮に入れ，マクロ公会計分野に関して大きな変更が加えられている。その１つに，公共サービスの担い手の変化に対して，官民連携（Public Private Partnership: PPP）を採用した公共サービスの提供の記録方法が検討されている。

　わが国の財政制度等審議会（2003）では，ミクロ公会計（政府会計）の目

的を,①議会による財政活動の民主的統制,②財政状況等に関する情報開示と説明責任の履行および③財政活動効率化・適正化のための財務情報と捉えている。①と②がアカウンタビリティ目的,そして③がマネジメント・コントロール目的といえる。この見解は,企業会計における財務会計と管理会計に対応すると考えられるが,政府による公共財・サービスの提供プロセスが交換取引ではなく,財源とその使途についての予算を通じた事前統制と会計と監視を通じた事後統制という公衆に対するアカウンタビリティの履行プロセスと密接不可分であることから,ミクロ公会計においては,マネジメント・コントロールとアカウンタビリティ,すなわち,管理会計目的と財務会計目的が一体となって機能すると指摘される(小林 2012; Chan 2003)。

アメリカ会計学会(AAA 1972)でも,公会計がアカウンタビリティとマネジメント・コントロールに資することを目的としており,この考え方は現在でも支配的といえる(例えば,GASB 1987; IPSAS 2006)。

他方,マクロ公会計の目的については,まずマクロ会計の目的を参照する。2008SNAは,「経済の業績を分析・評価するために適したマクロ経済データベースを構築するのに利用可能な包括的な概念的会計フレームワークを提供すること」(EC et al. 2009, par. 1.27)をその目的としている。そこでは,マクロ会計は,経済活動のモニタリング,マクロ経済分析およびマクロ経済の国際比較に資することが志向される。このように,マクロ会計の基本的概念や定義は,広く受け入れられている経済理論と原理によって立っているため,政府サービス活動や一般政府部門のマクロ会計,すなわちマクロ公会計もこの目的に従属して行われる(EC et al. 2009)。

よって,マクロ公会計の目的は,特に一般政府部門に関しては,「社会全体または個別の家計に対して提供される(公共:引用者補遺)財・サービスが,どのように資金調達されているか」(EC et al. 2009, par. 22.2)ということを明らかにすることにある[4]。さらに,政府活動の経済全体への影響を分析するために,一般政府部門に加え,公企業による活動も含めた公的部門にかかわるマクロ公会計情報の収集も推奨されている。

上記のようにミクロ公会計とマクロ公会計とでは,重複する目的があるも

のの，それぞれ別々に展開してきたため，2000年代初頭から，ミクロ公会計とマクロ公会計では同じ政府による活動を測定対象としているにもかかわらず，異なる結果が産出されることに伴う混乱を避けるということを主な動機として，ミクロ公会計とマクロ公会計との間の連携を図る必要性が主張されるようになってきた（例えば，Lüder 2000; IPSASB 2005）。

3 公共経営の変容と新たな公会計領域の必要性

前節では，ミクロ公会計とマクロ公会計の目的の違いとその収斂の動向について明らかにした。本節では，ミクロとマクロの公会計が，変容する公共経営に対応するためにどのように展開してきたかを明らかにする。

公共経営の変容と会計システムとの対応関係を示した図表5-1によれば，OPA⇒NPM⇒ポストNPMへと展開するのに伴い，法的側面を重視する運営形態から，経済的側面を強調するNPM，そして，行政と市民との関係を重視するポストNPMへと展開してきていることがわかる。そこで以下では，ミクロ公会計とマクロ公会計における対応の軌跡を，OPA⇒NPM⇒ポストNPMという流れと対応づけて検討する。

図表5-1　伝統的行政管理，NPMおよびポストNPMにかかわるガバナンスの考え方

	伝統的行政管理 （OPA）	NPM	ポストNPM （NPG）
市民の捉え方	有権者，納税者	顧客，消費者	協働者
主な立法趣旨	法規制	経済的業績の向上	市民志向の強化
組織形態・構造	官僚制	競争市場	協働ネットワーク
省庁の主な任務	政策執行	市場での交換	ネットワークの調整
管理の焦点	資源インプットおよび組織内プロセス	アウトプット	組織間プロセスおよびアウトカム
主要業績指標	法規制への準拠	効率性および財務的結果	有効性および市民・顧客満足

出所：Wiesel and Modell（2014, 178）Table 1，一部筆者加筆修正。

図表5-1に示したように，OPAでは，市民の捉え方や組織構造，管理の焦点等，あらゆる点で民間部門との違いを強調するような形で捉えられてきた[5]。そして，公務員の腐敗などを防止するために規則への準拠が重視され，硬直的な官僚制という組織構造が採用されてきた（Hood 1995）。よって，OPAで，「予算，決算を中心とし，その内容や国庫の状況等に関する詳細な情報を国会へ報告し，国民に開示することに重点」（財政制度等審議会 2003, 2）を置く会計システムが強調され，それが，いわゆる従来の公会計システムを形成してきた。

　一方，1980年代から90年代にかけては，欧米を中心としたマクロ経済の低迷や公的部門の財政悪化の進行を背景として，いわゆる「小さな政府」が志向され，社会的資源に対する政府の持分が減少した。さらに，社会を統治するという政府の役割についても，住民ニーズの多様化を背景として，企業や非政府組織などの他の経済主体の役割の増大とともに，包括性が減少してきた（OECD 1993）。その結果，欧米を中心にNPMが提唱されるようになった。そして，市民を顧客として捉え，「顧客」満足を充足するための公共サービスを，市場メカニズムを活用して提供することに主眼が置かれた（OECD 1993; Wiesel and Modell 2014）。

　したがって，NPMでは，公共サービスにおいて市場での競争を取り入れ，当該サービスへのインプット（以下，IP）としての経済性，およびIPとアウトプット（以下，OP）を踏まえた効率性が強調されるようになり，ミクロ公会計制度に発生主義会計や発生主義予算を導入する国々が，アングロサクソン諸国を中心に増大した。発生主義会計等の導入は，具体的には，公共財産の全コストが考慮された一覧の作成や，政府の施策に対する全コストの測定などを行うことを通じて，行政管理者のアカウンタビリティの履行と資源配分の効率性を向上させることができると指摘されている（JCPAA 2002）。

　わが国においても，先述したように公会計の目的を財政民主主義のみならず，アカウンタビリティの強化や財政活動の効率化等を加え，新たな公会計情報の作成へと踏み出している。「国の財務書類」や総務省の「統一的な基

準による地方公会計」制度および東京都や大阪府等の会計システムは，この OPA から NPM への流れの中で形成されてきたといえよう。

　その後，NPM は欧米諸国やわが国においても展開してきたが，それに対する批判も多い。NPM からポスト NPM への展開を促したのには，NPM への反省がある（Christensen 2012; Christensen and Lægreid 2007）。まず，エージェンシー化など，高度に執行部門に権限が委譲されたことにより，公的部門の政治的・行政的リーダーシップが弱まったことがあげられる。次に，NPM 改革による公的部門組織の高度な機能分化によって水平的調整機能が損なわれてきたことも指摘される。そして，公金の節約が強調される一方で，効率性の追求に伴う公共財・サービスの質の低下の問題（Stephens 2002）や，NPM を採用していない諸国と比べて NPM 諸国において公的マネジメントがうまくいっている証拠は少なく，さらに，競争入札がより効率性を高めたという点も懐疑的な証拠が指摘されている（Christensen 2012）。そして究極的には，NPM は社会的不公正を助長するとして批判されている（Stephens 2002）。

　このような NPM に対する反省から，ポスト NPM の提案や実践が行われてきた。図表5-1に示したように，ポスト NPM では他の経済主体またはアクターと協働して政策等の立案・実行や地域問題の解決にあたることが焦点となる。Haveri（2006）が指摘するように，ポスト NPM での不可欠な要素は，特定の目的で協働する主体との協力，連携およびネットワークの構築にあり，活動内容は従来の経済主体という境界を越えるものとなる。

　ポスト NPM の思考は，公的部門の機能分化による弊害を除去するためにイギリス政府が1997年に提唱した結合政府（joined-up government）という考え方をもたらした。結合政府というのは，省庁間の縦割りの弊害を取り除き，公的部門の水平的調整を機能させるために提唱された考え方である。そこでは，希少資源のより効率的な利用，特定の政策領域におけるさまざまな利害関係者と協働することによるシナジー効果の創出および市民サービスの一体化した提供などが志向されている（Pollitt 2003）。

　この考え方は，その後，政府全体志向（whole of government thinking）

へと展開し，会計においても，個別のエージェンシー等の機能分化した組織の会計情報の精緻化から，政府全体を俯瞰するために作成する政府全体決算書（Whole of Government Accounts: WGA）の作成につながった。結合政府や政府全体志向に関しては，官官連携（public-public partnership）を重視した帰結として理解されるが，ポストNPM思考は，官のみならず民を巻き込むネットワーク構築を志向していることから，従来の行政が負うアカウンタビリティとは異なる複雑なアカウンタビリティ関係をもたらす。

つまり，OPAは，官僚制の下で階層構造を有していることから，政治主権者への公的機関のアカウンタビリティの履行という関係が成り立っていると解される。一方，ポストNPMのようにネットワーク関係が重要となる場合，公的機関から政治主権者へのアカウンタビリティ関係が存在することはもちろん，それ以外にも，ネットワークに含まれる他の経済主体と行政機関，さらには市民といった，さまざまな主体間でのアカウンタビリティ関係が存在する（Fimreite and Lægreid 2009）。

このように考えると，従来のミクロ公会計の考え方，さらには，上述した結合政府や政府全体決算書などの考え方では，ポストNPMに対応した会計情報を産出することが難しいと考えられる。したがって，地域全体を捉えようとする場合，複数主体を横断するように会計の対象領域を拡大させ，会計情報を収集・開示する仕組みが必要となってくる。以下では，このような場面に対応するために，ミクロ公会計とマクロ公会計の中間に位置づけられる公会計領域の必要性を示す3つの展開方向を明らかにし，公会計の対象領域の拡大の必要性を検討する。

新たな公会計領域の3つの展開方向

1．公共サービスの新たな提供形態に対する公会計

公的部門の財政悪化に起因して公共サービスを提供する担い手が，民間部門へと拡大している。このようなPPPは，「望ましい公共政策上のアウトプ

ットをもたらすという共通の目標を有する民間部門と公的部門との間のリスク共有関係」(IPPR 2001, 40) であり，公的部門が民間部門と協働して公共サービスを提供することを意味する抽象的な表現である。実際にはさまざまな形態のPPPが実践されてきており，①公的支援，②民間委託，③運営権の付与，④ジョイント・ベンチャーおよび⑤戦略的パートナーシップの5つに分類され得る[6] (Skelcher 2005)。特に代表的なPPPである民間資金活用による事業 (Private Finance Initiative: PFI) は，上記③，④または⑤のいずれの形態も取り得る。日本で一般的になりつつある指定管理者制度は上記②または③の形態を取り得るし，また，市場化テストや民営化も①〜⑤のいずれかに該当する。PFIは，1992年のイギリスのサッチャー政権によって，主として財政再建を目的として導入されたものである。日本でも1999年にPFI法が制定され，2011年の改正によりその対象範囲が拡大されている。

PPPに関するミクロ公会計の対応としては，IPSAS32「サービス委譲契約：委譲者」があり，サービス提供者側である企業におけるPPPの会計基準であるIFRIC12「サービス委譲契約」と鏡の関係にあるとされる。ミクロ（公）会計のこれら会計基準の特徴としては，「支配基準」を採用し，民間側と公的機関側のどちらに対象資産（さらには負債）をオンバランスさせるかという点が強調される。

他方，マクロ公会計においても民間部門と政府部門の経済活動としてPPPを捉える必要性がすでに認識されている。2008SNA (EC et al. 2009) では，「支配基準」ではなく「リスク・報酬基準」を採用している。具体的には，PPPの事業に伴うリスクを支配，建築，供給，需要，陳腐化および有用性の各リスク要素に分解し，それぞれのリスク要素を民間と公的部門のいずれが負担するかという点から解釈し，総合的に民間または公的部門のどちらかにオンバランスさせることを意図している (EC et al. 2009; 木村・多田 2013)。

2008SNAが対象とするPPPは，ごく限られた形態のPFI (BOT (Build-Operate-Transfer) 方式) であるが，具体的な処理は規定されておらず，今後の詳細な検討は，国際公会計基準審議会 (IPSASB) や国際会計基準審議会 (IASB) におけるPPPを対象とした会計基準の開発を待って進めるとし

ている（EC et al. 2009, pars. 22, 154-163）。

　以上のように，PPPなど公共サービスの提供主体に民間部門がかかわるようになってきた一方，PPPには，公共サービスを提供する官・民のあらゆる経済主体にとっての役立ちと，そのサービス提供に伴う影響を受ける地域社会での役立ちの双方が期待されている（NAO 2011; 内閣府 2010など参照）。PPPは，公的部門による政策目標を実現するために行われる諸活動（施策・事業）において採用されるビジネス形態であり，それ自体が目的なわけではない。このように考えると，PPPを含めた公共サービスの提供の妥当性を，公的部門内部のみならず，外部の住民等からも理解できるような公会計情報の提供が望まれる。つまり，公的部門の財源の節約という点を強調しすぎるのではなく，政策の一環としてのPPPの意義を強調し，当該事業の地域における役立ちやその政策目的への貢献を常に把握する必要がある。さらに，PPPにかかわる公的部門，民間部門および地域社会における各主体にとって，当該事業を通じて共益関係が成立しているかを把握することが重要である。

　上述したミクロ公会計の対応により，公的部門として捕捉すべきPPP関連資産，負債およびコストを明らかにすることができるようになりつつある。また，マクロ公会計によっても，PPP資産を民間部門と公的部門のいずれの経済活動として捉えるべきか，という点が明らかにされる方向で議論が進んでいる。一方，上述したような3種類の主体の共益関係を明らかにするためには，他の経済主体の会計情報をどのように統合していくかということや，地域社会にとっても，当該事業がどのような結果をもたらしたのかという側面も重要であろう。PPPが「目に見えない民営化」（privatization by stealth）（IPPR 2001, 1）の単なる手段としてみなされる可能性があることも，PPPの地域における共益関係を明らかにすることの意義を物語っていよう。

　以上から，個別経済主体を対象とするミクロ会計情報と，一国経済全体を対象とするマクロ会計情報の中間領域，すなわち公共サービスを提供する空間を対象とするような会計情報の作成を検討することが要請されているといえる。

2．公共サービスの評価に資する公会計

　従来の公的機関が独自に提供する公共サービスに関しても，当該サービス提供の根底にある政策目的が果たされているかという視点も重要である。公的部門は，管轄行政区域ないし地域に存するさまざまな経済主体を動機づけながら，政策目的を実現していく必要があるが，それが実現できたかどうかはミクロの公会計情報だけでは十分に把握できない。昨今の政策評価などの取り組みは，効率的かつ効果的に公共サービスが提供できているかどうかを把握する仕組みであり，図表5-2に示したようなIP・OP・アウトカム（以下，OC）の測定がカギとなる。

　図表5-2に即して若干概説すれば，特定の社会・経済問題に対して住民ニーズを充足するための目標が設定され，それを達成するための施策・事業が実施されるが，そのためにはヒト・モノ・カネを活動にIPする必要がある。公共サービスを中心とするOPをもたらすプロセスとしての活動が，公的部

図表5-2　公的部門の業績・政策評価モデル

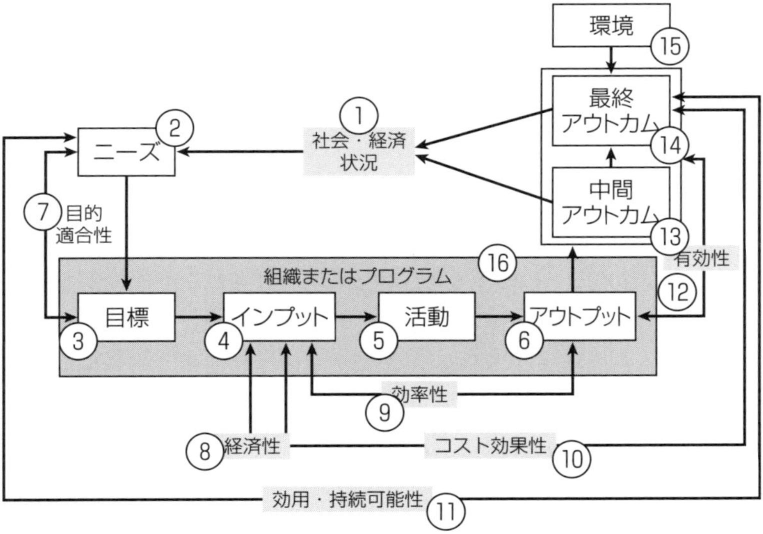

出所：Pollitt and Bouckaert（2011, 16）Figure 1.2.

門等の組織により行われる。その後，政策の受益者との相互作用によって中間的OCが，また，長期的には社会・経済への最終的OCとして影響がもたらされる。通常，IPを低減させるという点から行政活動の経済性が，IPに対するOPから効率性が，そして住民ニーズから設定した目標に対するOCから有効性が測られる（Pollitt and Bouckaert 2011; 林 2003）。

OPAでは，委託費や補助金などの手段により他の経済主体の行動を，政策目的の実現という方向へと誘導してきたため，従来の現金収支をベースとする予算・決算からもたらされる会計情報で十分であった。しかし，住民ニーズの多様化や公的部門の財政悪化は，図表 5-2 に示したようなサービス提供によるIP，OPおよびOCを取り込む方向にミクロ公会計の領域を拡大させてきている。

政策等へのIPに関しては，政策コストの正確な捕捉等の努力が行われつつあるが，それに対するOPとOCについて現在，公会計領域において研究や実践が進展してきている。OPに関していえば，公的部門のみならず，その管轄行政区域における各経済主体がどのようなOPを行っているか，そして，そのOPの結果，どのようなOCが行政区域において発現しているかという点を明らかにすることが重要課題となっている。さらに，政策等を実現させるための活動へのIPも，政策を立案する公的部門に限定されず，ここにも民間部門が参入してきていることは前節のPPPの例にあるとおりである。

経済主体を横断するIPとさまざまな経済主体によるOP，さらには結果としてのOCの捕捉に関しては，元来，多様な経済主体による活動を一定の方法で捕捉，集計するマクロ会計における取り組みを活用できる可能性がある。ここではその取り組みの1つとして試算的に作成される環境サテライト勘定が活用できる可能性を考えたい。サテライト勘定は，社会的関心事に対して国民所得勘定などのマクロ会計から作成される中枢的な勘定と連携した形で作成される勘定であり，国民所得勘定の有用性を棄損せずに集計されるものである（河野・大森 2012）。例えば，図表 5-3 に示したのは，サテライト勘定の1つである環境・経済統合勘定を，内閣府経済社会研究所が試算したものの概念図である。

図表5-3　環境・経済統合勘定の概念図

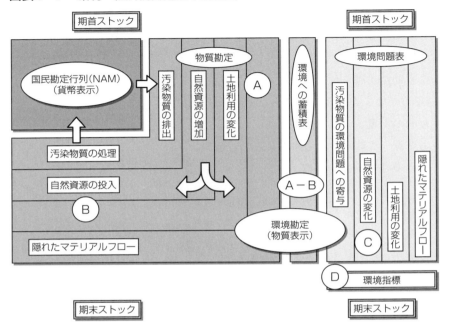

出所：内閣府経済社会総合研究所国民経済計算部（2007, 7）図2.2-1。

　図表5-3の左上にある国民勘定行列（以下，NAM）は，一国（地域）経済における活動を捕捉した勘定であり，ある期間の当該経済の状況が明らかにされる。NAMで捉えられる経済活動がどの程度地球（地域）環境に影響を及ぼすかを明らかにするため，主として物量単位で表現される環境勘定が作成され，国民勘定行列と関連づけられている。当該勘定は，物質勘定，環境への蓄積勘定および環境問題表という3種類の勘定群から成る。物質勘定は，図表5-3のA領域とB領域に分けられ，前者には国民経済が及ぼす環境負荷と同経済が行った自然資源の復元が記録される。後者には，同経済によって行われた汚染物質処理や再生利用および自然資源の採取などが記録される。このA領域からB領域を控除したものが環境への蓄積表へと記録される。ここに記録された物量は，個別の環境問題ごとに環境問題表に記録され

る（図表5-3のC領域）。さらに，それぞれは指標化されて集計され，図表5-3のD領域に示されるように，各環境問題の指標として記録される。また，物量によるストックの捕捉が可能な環境問題領域については，期首と期末のストックとも関連づけられる。

ここで公会計における政策等の評価の議論に立ち返ると，図表5-3のNAMは，一国経済における各経済主体による経済活動を明らかにしており，経済主体別に国民所得勘定を構成することも可能である。NAMに記載された経済活動に起因して，「物質勘定」が作成されている（図表5-3のA領域とB領域）が，これは，環境などの政策による各経済主体によるOPを表していると解釈できる。環境への蓄積表と環境問題表は，（環境）ストックへの変化を記録するため，政府による環境政策の結果を表しており，OCとみなすことができる。

上述した取り組みは，制度部門別に識別することで公的部門および民間部門における環境政策へのIPを捕捉するとともに，公的部門の環境政策による各経済主体によるOPとその結果としてのOCを表象するという点で，政策評価等に役立つ仕組みとなる可能性がある。元来，複数の経済主体の情報を集約して勘定を作成しているマクロ会計の集計手法は統計的であるため，個別経済主体の会計における情報作成プロセスとは異なる。しかし，ミクロ公会計分野において特に経済主体横断的にIP，OPまたはOCを捕捉するには，こうしたマクロ会計によるデータも活用することでその測定上の課題を克服できる可能性があるといえる。

ただし，上記の取り組みは環境問題の全体像を表しており，個別の施策・事業ごとに特にOCを関連づけていくのは難しい可能性がある。このほか，図表5-3の勘定作成では，各主体の政策に起因するIPが明らかにされていないので，例えば，環境政策をみるのであれば，別途，環境保護支出勘定のような各経済主体における環境保護のためのコストを把握する別の勘定を作成する必要がある。こうした課題はあるものの，管轄行政区域に存在する複数経済主体による活動と，当該地域に表出する結果とを明らかにするという新たな公会計のニーズに応えるためには，上述したようなマクロ的な視点が

役立つ可能性があるといえよう。

3．行政区域を横断する問題と公会計

　前の2節では，公共経営の変容に伴い生ずる会計問題に対して，公的部門組織というミクロの個別経済主体を会計実体とするミクロ公会計における改善の取り組みだけでなく，複数経済主体を会計実体とする場合にマクロ会計の知見を取り入れることなどを検討してきた。その結果，ミクロとマクロの中間領域（メゾ領域）を公会計の対象領域として捉えることが重要であることを示してきた。中間領域を対象とした公会計を論ずる場合，自治体等の行政区域を横断する空間の存在は無視し得ない。このような行政区域を横断する公共経営領域として代表的なのは，水資源，森林資源およびエネルギー資源などの自然資源の管理であろう。

　中間領域を対象とした会計を「メソ（メゾ）会計」と名づけた小口（1991）では，水資源開発の費用負担，効率的利用およびインフラ資本維持という諸問題に対して，自治体等が営む水道事業体による水道事業会計の枠を越えて，水系を会計実体とする会計の必要性を主張している。このような会計の必要性が提唱された背景としては，後発の水道事業体ほどダム建設等に多額のコスト負担を要する一方で，河川からの取水は先発開発者に水利権があるという点に求められる。さらには，ダムの建設それ自体は，国土交通省や水資源機構といった経済主体の資産とされるが，当該ダム開発に参加した水道事業体は一定額のコスト負担に見合った資産計上しかしないという点もインフラ資本の維持という点から問題とされる。このような問題意識は，水道事業体という個別経済主体の会計という視点からは明らかにならない（河野 1983; 1998）ため，先発開発者と後発開発者との費用負担の衡平性の実現と，ダムなどのインフラ資産の維持という問題は，当該水系を会計実体とするような会計の必要性を物語っている。

　水道事業は，最終的に水道利用者から徴収される料金設定の問題へと帰着する。そのため，水系単位の会計と水道事業体としての公営企業会計との連携も図られる必要があろう。このように中間領域の会計とミクロの会計との

双方を考慮する必要が生ずるケースとしては，そのほかに発電コストと電力料金の関係についてもいえるであろう。

さらに，日本では危機的な状況にあるといわれている森林資源の管理についても，行政区域を横断する問題と解釈できる。日本では林野庁や自治体が，人工林の荒廃という事実を踏まえ，森林の管理・運営を行ってきている。林業に対して国や自治体からすでに多額の補助金が提供されているものの，森林資源は，長期的な木材価格の低迷，機械化の遅れ，山林従事者の高齢化，不在地主の存在等，森林管理体制が崩壊して危機的な状況といわれている（丸山 2010など）。

そのため，現在，間伐等を通じた森林資源の適切な管理を促すために，補助金以外に，未利用間伐材等のエネルギー資源としての利用が注目されてきており，当該森林資源の採取から最終利用に至るまでを会計実体とした森林会計モデルも模索されている（例えば，丸山 2010）。上記のように行政区域を横断する諸問題は，個別経済主体レベルで作成される会計情報だけでは対応しきれないために登場してきたものであるが，新たな公会計もこうした政策上の重要課題に対する処方箋を提供できるようにしておくべきであろう。

5 おわりに

本章では，公共経営が，OPAからNPM，そしてポストNPMへと変化するのに伴って公会計に求められる内容が変わってきたことを明らかにした。そして，このような公共経営の変容を踏まえ，特にミクロ公会計の対象領域を，個別の組織や機関の活動から，これらの活動が展開される空間へと拡大させる必要があることを主張した。

第4節における検討の結果，公共サービス全体や，公共サービスが提供される空間を会計実体として捉えることが，公会計の新たな研究課題として出現してきているといえる。その際に，経済主体を横断する活動を捕捉して測定，集計することを行ってきたマクロ会計の知見を活かす必要があると指摘した。一方，マクロ会計情報には精度の問題はあるが，マクロ会計の国際標

準を作成している国連統計部の「国民勘定に関する政府間作業部会 (Intersecretariat Working Group on National Accounts)」などでは，ミクロ会計における会計基準設定などの取り組みと整合的なマクロ会計基準の策定を志向するようになってきている（EC et al. 2009）。このことは，マクロ会計における精度の問題が将来的に克服可能な方向へ向かっていることを示唆しており，中間領域を新たな公会計領域として具体的に展開させる際の基盤環境が整備されつつある状況を意味しているといえる。

しかし，本章で示した公会計の3つの展開のいずれにおいても，情報の作成主体となるコーディネータをどの主体が担うのかという問題，激しい競争環境の中で民間営利企業がIPやOPの情報を果たして提供するであろうかという問題，および政策目標と対比されるOCと各経済主体のIPやOPとの因果関係をどのように明確化するかという問題など，解決すべき課題は多い。

さらに，中間領域とはいうものの，本章では，その広狭について取り上げることができなかった。この残された課題について，若干私見を述べ，本章を締めくくることにしたい。

まず，本章第4節3.で取り上げたように水系や森林サプライチェーン全体を会計実体と考える場合，その範囲に含まれる経済主体が特定されていることから，各実体を連結して情報を収集していくと1つの経済主体のようにみなすことができる。この場合，個別経済主体の集合体になることから，ミクロ公会計に近い中間領域と捉えることができ得る。ただし，この場合であっても，水や森林資源のストックそれ自体とそのフローを取り扱う場合，従来の公会計情報の連結にとどまらず，これらの資源の状況を表す物量を中心とする情報も考慮した新たな情報がミクロ公会計情報に加えられることになると考えられる。こうした動向は，いくつかの公的事業体が組合組織などを編成して業務を遂行する広域行政の会計に適用していくこともできよう。具体的にいえば，古くは廃棄物処理事業の広域化や，最近では水道事業体の広域連携が図られているが，このような広域行政主体が対象とする会計領域について，具体的な会計モデルを検討していく必要があろう。

次に，比較的マクロ公会計に近いところで中間領域が形成されることも考

えられる。例えば，医療や福祉などの社会保障政策を対象とした場合，ミクロの会計実体として病院，健康保険組合，中央・地方の政府機関が含まれるが，その受益者としての家計については，ミクロレベルにおけるコスト負担（保険料や診療費の支払）という側面が考慮される一方で，社会保障政策自体が機能しているかという点に関しては，家計全体ないし国民経済全体で捉える必要がある。

　さらに，昨今では，企業は，社会的責任活動を単に社会貢献として位置づけるのではなく，自社の経済的便益につながるべく，戦略的展開をすることを模索し始めている。このような動向は，「共有価値の創造（Creating Shared Value: CSV）[7]」が提唱されるようになってから促進されている。こうしたCSV活動の一環として東日本大震災の被災地である岩手県釜石市において，現地の医師会，釜石市および医療関係者とともに地域における在宅医療を支援する患者情報統合システムの提供を行う事例などがある[8]。このような場合，市の医療政策を企業がサポートしていると考えられ，この地域における在宅医療にかかわる経済主体全体を1つの会計実体と捉え，在宅医療にかかわるコストとベネフィットを捉えることも必要となろう。そうすると，主体横断的に会計実体を考慮することになるが，コスト面ではミクロ公会計の集合体に近くなる一方で，ベネフィットに関しては地域の家計全体を対象とする必要があることからマクロレベルに近づくことになろう。

　以上のように，本章第4節で取り上げたような展開のみならず，昨今では，より各経済主体のネットワーク化が進んでいると解することができる。したがって，会計の対象領域が，ミクロとマクロのどの幅に存するのかという点に関して，より深く研究していく必要があろう。今後は，本節で取り上げたいくつかのケースについて，中間領域を対象とした（公）会計モデルを検討する中で，上述したような諸問題の解決を図っていくことにしたい。

注

1　すなわち，非金融法人企業，金融機関，一般政府，家計および対家計民間非営利団体を指す。

2 一般的には，国民経済計算と称されることが多い。
3 ミクロ会計とマクロ会計という用語は，Yu（1957）および合崎（1984）において用いられ，そこでは便宜上，個別企業や組織に適用される会計をミクロ会計と呼び，地域経済や一国経済全体に適用される会計をマクロ会計と呼んでいる。
4 そのほか，マクロ公会計に属するものとして政府財政統計（Government Finance Statistics; GFS）がある。GFSは，公的部門の財務業績と財務状況を把握し，財政の流動性や持続可能性を政策立案者や分析者が評価できるようなフレームワークである（IMF 2014, pars.1.10-11）。
5 Hood（1995）では，事業の継続性，精神，事業の実行方法，組織構造，職員，報酬制度および昇進制度などの点でことごとく民間部門との違いを強調してきたと指摘されている。
6 これらの5形態のPPPは以下のようにまとめられる（Skelcher 2005, 352-353）。①公的支援（政府による土地や補助金の提供，税控除の付与等），②民間委託（他の組織体との契約に基づく公共サービスの提供であり，しばしば競争入札が活用される），③運営権の付与（公共サービスを提供するために政府型の組織体に付与する運営権），④ジョイント・ベンチャー（公共設備投資とその後の運営コスト負担に関する政府と民間パートナーとの契約）および⑤戦略的パートナーシップ（正式契約ではなく信頼と相互依存に基づく政府と民間組織との長期的関係であり，上記③や④の要素を含む）。
7 Porter and Kramer（2011, 66）によれば，「共有価値」とは，「企業の競争力を高めつつ，同時に，同社が活動している地域社会の社会・経済状況を前進させるような経営方針と経営実務」と規定される。つまり，企業も地域社会もともに共益的関係をもたらすよう，戦略的に経営活動を展開することと考えられる。
8 富士ゼロックス㈱の2013年10月30日付ニュースリリース（http://news.fujixerox.co.jp/news/2013/000995/）。

参考文献

合崎堅二（1981）「ミクロ会計とマクロ会計—生態会計の構想に寄せて—」『横浜経営研究』5（1）：1-8。
河野正男（1983）「水資源問題と地域社会会計」『會計』124（5）：655-673。
河野正男（1998）『生態会計論』森山書店。
河野正男・大森明（2012）『マクロ会計入門—国民経済計算への会計的アプローチ—』中央経済社。
木村俊孝・多田洋介（2013）「2008SNAマニュアルを踏まえた『公民パートナーシップにより創設した固定資産の所有権に関する扱い』についての論点整理」『季刊国民経済計算』151：15-31。
小口好昭（1991）「メソ会計としての水の会計学」『會計』139（5）：82-100。
小林麻理（2012）「政府会計の基礎概念」大塚宗春・黒川行治責任編『体系現代会計学第9巻 政府と非営利組織の会計』中央経済社，51-68頁。
財政制度等審議会（2003）『公会計に関する基本的考え方』財務省。
内閣府（2010）『PFIに関する年次報告平成21年度 資料編』内閣府。

内閣府経済社会総合研究所国民経済計算部（2007）「『地域における環境経済統合勘定の推計作業』地域版ハイブリッド型統合勘定作成マニュアル」『季刊国民経済計算』133: 1-209。

林昌彦（2001）「公共部門における戦略的経営」『流通科学大学論集』（経済・経営情報編）10（1）: 1-13。

丸山佳久（2010）「森林・林業の再生に向けた林業会計の再検討」『人間環境学研究』8 : 11-30。

American Accounting Association (AAA), The Committee on Concepts of Accounting Applicable to the Public Sector (1972) Report of the Committee on Concepts of Accounting Applicable to the Public Sector, 1970-71, *The Accounting Review*, 47 (Suppl): 77-108.

Chan, J.L. (2003) Government Accounting: An Assessment of Theory, Purposes and Standards, *Public Money & Management,* 23(1): 13-19.

Christensen, T. (2012) Post-NPM and Changing Public Governance, *Meiji Journal of Political Science and Economics*, 1 : 1-11.

Christensen, T. and P. Lægreid (2007) The Whole-of-Government Approach to Public Sector Reform, *Public Administration Review,* 67(6): 1059-1066.

European Commission (EC), International Monetary Fund (IMF), Organisation for Economic Co-operation and Development (OECD), United Nations (UN) and World Bank (2009) *System of National Accounts 2008*, EC, IMF, OECD, UN and World Bank.

Fimreite, A.L. and P. Lægreid (2009) Reorganizing the Welfare State Administration: Partnership, Networks and Accountability, *Public Management Review,* 11(3): 281-297.

Government Accounting Standards Board (GASB) (1987) *Concepts Statement No.1 of the Government Accounting Standfards Board, Objectives of Financial Reporting,* GASB.

Haveri, A. (2006) Complexity in Local Government Change: Limits to Rational Reforming, *Public Management Review,* 8(1): 31-46.

Hood, C. (1995) The "New Public Management" in the 1980s: Variations on a Theme, *Accounting, Organizations and Society,* 20(2/3): 83-109.

International Financial Reporting Interpretations Committee (IFRIC) (2006) *Service Concession Arrangements, IFRIC Interpretation 12,* IFRS Foundation.

Institute for Public Policy Research (IPPR) (2001) *Building Better Partnerships: The Final Report of the Commission on Public Private Partnerships,* IPPR.

International Monetary Fund (IMF) (2014) *Government Finance Statistics Manual 2014: Pre-publication Draft,* IMF.

International Public Sector Accounting Standards Board (IPSASB) (2005) *Research Report, International Public Sector Accounting Standards (IPSASs) and Statistical Bases of Financial Reporting: An Analysis of Differences and Recommendations for Convergence,* International Federation of Accountants (IFAC).

International Public Sector Accounting Standards Board (IPSASB) (2006) *IPSAS 1:*

Presentation of Financial Statements, International Federation of Accountants (IFAC).

International Public Sector Accounting Standards Board (IPSASB) (2011) IPSAS 32: Service Concession Arrangements: Grantor, in IPSASB (ed.), *Handbook of International Public Sector Accounting Pronouncements: 2012 Edition Volume II*, International Federation of Accountants Committee.

Joint Committee of Public Accounts and Audit (JCPAA) (2002) *Report 388: Review of the Accrual Budget Documentation*, The Parliament of the Commonwealth of Australia.

Lüder, K. (2000) National Accounting, Governmental Accounting and Cross-country Comparisons of Government Financial Condition, *Financial Accountability & Management*, 16(2): 117-128.

National Audit Office (NAO) (2010) *Report by the Comptroller and Auditor General, Lessons from PFI and Other Projects*, NAO.

Organisation for Economic Co-operation and Development (OECD) (1993) *In Search of Results: Performance Management Practices*, OECD.

Pollitt, C. (2003) Joined-up Government: A Survey, *Political Studies Review*, 1(1): 34-49.

Pollitt, C. and G. Bouckaert (2000) *Public Management Reform: A Comparative Analysis*, Oxford University Press.

Pollitt, C. and G. Bouckaert (2011) *Public Management Reform: A Comparative Analysis: New Public Management, Governance, and the Neo-Weberian State*, Oxford University Press.

Porter, M.E. and M.R. Kramer (2011) Creating Shared Value: How to Reinvent Capitalism – and Unleash a Wave of Innovation and Growth, *Harvard Business Review*, January-February : 62-77.

Skelcher, C. (2005) Public-Private Partnerships and Hybridity, in Ferline, E., L.E.Jr. Lynn and C. Pollitt, (eds.), *The Oxford Handbook of Public Management*, Oxford University Press.

Stephens, R. (2000) The Social Impact of Reform: Poverty in Aotearoa/ New Zealand, *Social Policy & Administration*, 34(1): 64-86.

Wiesel, F. and S. Modell (2014) From New Public Management to New Public Governance? Hybridization and Implications for Public Sector Consumerism, *Financial Accountability & Management*, 30(2): 175-205.

Yu, S.C. (1966) Microaccounting and Macroaccounting, *The Accounting Review*, 41(1): 8-20.

第6章 公共経営の変容におけるコスト・マネジメントの理論課題

 問題認識と目的

　1980年代以降，各国は逼迫する財政と，いっそう複雑化する公共サービスニーズの下で，さまざま形で公共経営改革に取り組んできた。わが国の取り組みはそれより20年近く遅れ，1990年代後半の構造改革を端緒とする。それ以降，1999年『民間資金等の活用による公共施設等の整備等の促進に関する法律』（いわゆるPFI法），2006年『競争の導入による公共サービスの改革に関する法律』をはじめとして，市場の機能を公共に積極的に取り入れ，経済合理性を追求するニュー・パブリック・マネジメント（New Public Management: NPM）の動きが加速化された。この動きと併行して，阪神淡路大震災を契機として活発化した市民セクターの活動は，2011年の東日本大震災という未曽有の災害からの復旧・復興においてさらに社会的な重要性を増し，さまざまな政策領域における事業の担い手，公共サービスの担い手として位置づけられてきている。これら2つの動き，すなわち，NPMの推進と市民セクターの台頭は，公共サービス提供の主体と方法に関する基本的な考え方に変革を引き起こした。すなわち，わが国の公共経営の在り方をNPMにとどまらずさらに，ニュー・パブリック・サービス（New Public Service: NPS）やニュー・パブリック・ガバナンス（New Public Governance: NPG）[1]に向かうものへと，変容する契機を生み出したのである。資源制約の下に，効率的かつ効果的な公共サービスの提供というアジェンダが，市民社会を形成する政府／行政，民間，市民セクターの三者の協働の促進を導いたのであり，その意味で，相互に合意された目的の達成，社会的価値の実現に向けて，公民連携（Public Private Partnership: PPP）をいかに

効果的に実践するかが，わが国においても重大な課題となってきたということである。

　この公共経営の変容の過程において，会計学はいかなる機能を果たし，貢献することができるのか。わが国において，伝統的には企業会計を主たる対象としていた会計学は，企業と公共のマネジメントに存在した境界を取り払うNPMの考え方を通じて，その領域を政府会計，公会計まで拡張してきた。しかしこれにとどまらず，NPMに加えてNPS，NPGの考え方が，公共経営の在り方を，具体的には，公共サービスの担い手を政府セクター，民間セクター，市民セクター，さらにはそれらの協働へと拡張することによって，会計学はその領域のみならず，新たな社会的課題の解決に向けて，機能を発展させる任務と機会を得た，というのが本章の仮説であり，テーマである。新たな課題とは何か。それは，会計学がこれまで取り組んだことのない次のような問いにかかわっている。すなわち，これまで政府が提供してきた公共サービスのコストはいくらか，誰が，どのように提供すれば，コストはどう変動するのか，サービス提供の結果として，サービスの受け手はどのような便益を受け取るか，また社会にどのようなアウトカムとインパクトがもたらされるのか，という問いである。提供される公共サービスの経済性，効率性，有効性の測定と評価をいかに行うかということのみならず，セクターを超えた協働によるサービス提供のコスト，そしてコストと生み出された結果との関係をいかに可視化するか，という重要な課題がそこに包含される。ここにこそ，会計学の基本的な機能である「経済的情報の識別，測定，伝達」がさらに発展する好機が生み出されると考えられるのである。

　このコンテクストにおいて，会計学がこれまで取り組んだことのない未開の分野，すなわち公共経営におけるコスト・マネジメント理論の開発というテーマが現れる。サービス提供であるアウトプットがいくらのコストで産出され，さらに当該アウトプットが達成するパフォーマンスとしてのアウトカムやインパクトはどのように定量化されるのか，アウトプットとアウトカムの関係をどのように分析することができるのか，という論点が，公共経営にきわめて重要なものとなるからである。

本章はこの問題意識に基づき，公共経営の変容における会計学の機能の重要な論点として，公共経営におけるコスト・マネジメントの理論課題を検討する。企業において，当初利益目的が中心であったコスト・マネジメントは現在，持続可能性，成長，発展へと進化している。その意味で，究極的には，「最少の費用で最大の効果を挙げる」，言い換えれば，効率性と有効性の両者を最適に結合した結果としての価値の最大化の実現に貢献することを目指す公共経営におけるコスト・マネジメントに接近しているということもできる。このコンテクストの下で，「一定の給付にかかわらせては握された財貨又は用役の消費を貨幣価値的に表したもの」（大蔵省企業会計審議会 1962，三）としての原価をどのように算定し，公共経営における計画とコントロールに活用できるのかという重大な問題が提起される。ここにおいて，理論課題として次の2つの論点が設定される。すなわち，第1に，公共経営におけるコスト・マネジメントが対象とする領域と範囲をどのように設定するか，第2に，設定された対象領域・範囲においてコスト・マネジメントの概念とスキームをどのように体系的に整理するか，である。特に，異なる会計主体を包含する公会計の拡張概念において，コスト・マネジメントのスキームをどのように設計するかは困難ではあるが，きわめて重要なテーマである。この観点に立ち，本章は，まず公共経営においてコスト・マネジメントが対象とする領域と範囲についての考え方を整理した上で，異なる会計主体が参加する公共経営において最適なアウトカムの実現を目的とするコスト・マネジメントの理論課題を明らかにする。

❷ 理論課題1：公共経営におけるコスト・マネジメントの対象領域と範囲

1．公共経営におけるコスト・マネジメントの定義

公共経営におけるコスト・マネジメントの領域を検討するにあたって，まず公共経営におけるコスト・マネジメントを定義する必要がある。原価計算

対象が,「原価の測定が望ましいあらゆるもの」(Horngren, et al. 2012, 121) ときわめて広義に定義されることを前提とすれば[2],複雑化した経営環境において原価管理と価値連鎖プロセスの重要性を組み込んだ日本会計研究学会特別委員会による次のようなインテグレーテッド・コスト・マネジメント (Integrated Cost Management: ICM) の定義を参考にすることができる (日本会計研究学会特別委員会 1993, 191)。

「ICM とは,環境変化に対応して,新技術の研究・開発から新製品ないしモデルチェンジ品の規格,設計,製造,販売促進,物流,ユーザの運用,保守,処分にいたるまでの全プロセスについて,国際的な視野の下で,製品,ソフトおよびサービスの原価管理を企業目的の達成に向けて統合的に遂行することをいう。」

同委員会委員長であった櫻井は,この特徴を次の4点にまとめている (櫻井 2004, 269)。
①グローバリゼーションと高度情報社会を前提とすること
②全ライフサイクルにわたる製品,サービス,ソフト原価の管理
③戦略的観点と現場主義の重視
④無形の便益の評価

公共経営のコンテクストにおける重要性という観点から,この特徴がもつインプリケーションを検討すると,次の3点にまとめることができる。すなわち,第1は,環境の変化に対応するという戦略性,第2は,「新技術の研究・開発から新製品ないしモデルチェンジ品の規格,設計,製造,販売促進,物流,ユーザの運用,保守,処分にいたるまでの全プロセス」を対象とすること,第3は,アウトプットとしての財またはサービスの原価管理を企業目的の達成に向けて統合的に遂行すること,である。これを公共経営に適用すると次のように考えられる。第1は,社会経済環境の変化と公共のニーズに焦点を当て,政策・施策・事業の実施がそれらにどのような影響を及ぼすかに

ついて戦略的な考察を行うこと，第2は，第1を基礎として政策立案を行い，政策目的を達成する施策・事業を設計，実施し，それらが目的を達成する程度を測定・評価することによって政策・施策・事業の計画設定，コントロール・プロセスを管理すること，第3に，政策・施策・事業の実施結果としてのアウトプットの原価管理を政策目的の達成に向けて統合的に遂行すること，である。これらを総合すると公共経営におけるコスト・マネジメントは次のように定義することができよう。

「公共経営におけるコスト・マネジメントとは，社会経済環境の変化と公共のニーズに焦点を当て，政策・施策・事業の実施がそれらに与える影響についての戦略的な考察に基づいて，政策立案を行い，政策目的を達成する施策と事業を設計，実施し，それらが目的を達成する程度を測定・評価することによって，政策・施策・事業の計画設定とコントロールのプロセスを管理するために，政策・施策・事業の実施結果としてのアウトプットの原価管理を政策目的の達成に向けて統合的に遂行することをいう。」

2．公共経営における原価計算対象

公共経営におけるコスト・マネジメントの対象領域と範囲を検討するにあたってはまず，原価計算対象を検討する必要がある。公共経営における原価計算対象は，究極的には業績としてのアウトカム（便益）であると考えられるが，アウトカムの測定および識別自体がきわめて困難である。このことを考慮すると，原価計算手法としては，アウトカムを達成するためのアウトプット（財またはサービス）を原価計算対象としてコストを集計し，当該アウトプット原価の効率性とアウトカムの達成度（有効性）を評価するアプローチが有効と考えられる。その上でさらに，両者の相関を分析する手法を開発し，公共経営におけるコスト・マネジメントの体系に位置づけることが重要である。

この点で，Pollitt and Bouckaertによる公共経営における業績の概念フレームワークが重要な示唆を与える。図表6-1に示されるとおり，公共経

営における業績測定のレベルを次の3段階に分けて考えることができる。図表6-1において、第1段階として、③から⑥に至る組織またはプロジェクト、第2段階として、⑬の中間アウトカム、第3段階として、⑭の最終アウトカムの3レベルである。

この業績測定レベルを前提とすれば、原価計算対象を第一段階における⑥のアウトプットおよび⑬の中間アウトカムに設定することが有効と考えられる。一定の組織またはプログラムが実施するサービス提供に原価を集計することができれば、組織またはプログラムの効率性を評価することができるからである。加えて、中間アウトカムを生み出すコストを集計することができれば、費用対効果を測定することが可能となる。当該プログラムの実施が中間アウトカム、最終アウトカムに与える効果を測定・分析できれば、すなわち、プログラム、そのアウトプット、アウトカムのフルコストを算定できれば、効率性、有効性を評価することができる。さらに、図表6-1に示され

図表6-1　Pollitt and Bouckaertによる「業績：概念フレームワーク」

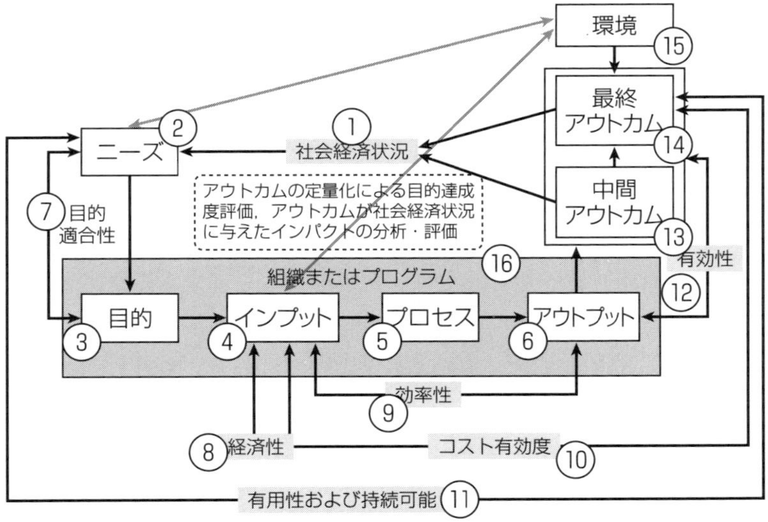

*Pollitt and Bouckarertでは、「活動」とされているが、アウトプットがサービス提供である場合には、アウトプット自体が活動と識別されるため、それと区別するために「プロセス」を用いた。
出所：Pollitt and Bouckarert（2011, 16）に加筆。

るように，組織またはプログラムの目的がニーズと適合しているか（⑦），インプットの経済性（⑧），インプットとアウトプットとの関係による効率性（⑨），インプットとアウトカムとの関係によるコスト有効度（⑩），ニーズとアウトカムの関係による有用性と持続可能性（⑪），アウトプットとアウトカムとの関係による有効性（⑫）を分析・検討することによって，限られた資源の下でのコスト・マネジメントが可能となると考えられる。

3．公共経営におけるコスト・マネジメントの領域と範囲

公共経営における原価計算対象をこのように設定すると，コスト・マネジメントの領域をどのように設定することができるであろうか。Pollitt and Bouckarertによる「業績：概念フレームワーク」に基づき，公共経営におけるコスト・マネジメントの領域と範囲を検討すると図表6-2のとおり，3つの範囲を識別することができる。すなわち，第1は，③から⑥に至る組

図表6-2　Pollitt and Bouckaertによる「業績：概念フレームワーク」に基づくコスト・マネジメントの領域・範囲の整理・検討（試案）

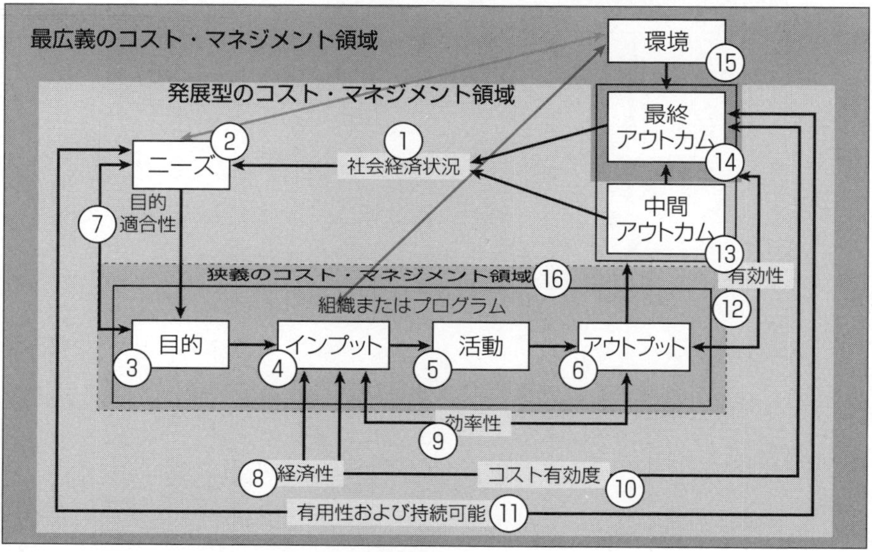

出所：Pollitt and Bouckarert（2011, 16）に加筆。

織またはプログラムを対象とする狭義のコスト・マネジメント領域，第2は，①から⑬の中間アウトカムに至る発展型のコスト・マネジメント領域，第3は，⑭の最終アウトカム，さらには⑮の環境まで包括する最広義のコスト・マネジメント領域，である。

最狭義のコスト・マネジメント領域は，すでに米国連邦政府において『経営管理目的の原価計算基準及び概念』（Managerial Cost Accounting Standards and Concepts）において確立されている領域といえる。同基準は，連邦会計基準諮問委員会（Federal Accounting Standards Advisory Board: FASAB）が，1995年に『連邦財務会計基準第4号』（Statement of Federal Financial Accounting Standards: SFFAS）として制定したもので，2003年の『連邦財務会計基準第6号：省内帰属コストの会計』，2008年の『技術的公開文書：会計主体間コストに関する基準の明確化』を加え，さらに2010年と2011年に情報共有のためのフォーラムを開催して，連邦会計基準の重要な構成要素となっている。同基準において，経営管理目的の原価計算の基本要素として次の5つの基準があげられていることは，最狭義のコスト・マネジメント領域におけるコスト・マネジメントにとっても重要である（FASAB 2014, SFFAS5-12 ; 67-263）。

(1) 各報告主体は，マネジメント情報目的のために設定された期間を基礎として，その活動原価を集計し，報告しなければならない。

(2) 各報告主体のマネジメントは，責任セグメントを定義し，確立しなければならない。マネジメント目的の原価計算は，各セグメントのアウトプット原価を測定し，報告するよう実施されなければならない。

(3) 報告主体は，一般目的の財務報告においてアウトプットの全部原価を報告しなければならない。責任セグメントが生産するアウトプットの全部原価は，①アウトプットに直接または間接的に含まれている，セグメントが消費した資源の原価，②報告主体内部の他の責任セグメントと他の報告主体によって提供された識別可能な支援サービスの原価の合計である。

(4) 各主体の全部原価には，他の主体から受け取る財およびサービスの全部原価を算入しなければならない。財またはサービスを提供する主体は，受

け取る主体に対する提供量かその他の助言のいずれかによって，当該財またはサービスの全部原価に関する情報を提供する責任を負う。完全には対価が補償されない主体相互間の原価の認識は，①受け取る主体にとって重要である，②受け取る主体のアウトプットの不可欠な部分または必要な部分を形成している，③受け取る主体に合理的な程度正確に識別できるか，対応できる原材料費目に限られる。ある主体がすべて，またはほとんどの主体に対して，提供する広範で一般的な支援サービスは一般的に，当該サービスが受け取る主体の業務またはアウトプットの重要で不可欠な一部を形成していない場合には，認識されてはならない。

(5) 責任セグメントが消費する資源の原価は，資源のタイプ別に集計されなければならない。責任セグメントが生産するアウトプットは集計し，実践可能な場合には，単位ごとに測定されなければならない。直接または間接にアウトプットの生産に投入される資源の全部原価は，セグメントの業務環境に最も適切な原価計算方法を用いて賦課または配賦されなければならず，その方法は継続して行われなければならない。原価配分は，場合に応じて以下の方法を用いて実施されなければならない。
①実行可能で，経済的に有効な場合には，直接原価に跡づける。
②因果関係を基準として原価に割り当てる。
③合理的かつ一貫した基準に基づいて原価を配分する

翻って，わが国においては，基本的には，現金主義の予算・決算情報により事業評価が行われているのが現状であり，その意味でコスト情報の算定と活用は限定的である。各府省が作成し，公表している政策別コストは現在唯一の発生主義に基づくフルコストベースの情報であるが，当該情報は政策評価，さらにはコスト・マネジメントに有用な情報として位置づけられていない点で多くの課題がある。

この狭義の領域をさらに拡張した発展型のコスト・マネジメント領域が，公共経営においては今後重要な検討課題となる領域と考えられる。コスト・マネジメントの定義において明らかにしたとおり，公共経営においては，社

会経済環境の変化と公共のニーズに基づいた政策立案,施策・事業の設計と実施,それらが環境とニーズに与える影響の測定・評価を組み込んで統合的にコスト・マネジメントを実施することが重要となるからである。この領域においては,中間アウトカムをいかに測定するかというきわめて困難な課題が存在する。そして,この課題にはさらに次の2つの問題がある。すなわち,第1は,アウトカムのフルコストをいかに算定するか,第2は,アウトカム評価をどのように行うか,である。中間アウトカムのコスト算定は,目的の実現に長期間を要し,定性的な要素を含む場合が多い最終アウトカムの算定[3]と比べれば,比較的容易と考えられる。

最広義のコスト・マネジメント領域は,最終アウトカムの測定と環境の変化,さらにそれらがニーズに影響をコスト・マネジメントに組み込む点で,さらに長期間にわたるマネジメント・スキームの確立が必要とされる。コスト・マネジメントと長期的な政策立案過程を統合する必要があり,政策の特質に応じたコスト・マネジメント・スキームを開発することが求められる。

③ 課題2:公共経営の担い手とコスト・マネジメントの理論課題

1.公共経営の担い手

公共経営を誰が担うかという観点からさらに,公共経営におけるコスト・マネジメントの理論課題が提示される。伝統的な行政管理では当然政府が担う公共サービスが,NPM,NPS/NPGでは市民社会に存在する適切な担い手の識別や協働という新たな公共サービス提供が可能となるからである。

どのような担い手が想定されるか。これを示したのが図表6-3である。図表6-3は,縦軸に伝統的な政府の機能に対して社会的ニーズの高まりによる潜在的な政府の機能の要請を,横軸に民間のノウハウに対して市民セクターのノウハウを示したものである。伝統的な政府の機能については,民間セクターのノウハウ,市民セクターのノウハウの両者の競争力によって,適

図表6-3　公共経営の変容における各セクターの協働

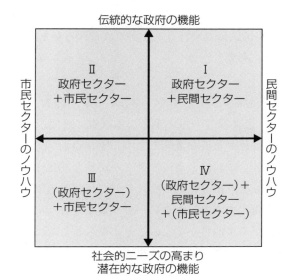

切な担い手が決定される。これに対して，価値の多元化，多様な社会的ニーズの顕在化は，潜在的に政府の機能とされる領域を拡大し，その領域ではコストと質に対する公共サービス提供のノウハウの競争力により担い手が決定される。第Ⅳ象限において，市民セクターが関与しているのは，潜在的な社会ニーズを認知し，柔軟に対応できる特質をもつからであり，ここに市民セクターが触媒となって，各セクターの強みと弱みを接合し，最適な公共サービスの担い手と方法を追求するメカニズムが機能することが期待される。言い換えれば，セクター間の協働によって，情報共有が促進され，それによって透明な市場機能と公平かつ公正な競争環境が創出されると考えられる。

2．多様な公共経営の担い手とコスト・マネジメントの理論課題

　このような公共経営を担う多様なセクターの存在は，異なる会計主体を包含する公会計の拡張概念において，コスト・マネジメントをどのように設計し，構造化することができるか，という困難な理論課題を提起する。コスト

効率性の観点で適切な担い手を識別するためには,同一の基準を基礎としてコスト比較を行うことが必要であるし,有効性の観点で,資源制約下において,どのように効果的に協働を行うことが求められるかを検討するためには,異なる主体の関与を考慮したコスト・マネジメントが必要とされるからである。

　この理論課題に重要な示唆を与えてくれるのが,図表6-4である。図表6-4においては,公共経営の担い手となる政府,民間,市民セクターがそれぞれ重なり合う部分が重要な意味をもつ。すなわち,①政府と民間セクターが重なり合う部分,②政府と市民セクターが重なり合う部分,③民間と市民セクターが重なり合う部分において,それぞれ両者の事業の実施方法が接近していくという現実である。さらに三者が重なり合う部分では,三者の事業実施方法が接近する可能性が生じることになる。ここに,企業会計,非営利会計を公会計に包括する契機が生み出されると考えられるのである。公会計に発生主義が導入されるとともに,非営利会計においても,コストの可視化が求められ,効率的な資源の消費が求められるとすれば,異なる会計主体

図表6-4　重なり合うセクター：コスト・マネジメントに取り込むセクターの範囲と公会計

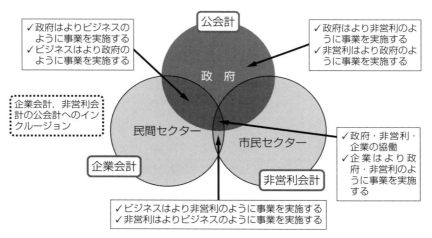

出所：Koliba, et al.（2011, 252）に加筆。

の会計原則を公共経営というコンテクストの中で調和化することは不可能ではない。その場合，管理可能コストと管理不能コストの識別，目的を達成するためのプロセスに発生するコストを算定するメカニズムの開発が必要されるとともに，公共に存在するリソースをどこまで貨幣的に定量化し，公共経営のコスト・マネジメントに取り組むかという新たな課題に取り組む必要がある。

課題と展望

本章では，公共経営におけるコスト・マネジメントの理論課題を抽出した。わが国においては，国および地方の両者において，発生主義に基づく財務書類の整備が緒についたばかりであるだけでなく，NPM，NPS/NPGの考え方を導入したさまざまな改革もいまだ途上である。コストという考え方がこれまであまり浸透しているとはいえないわが国の公共経営のコンテクストにおいて，しかも担い手が多様化し，公共サービス提供の方法に変革が求められる中で，ニーズに基づいた政策・施策・事業をいかに設計して，実施し，最少のコストで最適な業績を生み出すかは，重大な課題である。限られた資源を拠出しているのは公共であり，多様なサービスニーズを生むのも公共である。ここに，政策目的の効率的かつ効果的な達成と公共価値の実現に向けて，公共経営におけるコスト・マネジメントの理論課題を明らかにする必要性がある。会計学の機能が「限りある資源を利用することについて意思決定を行うこと，人的資源及び物的資源を効率的に指揮，統制すること，資源を保全し，その管理について報告すること，社会的な機能及び統制を容易にすること」（AAA 1966, 4）という目的に対して情報を提供することであることに鑑みれば，この公共経営の変容においてコスト・マネジメントの理論課題を明示し，その課題について理論構築を行うことが研究者の重大な任務である。

注

1. NPMが市場を重視し，経済合理性を強調したのに対して，協働による公共サービスの提供，市民社会の中で最適な公共サービスの担い手を創出する民主的なプロセスを重視するのが発展的に解消しようとするのがNPSであり，それをガバナンス（統治）という広い概念で捉えるのがNPGである。後二者は，NPMの課題を発展的に解消するものと位置づけられる。
2. 『原価計算基準』においては，原価は「経営における一定の給付にかかわらせて，は握された財貨又は用役（以下これを「財貨」という）の消費を，貨幣価値的に表わしたものである」と定義され，原価の本質を「給付にかかわる経済価値の消費」に求めている。これに対してHorngrenらによる定義は，給付概念を広義に拡張するものである。
3. 『経営管理目的の原価計算基準』では，補遺A「結論の基礎」において，アウトカムのフルコストを算定することの重要性を指摘しているが，アウトカムの測定は，プログラムまたはプロジェクトの完成には長期間かかること，必ずしも貨幣的または定量的に測定できないため，同原価計算基準を適用できない，とした上で，「プログラム及びそのアウトカムのコストは，コスト及びアウトカムに適切な方法を用いて，独立して測定されなければならないことを確信している」と述べている（FASAB 2014, SFFAS4para.220-223）。

参考文献

American Accounting Association (1966) *A Statement of Basic Accounting Theory*. （飯野利夫訳『基礎的会計理論』国元書房，1969年。）

Federal Accounting Standards Advisory Board (FASAB) (2015), Statement of Federal Financial Accounting Standards 4: Managerial Cost Accounting Standards and Concepts, *FASAB Handbook of Federal Accounting Standards and Other Pronouncements as Amended, Version 14*.

Hansen, D.R. and M.M. Mowen (2014) *Cost Management - Accounting and Control*, South-Western College Publishing.

Horngren, C.T., S.M. Datar and M.V. Rajan (2012) *Cost Accounting―Managerial Emphasis―*, Fourteenth Edition, Pearson.

Koliba, C., J.W. Meek and A. Zia (2011) *Governance Networks in Public Administration and Public Policy*, CRC Press.

Macintosh, N. and P. Quattarone (2010) *Management Accounting and Control Systems― An Organizational and Sociological Approach―*, Second Edition, A John Wiley and Sons.

Moynihan, D.P. (2008) *The Dynamics of Performance Management―Constructing Information and Reform―*, Georgetown University Press.

Pollitt, C. and G. Bouckarert (2011) *Public Management Reform―A Comparative Analysis: New Public Management, Governance, and the Neo-Weberian State*, Third Edition, Oxford University Press.

Radin, B.A. (2006) *Challenging the Performance Movement—Accountability Complexity and Democratic Values*, Georgetown University.
United States Government Accountability Office (2011) *Managing for Results—GPRA Government Challenges*, GAO.
United States Government Accountability Office (2012) *Managing for Results—Key Considerations for Implementing Interagency Collaborative Mechanisms*, GAO.
United States Government Accountability Office (2014) *Government Efficiency and Effectiveness—Views on the Progress and Plans for Addressing Governmenti-wide Management Challenges*, GAO.
大蔵省企業会計審議会（1967）『原価計算基準』。
小林麻理編著（2013）『公共経営と公会計改革』三和書籍。
櫻井通晴（2004）『管理会計（第三版)』同文舘出版。
日本会計研究学会特別委員会（1993）『インテグレーテッド・コストマネジメント』日本会計研究学会報告書。

第7章 公共経営における原価計算の機能と課題
―コスト情報の計算と利用―

 はじめに

　公的部門の財政状況の悪化が次第に国民の負担増大につながることが現実化しつつあり，公的部門のコストには厳しい目が向けられるようになってきた。今後もさらに厳しくなることはあってもその逆はなさそうである。

　これに対して，公的部門では，コスト情報のアカウンタビリティを高めることで対応しようとしてきた。この10年余りの間に，公的組織から公表されるようになったコスト情報は量も種類も格段に増えてきた。2000年前後から検討されはじめた地方公共団体の財務書類は，平成26年度決算に関するもので約90の地方公共団体が作成済または作成中であった（総務省 2016）[1]。また，国では2003年度決算から省庁別財務書類が作成・公表されるようになり，平成21年度決算からは政策別コスト情報も公表されてきた（財務省 2010）。

　一方で，コストに関するほとんどの意思決定は公的組織内部で行われる。従来の公会計改革に関する議論では外部の利害関係者に対するアカウンタビリティに比べて，公的組織内部の特に（財務責任者ではない）事業管理者（program managers）にとっての情報ニーズが見落とされやすかった（AGA 2009）。

　それでは，公的組織内部の事業管理者は，どのようなコスト情報を必要としているのか，また，彼らはどのようにそのコスト情報を利用して意思決定を行っているのか。この点に関する研究はきわめて少ないのが現状である。

　本章は次のように構成される。次節では，公共経営に必要とされるコスト情報としてしばしば提唱される「フルコスト」の意義を説明する。第3節では，そうしたフルコストを計算したわが国の地方自治体の事例を検討する。

第4節では，コスト情報の利用に焦点をあて，コスト情報がどのように業務改革に結びつくのかを検討する。第5節では，コスト情報を利用していく上での財務責任者と事業管理者の関係を考察する。

2 フルコストの意義

　公共経営のもとでは，どのようなコスト情報が必要とされるのか。これまでの公会計改革の中で，コスト情報の必要性に言及するときにしばしば使われてきたのが「フルコスト」という用語であった。例えば，財務省では，財政制度等審議会の報告書「公会計に関する基本的考え方」の中で，公会計制度の課題の1つを「事業毎に間接費用を配賦したフルコスト」が明らかにならないことであるとしている。また，地方自治体でも，複式簿記・発生主義会計の考え方に基づく公会計制度を導入した東京都では，「この財務諸表により（中略）減価償却費や金利などを含むフルコストが明らかになる」（東京都 2006, 1）としている。同様に，東京都方式の公会計制度を導入した大阪市では，その公会計制度の導入目的の1つを「職員のコスト意識を一層喚起し，減価償却費や人件費などのみえにくいコストを含めたフルコスト情報」（大阪市 2012, 32）を活用することであるとしている。

　上記の例は，いずれも従来の公会計制度において開示されてきたコストの範囲を問題にしていることでは共通している。しかし，発生主義であればフルコスト，（予算では別計上される）人件費が含まれればフルコスト，間接費・共通費が配賦されればフルコスト，金利などの機会費用も含めてフルコストというように，フルコストに含める内容についてはさまざまな表現が使われている。

　確かに，フルコストに含まれるコストの範囲を一義的に限定することはできないし，その必要はないのかもしれない。原価計算論では「異なる目的には異なる原価」とされるように，絶対的な原価もフルコストも存在しないためである。しかし，混乱を避けるためには，コストの集計範囲についての一貫した説明が必要になる。それによってさまざまな目的のために適切なコス

ト情報を検討することができるようになると考えられる。

　ここでは，公的組織の原価計算に関する会計基準として，米国連邦政府の連邦会計基準諮問委員会（Federal Accounting Standards Advisory Board：FASAB）のSFFAS（Statements of Federal Financial Accounting Standards）第4号「経営原価計算基準（Managerial Cost Accounting Standards）」に依拠して，コストの集計範囲を説明する。

1．フルコストの意義

　フルコストの概念は，コストの集計対象に対応している。主要なコストの集計対象には，責任セグメント，アウトプット，プログラムがある。

　責任セグメント（responsibility segment）とは，各省庁の構成要素となる組織であり，それぞれ何らかのミッションを遂行し，主要な一連の活動を行い，関連する1つまたは複数のアウトプットを提供することに責任を負う（SFFAS No. 4, par. 78）。コストはいったんすべて責任セグメントに集計されるが，この段階ではフルコストとは呼ばれない。責任セグメントに集計されたコストは，アウトプットに割り当てられる。さらに，必要に応じてプログラムへと集計される。このとき，アウトプットあるいはプログラムに対応して，フルコストが定義される。フルコストの範囲は，アウトプットあるいはプログラムとの関連で，合理的に割り当てることのできるすべてのコストである。

　アウトプットは，責任セグメントによって提供される有形物やサービスである。アウトプットのコストは，そのアウトプットを提供する責任単位である責任セグメントにコストを集計した上で，責任セグメントからそれぞれのアウトプットにコストを割り当てることによって計算される（SFFAS No. 4, par. 82）。アウトプットの例として，有形物には公園，施設，道路など，サービスには保険商品や学校教育などがある。

　アウトプットのフルコストは，アウトプットとの関連で直接費（direct cost）と間接費（indirect cost）に分けられる。直接費はアウトプットと明確に結びつけることのできるコストである。直接費はアウトプットに直課さ

れる（directly tracing）。直接費には，アウトプットに対して直接作業を行う従業員の給料手当（直接労務費），その作業に使用された材料・消耗品（直接材料費）などがある（par. 90）。間接費はアウトプットに配賦される。

　プログラムは，1つの省庁全体で担当する防衛，社会保障，教育などを意味することもあるが，通常は，省庁あるいは部門内の主要な活動あるいは業務の集合として定義される。政策，施策，事務事業というように，段階に応じて呼称を使い分けることもあるが，本章では，施策を中心に政策や事務事業も含む一般的な概念として使用する。

　プログラムのフルコストには，アウトプットのフルコストに加えて，アウトプットには割り当てられないがプログラムには合理的に割り当てられるコストが含まれる。プログラムのフルコストのうちアウトプットに割り当てられないコストは，非生産プログラム・コスト（program non-production cost）と呼ばれる。非生産プログラム・コストには，退職後の給付金コスト，取得時に費用として認識される特定資産のコスト，組織再構築コスト，資産の除却に伴うコストなどがある。いずれもアウトプットを生産するためにかかるコストではないが，特定のプログラム内で発生することが考えられる。

　アウトプットにもプログラムにも合理的に割り当てられないコストが存在する。そうしたコストは，プログラム非割当コスト（cost not assigned to program）と呼ばれる。プログラム非割当コストには，高レベルの一般管理費など，ある組織内で発生したことは事実であるがプログラムに割り当てられないコストが含まれる（par. 92）。

　以上のように，フルコストの範囲はコストの集計対象によって異なり，また，コストの集計対象との関係で，直接費，間接費，非生産プログラム・コスト，プログラム非割当コストに分類される。他方，コストの集計対象とは関係なく，それぞれのコスト分類について，政府会計特有のコストの分類がある。それは予算との関係による分類で，資金コスト（funded cost）あるいは補償コスト（reimbursed cost）と，非資金コスト（unfunded cost）あるいは非補償コスト（non-reimbursed cost）との分類である。資金コストあるいは補償コストは，予算の割り当てを受けた金額，あるいは別の組織か

らサービスを提供されたときに対価を支払った金額である。非資金コストあるいは非補償コストは，予算の割当を受けていない金額，あるいは別の組織から受けたサービスに対価を支払っていない金額である。非資金コストや非補償コストであっても，コスト集計対象に応じてフルコストに含めなければならない。

2．フルコストの利用

どのようなフルコストが適切なのかは，利用目的によって異なる。財務書類作成のためには，すべてフルコストが求められる。それぞれの報告書に必要なコスト集計対象に応じて，貸借対照表にはアウトプットレベルのフルコスト，コスト計算書に関連してプログラム別のコストを示す場合にはプログラムレベルのフルコストが必要である。また，米国連邦政府のコスト計算書ではプログラム非割当コストも開示される。

他方，外部報告を目的としない場合は，フルコストを用いるかどうかをケース・バイ・ケースで決定することができる（SFFAS No. 4, par. 89）。予算編成における資源配分の意思決定には，当該プログラムのフルコストが望ましい。部分的なコストでは，プログラムの優先順位の決定を誤るおそれがある。予算執行と統制においては，正確な記録と支出統制を目的とするかぎり，フルコストは必要ない。各組織が予算で割り当てられた金額について記録し，割当額を超えないように統制すれば，その目的は達成可能である。フルコストから非資金コストや非補償コストを除いた部分コストが用いられる。

コスト・マネジメントのためには，管理可能コストとしての部分コストでよいと考えられる。異なる組織で発生した非資金コストや非補償コストは，マネジャーにとっては，責任範囲外の管理不能コストである。業績測定では，プログラムのフルコストが重要である。プログラムの効率性や有効性を評価するためには，そのプログラムの遂行にかかったすべてのコストを業績尺度に用いなければならない。料金算定にもフルコストが必要である。他方，意思決定では，その意思決定に関連するコスト情報を用いる必要がある。このときのコスト情報は関連原価情報である。例えば，民間委託をするか否かの

意思決定，業務を中止するか否かの意思決定において，それぞれどのような代替案を選択するかによって変化するコストが関連原価である。いずれの代替案を選択しても変化しないコストは，代替案の選択に関連しない埋没原価とされ，意思決定には用いられない。

3 フルコスト計算の事例

わが国の地方自治体における実際の決算データを使用した原価計算の適用事例としては，社会経済生産性本部が行った調査が最も早い試みの1つである。この調査は，財務省財務総合政策研究所の委託研究として行われ，調査報告書「発生主義を用いた地方自治体サービスのフルコストの分析」は2002年9月に公表された。調査では，7つの自治体を対象に，保育所事業，学校給食事業，公営住宅事業，介護保険住宅訪問サービス事業[2]おけるフルコストが計算された。自治体名は非公表であったが，7自治体の人口規模は1自治体が40万人以上，3自治体が20万人以上，2自治体が8〜10万人，1自治体が8万人未満であった。また，4事業の選定理由は明らかにされていないが，いずれも民間に同等のサービスを提供する事業者が存在し，受益者負担を課していることが共通している。以下では，4事業のうち保育所事業を取り上げ，その原価計算の仕組みを説明する。

保育所事業のアウトプットである保育サービスは，保育所を通じてサービス受容者に提供されている。この調査では，サービス提供施設である保育所が責任セグメントとされた。各自治体に存在するすべての保育所が調査対象となったわけではなく，各自治体の4〜7の保育所（公立と民間の両方を含む）に関するデータが集められた。

責任セグメントである保育所には，調査対象となったすべてのコストが集計された。すべてのコストの内訳は，保育所別人件費，所管課人件費，保育所別の人件費以外の経常コスト，自治体共通の人件費以外の経常コスト，保育所別の資本チャージである。人件費以外の経常コストとは，消耗品費，光熱費，材料費などであり，資本チャージとは，減価償却費，資本コスト，支

払利息である。資本チャージは，決算統計などからは判明しないため，資産台帳等のデータを使用して特別に計算された。

保育所別人件費と人件費以外の経常コストのうち保育所別に把握できるものは，保育所に直課された。一方で，所管課人件費と保育所別に把握できない人件費以外の経常コストは，園児数を基準として各保育所に配賦された。また，資本チャージは，資産台帳等に保育所別のデータがあるため，保育所別に計算された。

なお，この調査では，所管課以外の本庁人件費，本庁の情報システム等の償却費や情報システム管理部門の諸費用，本庁の光熱水費といったコストは集計対象となっていない。そのため，責任セグメントに集計された「すべてのコスト」には，これらのコストは含まれていない。

責任セグメントから提供されるアウトプットとして，園児の年齢別に分けた保育サービスが設定された。年齢別という区分が採用されたのは，園児の年齢によって保育士の配置基準が異なるためである。年齢が低くなればなるほど，配置が義務づけられる保育士の数が多くなる。そのため，園児の年齢構成を考慮せずに，責任セグメントの総コストや園児1人当たりコストを比較するのは「誤解を招く可能性がある」ページとされた。後述するように，保育所事業のコストに占める保育士人件費の割合は大きいため，こうした年齢別のアウトプット区分は妥当なものであったといえる。

年齢別の保育サービスのアウトプット区分以外にも，例えば，夜間保育や休日保育といったサービス種類別のアウトプット区分が考えられる。しかし，この調査では，データの制約からサービス種類別のアウトプット区分は採用されなかった。

アウトプットに直課される直接費は，特定の園児年齢に専任の保育士人件費であった。もっとも，直接費であるこの専任保育士人件費でさえ，自治体の会計データでは年齢別に把握されていなかった。調査では，個人別の給料・手当等のデータと，職員稼働状況のデータとを突き合わせることによって，専任保育士人件費を年齢別に跡づけていく必要があった。なお，コストではないが，年齢別に負担基準が設定されている保育料収入でさえ年齢別に把握

されていないことがわかった。

専任をもたない保育士人件費は間接費とされた。それ以外の間接費には，決算統計から判明する食糧費・委託費・消耗品費・光熱水費などと，この調査のために特別に計算された資本チャージがある。間接費の配賦基準は，人件費かそれ以外のコストかによって異なる。人件費は，専任の保育士の配置に余裕のない年齢に手厚くサービスを提供しているものとみなし，実際の配置保育士数と規定上の必要保育士数の差を考慮して配賦された。人件費以外のコストについては，園児数を基準として配賦された。

以上のようにして，園児年齢別の保育サービスというアウトプットに直接費と間接費が集計された。また，それを各年齢の園児数（人日）で割ることによって，園児1人1日当たりコスト（すなわち，単位コスト）が計算された。

調査において，園児1人1日当たりコストは民間保育所との比較や受益者負担割合の検討のために利用された。

日本の公的組織における業務改善とコスト管理の事例

前節で説明した自治体サービスの原価計算は，外部の調査機関（社会経済生産性本部）によって実施され，調査結果は報告書として公表された。しかし，調査の中で作成されたコスト情報が自治体の中で，あるいは自治体の事業管理者（保育所事業であれば所管課長や保育園長など）によってどのように利用されたのかはわからない。

コスト情報が公的組織によって作成され，公的組織の事業管理者によって利用された事例はほとんど知られていない。その中で例外的な事例は，大西（2010）によって紹介された国税組織の業務改善である。大西（2010）は複数の業務改善例を紹介しているが，以下では，個人課税事務における自書申告方式の導入にあたって独自の事務量報告システムが活用された例と，その事務量報告システムをもとにコスト分析と呼ばれる原価計算を導入した例を説明する。

個人課税事務では，1990年代の後半に，確定申告において納税相談方式から自書申告方式への転換が図られた。この事例で注目すべきは，この転換が国税庁によるトップダウンの方針転換ではなく，事務量データに基づく一地方国税局の取り組みからはじまり，後に全国展開していったことである。

　自書申告方式の導入目的は，確定申告事務の効率化とそれによる調査事務の拡充であった。1980年代から90年代にかけて，確定申告の件数は増加の一途をたどっていた。職員は申告相談に訪れる申告者の対応に追われ，若手職員の育成にとって重要な調査事務が減少していたという。

　そこで1990年代中頃に，関東信越国税局では自己申告方式の推進を打ち出した。そうした取り組みの基礎にあったのが，過去および将来にわたる非財務業績指標の推移であった。すなわち，「伸び続ける確定申告件数等の将来的な計数面での予想，ならびに，そのもとでの確定申告事務量と調査事務量との将来的な推移予想およびその将来的な予想の根拠となる過去の事務量の推移把握」（大西　2010, 173）であったという。

　国税組織の中心的な非財務業績指標は「人日」と呼ばれるものであった。人日とは，職員がある事務に投入した事務量を示し，1人の職員が2日間その事務を行えば2人日，2人の職員が2日間その事務を行えば4人日とカウントする。「人日」という単位は事務量を示す単位としてしばしば使用されており，特に目新しいものではないが，国税組織の特徴はそれを把握するための事務区分と報告システムが整備されている点である。

　事務区分は，例えば，個人課税事務についてみると，最も大きな区分が事務管理・内部事務・審理事務・確定申告関係事務などとなり，その区分がさらに何段階かに細分されている。例えば，内部事務には総括事務・電算管理事務・予定納税事務などの中区分があり，総括事務はさらに8つの小区分に分かれている。個人課税事務全体では100の小区分に分けられている。
国税組織では，すべての職員がそれぞれの事務区分ごとに関与した日数を0.5日単位で報告することになっている。また，その報告に対しては，事務監理と呼ばれる効率性のチェック機能がある。事務監理では，「事務年度ごとに，事務区分ごとの投下人日をいかに変更し，効率的な事務運営を行って

いくか」(大西 2010, 164) が検討される。

　国税組織では，1950年代からすでに，このような人日の測定・報告システムが運用されており，現在もマネジメントの中心になっている。大西（2010）によれば，こうしたシステムの長年の運用が基礎となって，上述のように，自己申告方式への転換にあたって事務量の将来予想と過去の推移に関するデータがスムーズに活用されたという。

　以上が，国税組織における人日データを活用した業務改善の1つ目の例である。この例は，公共経営においても定量的なデータに基づく自律的な業務改善の取り組みが可能であることを示している。しかし，人日そのものは非財務の業務指標であって，そこにはコスト情報が含まれていなかった。これに対して，2000年前後になると，人日システムを基礎として，それをコスト情報と関連づけようとする原価計算の試行がはじまるようになった。

　なぜ国税組織では，人日システムを原価計算に関連づけようとしたのか。大西（2010）によれば，原価計算の導入に向けた検討がはじまった背景の1つには，1990年代後半に国・地方の公的部門で頻発した経費流用などの不祥事があった。そうした中で，国税組織は公的組織としてより先進的であり，そのためには経営管理的な視点を取り入れることが望ましいと考えられていたという。しかし，こうした理由は，原価計算の導入時点では，必ずしも業務上の積極的な必要性が認識されていたとはいえないことを示している。このことは，原価計算の導入当初，導入のための作業負荷に不満が高まったり，分析対象とする業務の選択に混乱がみられたりした要因の1つになったと考えられる[3]。

　国税組織では，2000年度[4]から原価計算の検討がはじまったとされる。具体的な原価計算の計算構造については明らかではないが，納税者に提供する税務サービスのアウトプットを定義してそのコストを算定するのではなく，組織内での事務のコストを算定するという狙いでシステムが検討されたという。事務区分を1つの責任セグメントとするコストの集計であったといえるかもしれない。

　原価計算は「コスト分析」という名称で呼ばれ，2000年12月の全国国税局

総務部長会議などで今後取り組むべき課題として提起された。コスト分析によって、「署間、局間および事務系統間で相互比較、分析を行うことによって、事務運営を効率化するための手がかりをみいだしていく」（大西 2010, 178）ことを目指していた。2000年度後半からは実際にコスト分析の試算が行われた。この試算には、国税庁会計課だけでなく各国税局会計課が加わり、さらには業務担当者である各主務課[5]も加わったという。

国税組織のコスト分析は、2003年度までに国税組織の事務コストについて網羅的に試算できるほどに展開されていた。例えば、確定申告相談事務について申告指導1件当たりコストが算定され、局間でのコストの違いが明らかになったという。

その後も国税組織では、コスト分析によって毎年、各事務のコストの網羅的な試算が継続されている。前述のとおり、当初は業務上の積極的な必要性がないままに導入された原価計算であるが、近年では、業務指標である人日と、財務指標である物件費等の予算額を関連づける役割が期待されている。前述の自書申告方式からさらに進んで電子申告が推進されており、人件費が大きな割合を占めていた確定申告事務のコスト構造に大きな変化が見込まれるためである。人日と物件費では単純な比較は難しい。人日を財務指標に変換するコスト分析があってこそ、物件費と「同じテーブルで考えることができる」（大西 2010, 181）といえる。

なお、国税組織では、原価計算の導入にあたってコンサルタントなどの外部資源をほとんど利用しなかったようである。それが可能であった理由について、大西（2010）は、国税職員の管理会計に対する理解度の高さをあげている。

5 事業管理者によるコスト情報の利用 ～AGAの調査から～

コスト情報を作成するのは会計部門の責任者であるのに対して、業務を効率化するための意思決定を行うのは事業部門の管理者である。前節で述べた国税組織における原価計算の導入では、財務責任者と事業管理者の連携、あ

るいはコスト情報の作成における事業管理者の関与がみられた。しかし，公共経営において，こうした事例はまだきわめて少ないと言わざるを得ない。

　財務責任者は，事業管理者の情報ニーズについてどのように理解しているのか。米国の政府会計人協会（Association of Government Accountants: AGA）では，毎年，連邦政府および州・地方政府の財務責任者（Chief Financial Officer: CFO）を対象とするアンケート調査を行っている。そこでしばしば言及されるのが，事業管理者との協力関係である。以下では，AGAの調査の中から財務的な透明性の向上に焦点をあてた2009年調査をレビューして，事業管理者への会計情報の提供に関する財務責任者側の認識について検討する。

　AGAの財務責任者に対する調査は，1996年から毎年実施されている。2009年調査は，オンライン（324人）とインタビュー（168人）によって492人の財務責任者を対象に行われた[6]。当時，リーマン・ショック後の不況の最中にあった米国では，再生・再投資法（American Recovery and Reinvestment Act）に基づいて7870億ドルの財政資金が投入されていた。こうした資金投入は，内部および外部の利害関係者に対する高い透明性を求めることになると考えられていた。そこで2009年調査では，財務責任者による透明性の理解に焦点があてられた。

　この2009年調査では，「透明性とは何か」という質問に対する調査対象者の回答から，財務上の透明性に関する次のような8つの原則を析出した（AGA 2009, 7）。

① 正確かつ信頼性のあるデータを確実に開示するためのプロセスを構築し，そのプロセスが利用者に示されること。
② 人々が求める情報を理解し，それを提供すること。どのような情報が必要なのかわからないこともあるため，それが明らかになるよう支援すること。情報提供とともに，その情報の入手方法を示すこと。
③ オープンであること。ただし，リスクを伴わないようにすること。セキュリティや法律に反しないものであれば，開示を前提にすること。
④ 意思決定を支援する情報を提供すること。

⑤ 要請に対応するだけでなく，積極的な奉仕が重要であること。
⑥ データにコンテクストを与え，比較対象となる目標や基準値などを示すこと。
⑦ 情報に基づいて行動し，何がなされたのかを人々に説明すること。情報に基づく行動には，その情報を利用して政策を策定し，予算意思決定を行い，業務を管理・改善することが含まれる。
⑧ 透明性のコストを意識して，賢く投資すること。開示に関する優先事項を設定し，最善のROIを得ようと努力すること。

2009年調査によれば，財務責任者にとっての透明性とは，手を加えないまますべてのデータを公開することではないということであった。調査報告書では，「透明性とはデータをばらまくことであると考えているとすれば，あらゆる問題を生み出しているでしょう。データのばらまきは危険です」という財務責任者の発言を紹介していた（AGA 2009, 11）。

それでは利害関係者に対してどのようなデータを提供すべきかというと，上記の6番目の原則にあるように，コンテクストを含めたデータということになる。調査報告書のいうコンテクストを含めたデータとは，例えば，プログラム目標や外部の基準値などに対して，コストや業績を比較することができるようなデータであるという。

どのようなコンテクストを含めればよいのかを知るためには，2番目の原則にあるように，利害関係者の求める情報ニーズを理解することが重要になる。調査報告書では，利害関係者を外部利害関係者と内部利害関係者に分けている。外部利害関係者とは，国民，メディア，利益団体，監視機関，議会などである。内部利害関係者とは，経営トップ，事業管理者，関係機関，内部監査部門などである。本章では，事業管理者によるコスト情報の利用を検討しているため，ここでは，内部利害関係者への情報提供に関する2009年調査の指摘事項を整理しよう[7]。

2009年調査によれば，会計情報の透明性に関する議論においては，内部利害関係者が有用なデータを入手しやすくしてほしいと考えていることが見落とされやすかったという。会計専門家ではない事業管理者に対しては，その

ニーズを理解することはもちろん，ときには何が必要な情報なのかを教育することも必要である。また，そのために，財務責任者は，組織のミッションと業務，内部利害関係者が自分の仕事のために必要な情報の種類，形式，タイミングをしっかり理解する必要があるとしている。

事業管理者に対する情報提供について，調査報告書がもう1つ重視しているのが，財務責任者と事業管理者の協力関係である。業務責任者への財務情報の提供にあたっては，財務責任者と事業管理者が1つのチームに加わることが重要であるという。特に，事業管理者の財務的な視野は予算サイクルの一年に限定されやすく，そのために予算の使い切りのような問題が生じてしまうため，財務責任者としては代替的な予算配分のシナリオに基づいて予測モデルを提示する役割が求められるという。

まとめと今後の課題

公共経営に関する近年の取り組みでは，コスト情報の必要性が叫ばれているものの，しばしば言及される「フルコスト」については明確な定義がないままに使われてきた。本章では，米国連邦政府の会計基準にあるフルコストの意義を確認し，責任セグメント，アウトプット，直接費，間接費といった専門用語を使いながらフルコストの計算構造を明らかにした。また，詳細な計算構造が明らかになっているわが国の地方自治体のフルコスト計算の事例として，社会経済生産性本部による2002年の調査に依拠して，保育所事業におけるフルコスト計算を説明した。

計算されたフルコストは公共経営においてどのように利用されるのか。第4節では，国税組織の業務改革におけるコスト情報の利用を検討した。国税組織にとっての公共経営の変容とは，自書申告方式の導入，すなわちよりサービス提供プロセスに外部利害関係者の介入を求めるようになったことであった。受け身の行政事務から，顧客志向の積極的な働きかけへという方針の転換であったといえる。

そうした方針転換にあたって，国税組織では古くからの人日と呼ばれる業

務量データが活用された。人日は非財務の業務指標であったが，近年では，これをコスト情報と関連づけようとする原価計算が試みられている。非財務の業務指標を財務指標と関連づけることによって，作業時間や人員配置といった業務的な側面のみの効率化から，人件費を物件費とあわせて最小化するといった視野の拡張を図ることができる。

このようなコスト情報の利用には，事業管理者の関与が欠かせない。コスト情報の作成・提供にあたって，これまでは事業管理者のニーズが十分に反映されてこなかった。財務責任者は事業管理者のニーズをよく理解するとともに，事業管理者との協力関係の構築に努めることが重要である。

以上のように，本章では，既存の文献の検討に基づいて，公共経営における原価計算の機能と課題を考察した。しかし，冒頭に述べたように，最近の公的部門ではコスト情報が急速に整備されてきており，本章で述べた原価計算の適用事例も増えていると考えられる。今後は，そうした原価計算を実際に適用した事例についても調査し，原価計算がどのような計算構造をもつかを明らかにするとともに，事業管理者の関与によってコスト情報がどのように利用されているのかを検討する必要がある。

注

1 平成27年1月23日の総務大臣通知「統一的な基準による地方公会計の整備促進について」によって，平成29年度までの3年間ですべての地方公共団体が統一的な基準による財務書類を作成するよう要請された。
2 7つの自治体につきそれぞれ2～4事業が調査対象となった。
3 当初の分析対象とされたのは，バックオフィス業務であったという。当時の中央省庁では，バックオフィスの効率化を方針として定めていたためであった。しかし，大西（2010）によれば，事務の流れを見直すだけでも一定の効果が得られるバックオフィス業務は，原価計算を導入するコストに見合わない分析対象であったという。
4 7月1日から翌年6月30日までの事務年度である。国税組織の文脈では事務年度を単に「年度」とする。
5 法人税，所得税といった税目によって分けられた組織である。
6 インタビュー調査対象者の約10％（16人）はカナダ政府の財務責任者・副責任者であった。
7 外部利害関係者には，データを誤解する危険性やデータの分析やそれに基づく提案のためのスキル不足があるため，財務問題への関心を喚起するとともに正しく理解してもら

うような教育が必要であるとしている。

参考文献

大阪市（2012）「市政改革基本方針」。
大西淳也（2010）『公的組織の管理会計』同文舘出版。
財務省（2010）「政策別コスト情報の把握と開示について」財政制度等審議会法制・公会計部会。
社会経済生産性本部（2002）「発生主義を用いた地方自治体サービスのフルコスト分析～保育所・学校給食・公営住宅・介護保険在宅訪問サービス」。
総務省（2016）「統一的な基準による財務書類の整備予定等調査」。
東京都（2006）「東京都の財務諸表」。
Association of Government Accountants（AGA）(2009) *Annual CFO Survey: Recovery and the Transparency Imperative.*

第8章 地方公共団体における企画主体の変容と業績管理における課題―北上市における震災復興支援の事例―

 はじめに

　1980年代以降，OECD諸国の多くは行政組織に民間企業のマネジメントの考え方を取り入れようとするNPM（New Public Management）に取り組んできた。NPMの内容は各国やその政府組織によって多様であるが，民間組織を含む多様な組織が行政サービスの提供に参加することや，予算権限が分権化される一方で成果指向の業績管理が行われることなどが重要な特徴として示されている（Hood 1991; 1995）。

　わが国では，NPMに関連するような取り組みは，1990年代までは積極的に行われることはなかったが（Guthri, et al. 1999），1990年代後半になると地方公共団体（以下，自治体）の中には，静岡県や東京都のように実施事業を棚卸し，その成果を評価しようとするいわゆる行政評価に取り組む自治体がみられるようになり，国の制度においても地方分権やPPP（Public Private Partnership）に関する制度整備が進められてきた。営利企業，NPOなどの民間組織も積極的に行政サービスの提供に関与するようになり，定型的な行政事務のアウトソーシングではなく，民間企業やNPO組織自体が企画立案し，その企画内容に対して行政が予算をつけることなど，サービスの担い手，官民連携の方法は多様化してきている。行政ニーズの多様化への対応と効率性を両立させる上で，特に基礎自治体は，今後さらに民間企業，NPOと連携してサービスを提供することが求められている。

　このような，分権化や公共サービスの担い手の多様化は，業績管理においても多様性や複雑性を高める可能性がある。行政サービスの提供における民間組織の主体性や関与が大きくなれば，行政組織は業績管理によって，民間

119

の企業，NPO組織をコントロールする必要が生じる。適切な業績管理ができなければ，自治体としての説明責任能力を低下させることになり，提供プロセスのパフォーマンスも低下するおそれがある。または，パフォーマンスが低下していても気づくことができないであろう。

　本章では，企画機能が分権化され，民間組織の主体性が高まった事例の研究を通じて，業績管理上の課題の整理を試みる。事例は，岩手県北上市による大船渡市および大槌町の仮設住宅支援事業である。本事業は東日本大震災にかかわる復興支援事業である。震災後の復興事業は主に国の施策でありながら，地域ごとに行政に対するニーズが異なりその都度状況も変化し安定していないため，標準的な事業を中央で立案し展開することが困難であった。このため，企画立案は地方に委ねられ，自治体は民間の企業やNPOと積極的に連携を行った経緯がある。震災復興という特殊な状況ではあるが，企画立案機能は大きく分権化され，また，支援を行う自治体自身も被災等により強い資源制約下におかれ積極的に民間の企業，NPOを活用している。

　このような分権型の企画提案は，2014年から国が積極的に進めている「まち・ひと・しごと創生総合戦略」の推進にもみられ，中央省庁が自治体からの提案を求め，自治体は，公募型プロポーザル事業として民間からの提案型事業を進めており，各地域の実情に合わせる上で，分権型の事業企画や民間組織の積極活用が重要となっている。このため，本事例を検討することは，震災復興における企画立案プロセスと業績管理上の課題の整理だけでなく，多様な行政の担い手の提供するサービスの評価，コントロールを検討する上でも有意義だと考えられる。

　以下では，まずわが国における分権化とNPMの実態を整理した上で，北上市の取り組みについて分析し，業績管理上の課題について整理する。

分権化と成果指向の業績管理

1．地方分権による分権化

　行政サービスの提供において多様な主体が参加し，民間組織の企画提案力を活かすためには，NPMの特徴の1つである予算権限の分権化やPPP（Public Private Partnership）に関する制度整備が必要である。

　戦後わが国では中央集権的な自治体運営政策がとられていたが，1993年における地方分権推進の国会決議以来，2000年4月に「地方分権の推進を図るための関係法律の整備等に関する法律」（地方分権一括法）が施行され，2003年には地方への税源移譲を含む，「経済財政運営と構造改革に関する基本方針2003」（通称；骨太方針2003）が閣議決定された。そして，2006年には地方分権改革推進法が成立し，国と地方の税源配分の見直しにつながった。

　また，2010年には「地域主権戦略大綱」が閣議決定され，「住民に身近な行政はできる限り地方公共団体にゆだねること」が基本とされ，「地域の住民が自らの住む地域を自らの責任でつくっていく」ことが指向されるようになった。具体的には，義務づけ・枠づけの見直しと条例制定権の拡大や，ひも付き補助金の一括化などである。これにより，公営住宅の入居基準や保育士の配置基準，公園の設置基準などについて，自治体の裁量で基準変更することが可能になった。これまで，国の基準に従わなければならなかったことが，自治体の裁量で変更できるようになり，使途が細かく規定されていた補助金を柔軟に使用できるようになった。

　さらに，2015年に閣議決定された「平成26年の地方からの提案等に関する対応方針」では，「地方分権改革の推進は，地域が自らの発想と創意工夫により課題解決を図るための基盤となるものであり，地方創生における極めて重要なテーマである」とされ，自治体への分権化の必要性が確認されている。原田（2003）は，1980年代からの分権化の傾向について，基本的な社会資本の整備が進む中で，個人や地域の個性や多様性を尊重すること，また自立性

や責任が重視されるようになったことを指摘しているが（原田 2003, 38-40頁），制度面での分権化が進むことで，自治体にとっては，住民ニーズを的確に把握し合理的な事業計画の立案，実施をはかる必要性が高まったといえる。またこのような分権化は，中央―地方の上下関係を前提としてきた自治体計画のあり方に変化をもたらし，対等・協力関係の政府間関係に基づく「自己決定・自己責任」の新しい自治体行政が志向されるようになると考えられる（武藤 2004, 71-73頁）。

2．多様な民間組織の活用

地方分権が進むことで，自治体の裁量は増え，自治体は地域のニーズに基づいたサービスを提供することが求められる。住民の自治意識は高まり，地域提案，市民参加の機会も増え，NPOや営利企業などの多様な民間組織の果たす役割も増えてきた。また，財源も税金だけでなく民間資金を活用することも検討されるようになってきた。

イギリスで行政機能の効率化に大きな貢献をしたといわれるPFI方式（Private Finance Initiative）をわが国に導入することが1990年代半ばから検討された。1999年に「民間資金等の活用による公共施設の整備等促進に関する法律」が制定され，公共施設の設計，建設，ファイナンス，維持管理運営を一括して民間企業に委ねるスキームが導入された。当時，地方自治体においては，地方自治法244条に規定する「公の施設」の運営委託先は制限されており（地方自治法244条の2第3項および地方自治法施行規則第17条），民間企業が業務を受託することはできなかった。しかし，地方自治法の一部改正が行われ（2003年9月2日施行）「指定管理者」制度が導入されたことで，ようやく公の施設全般の運営を民間に委託することが可能となった。

総務省による2015年の調査では，全国で76,788の施設で指定管理者制度が導入されており，うち約4割の29,004施設で民間企業等が指定管理者となっている（総務省 2016）。この背景には，2001年に内閣が閣議決定したいわゆる「骨太の方針」において，公共サービスの提供において市場メカニズムをできるだけ活用し，「民間でできることは，できるだけ民間に委ねる」とい

う原則が出されたことがあった。

公の施設以外の業務に関する行政事務について，定型的な業務の外部委託は長年行われていたが，民間に比べ競争力の乏しい業務を官民比較に基づきアウトソーシングするという考え方はなかった。そこで，参考にされたのが，サッチャー政権時に導入された強制競争入札（CCP：Compulsory Competitive Tendering）であった。これを参考にして，行政内の対象となる業務を官と民とで競争させることが検討され，これが「競争の導入による公共サービスの改革に関する法律」（いわゆる「公共サービス改革法」）として導入された（2006年5月26日施行）。しかし，国の市場化テスト（公共サービス改革法）は，対象事業を特定し積み上げる方法が採用されたため，導入当初の2006年はハローワークや日本年金機構の業務7事業のみであった（その後，対象事業を増やし，毎年選定が行なわれている）。このため，大阪府や滋賀県など一部の自治体が自発的に「市場化テスト」，「官民協働テスト」などの取り組みを行った。

特に大阪府は，2005年6月に「大阪府市場化テストガイドライン」を独自に作成公表し，法令により民間委託が禁止されているもの，予算調製，条例・規則制定などの基幹業務，公権力行使にあたるもの，大阪府の権威を必要とするもの，危機管理に直結する業務，民間委託の指導・監督業務という除外項目を設定し，これらに該当しない事務・業務については原則としてすべて対象業務とするような取り組みを行った。大阪府の場合，職員研修業務，大阪自動車税事務所の催告事務，建設業許可申請受付等業務の民間開放が2007年に決まり，税務業務，監査業務，府立図書館管理運営業務，宅建業免許申請受付等業務，居宅サービス事業者および障がい福祉サービス事業者等指定申請受付等業務，府営住宅家賃催告・債権回収業務（退去者滞納分），府営水道管理運営業務の民間開放が2009年に決まった（光多・松尾 2014, 96-105頁）。大阪府のような取り組みは全国的にみれば例外的であるが，比較的高質のサービスを効率的かつ安定的に提供できており，全国的に普及していく可能性はある。

このような市場化による行政サービスの担い手の多様化が分権化の傾向と

図表 8-1　政府会計の範囲の拡大の可能性

出所：小林・柴（2013）225頁。

結びつくことで，NPMは，市民社会の中で多様な公共サービスの担い手を政府がダイアログを通じてコーディネートするニュー・パブリック・サービス（New Public Service: NPS）へと進展する。その過程においては，自治体にとって多様な主体が参加する公共をいかにマネージするかが重要な課題となる（小林・柴 2013，221頁）。小林・柴（2013）によれば，社会的ニーズに対応した政府機能の高まりと民間営利，非営利組織のノウハウの活用が積極的に行われることで公共経営は変容する。そして，サービス提供を担う多様な主体の経済活動のインプットとアウトプット，それにより創出された効果であるアウトカムをいかに政府会計の領域に取り込むかという新たな課題が生まれ，図表8-1のとおり，政府会計の対象範囲は拡大すると指摘される（小林・柴 2013，224頁）。

3．成果指向の業績管理

　成果指向の業績管理システムの導入は，国レベルでは2001年に政策評価制度が制度として導入され，各省庁内のセルフアセスメントと総務省行政評価局の2層のアセスメントが実施されるようになった。自治体に関しては，国

として制度化されることはなかった。ただし，1990年代半ば以降，東京都や三重県，静岡県などが，事務事業の棚卸を行い，非財務指標を用いた成果指向の業績管理を行っていた。これら先進自治体の取り組みを当時の自治省（現；総務省）が実態調査の形で全国的に紹介したことで，導入自治体が2000年以降拡大した。総合計画の体系に位置づけられる施策や事務事業を評価対象とすること，インプットだけでなくアウトプット，アウトカムといった成果指向であること，PDCA（Plan-Do-Check-Action）サイクルが重視されること，アカウンタビリティ（会計責任）の明示化に関連したものであることなどの行政評価の概念が全国的に認識されるようになった。

1999年時点の導入率はわずか2.1％であったが，2013年には全体として59.3％まで増加し，すべての都道府県，95％の指定都市，97.6％の中核市，すべての特例市，82.8％の市区が導入しており，規模の大きな自治体にはほぼ普及している状況にある。制度化されなかったことで，自治体にとっては柔軟な導入が可能になった。その反面，普及には時間を要し，指標や評価結果の比較可能性は乏しいものとなった。また，予算制度は総合計画に対応した事業別予算を求めていないため，評価情報を活用する上で大きな課題をもたらした。総務省（2014）の調査においても，約9割の自治体が予算要求に反映または参考に使用していると回答しているが，約8割の自治体が評価指標設定において課題があると認識しており，また，約7割が予算編成への活用において課題があると認識している。

行政評価における業績評価の対象は，事務事業や施策であるが，すでに述べたような市場メカニズムが導入される場合，その評価は，行政職員のパフォーマンスだけでなく，委託先の民間企業が提供するサービスのパフォーマンスに関連するため，行政サービスの多様な提供主体を対象とした成果指向の業績管理が必要となる。指定管理者制度では，事業報告書の提出は義務づけられているものの，評価委員会による客観的な評価は義務づけられていない。指定管理者制度の場合，取り組むべき課題としてモニタリングがあげられているが（地方自治総合研究所・全国地方自治研究センター研究所，2008），評価自体が実施されていない施設が23.2％あり，外部評価が導入さ

れている施設は26.4％に過ぎない状況にある（総務省 2016）。

　以上のように，わが国においても徐々にではあるが分権化が進展し，行政サービスの担い手も多様化してきたことで，政府会計の範囲は拡大してきた。他方，業績管理においては，多くの自治体が行政評価に取り組んできているが，評価指標の設定や予算編成への活用に課題があると認識している。そして，指定管理者制度のような外部委託先にかかわるモニタリングは十分でない。

　以下では，北上市における仮設団地支援事業の例に基づいて，政府会計の対象範囲の拡大が業績管理面においてどのような課題をもたらすのか検討したい。本事業は，厚生労働省の緊急雇用創出事業の基金が活用されたものであり，基金運用（交付決定）の意思決定は都道府県に実質的に権限委譲されており，市町村の申請に基づいて交付決定がなされる。このため，事業企画内容の立案は市長村に委ねられている。北上市の事例では，企画立案段階における住民ニーズの探索においてNPOが支援しており，民間組織が事業立案に関与している。また，事業実施段階においては，民間企業，NPOが多様に関与しており，複雑な事業スキームを形成しているという点で，小林・柴（2013）の説明する公共経営の変容を具体的に説明する上で，また政府会計の課題を検討する上で良い事例である。なお筆者は，2012年2月7日，2013年11月15日に北上市役所を訪問し，市役所，NPO担当者にインタビューを行うとともに，大船渡市の仮設団地，NPO事務所施設への訪問を行っている。

4 北上市の事例

1．北上市の支援事業の事業化の経緯

　岩手県北上市は，岩手県中央部に位置する人口約9万人の市である。2011年3月11日に生じた東日本大震災では，沿岸地域は津波による被害が大きかったが，内陸地域は相対的に被害が小さかった。また，沿岸部に南北に貫く

図表8-2 支援仮設団地の団地数,入居戸数,事業による新規雇用数,事業開始日

	大船渡市	大槌町	合計
団地数	37団地	48団地	85団地
入居戸数	約1810戸	約2110戸	約3920戸
新規雇用数	89人	91人	180人
(うち支援員)	(77人)	(66人)	(143人)
(うちマネージャー)	(12人)	(25人)	(37人)
事業開始	2011年9月1日	2012年2月6日	

出所:北上市(2013)。

　国道45号線は地震・津波により道路が寸断されたが,内陸部から沿岸部に通る東西方向の国道は比較的被害が小さかった。このため,被害を受けた沿岸部自治体をそれぞれ内陸部の自治体が支援することになった。

　北上市は,大船渡市,大槌町における仮設住宅支援事業を,それぞれの自治体に代わって運営を行うことになった。仮設住宅の団地数,入居戸数は図表8-2のとおりであり,大船渡市において37団地,約1,810戸,大槌町において48団地,2,110戸である。大船渡市は市庁舎が高台にあったため市庁舎の被災は免れたが,被災した職員もあり,復旧事業に多くの労力が必要であったため,仮設住宅をマネジメントするために職員を配置することは困難であった。また,大槌町の場合,町長をはじめ庁舎自体が被災したため行政機能が停止し,仮庁舎が開庁したのは4月25日であった。このため,できるだけ早く仮設住宅を立ち上げ安定的な管理・運営を行う上で他の自治体の支援を必要としていた。

　地震発生から約6週間後の4月28日に,県内中間支援組織の有志が中心となり,沿岸被災地域の復興を目的とした特定非営利活動法人いわて連携復興センター(IFC)が設立された(図表8-3)。北上市は,5月に当センターと支援協定を締結し,6月に,沿岸自治体のニーズを吸い上げ,岩手県,NPOとともに事業の企画立案を行うとともに,岩手県と調整しながら緊急雇用対策基金の活用を進めていった。まず大船渡市への支援のための事業を開始し,9月には委託先によるサービス提供を開始している。そして,同様

図表 8-3　北上市による大船渡市，大槌町支援事業の経緯

時　期	内　　　容		
2011年4月28日	県内中間支援組織の有志が中心となり，いわて連携復興センター（IFC）が設立される		
2011年5月12日	北上市といわて連携復興センターが「東日本大震災における沿岸地域協働支援協定」を締結		
2011年5月25日	北上市が沿岸地域被災者支援プロジェクトチームを発足（沿岸地域の支援に向けた具体的事業の検討）		
2011年6月頃	北上市とNPOが大船渡市，釜石市，大槌町に訪問，事業内容の説明と活用に向けた意見交換を行う	北上市が岩手県の連携ミーティングの参加により，事業スキームの確立・調整を実施	IFCと岩手県復興局，雇用対策労働室との連携ミーティングの開始（緊急雇用対策基金活用による生活支援の方法検討，沿岸自治体との情報交換）
2011年6月	大船渡市仮設住宅支援事業の開始（担当者レベルの調整を開始）		
2011年7月	大船渡市から事業実施依頼 市議会全員協議会での説明 市長専決での事業確定 受託企業の公募		
2011年8月	プロポーザル実施 (株)ジャパンクリエイトとの委託契約 求人募集・面接・雇用の実施 マニュアルの構築 大船渡市内関係団体への事業説明		
2011年9月1日	事業開始（サービスの提供開始）		
2011年9月	大船渡連携ミーティングの開始		
2011年12月	大槌町地域支援員配置事業の開始（担当者レベルの調整を開始）		
2011年12月	大槌町から事業実施依頼 市議会臨時会議で事業実施を承認 (株)ジャパンクリエイトと変更契約を締結（大槌町を含む事業範囲の拡大） 求人活動の開始		
2012年1月	求人募集・面接・雇用の実施 マニュアル構築 各仮設団地の代表者への説明実施 大槌町関係団体への説明実施 市得人研修の実施		
2012年2月	事業開始（サービスの提供開始） ケース会議等による円滑な情報提供		

出所：北上市（2013）。

の方法を大槌町にも展開し,12月から事業を開始し,2月にはサービスの提供を開始した。

2. 事業組織

大船渡市,大槌町を合わせた団地数および入居戸数は,85団地,約4千戸に達したが,北上市役所として本事業に従事できる職員は実質的に3名であったため,複数の民間組織が連携して事業が実施されている。事業の企画・実施主体は北上市であり,事業資金は,北上市が岩手県の緊急雇用対策基金を使い調達した。そして,(株)ジャパンクリエイトに事業を委託し,同社が団地を支援するための事務局機能を構築し,各団地に配置する支援員,エリアマネージャーを雇用し支援サービスが提供された。

団地の運営ノウハウの支援においては,北上市,いわて連携復興センター,北上市の中間支援組織である「いわてNPO-NETサポート」から構成される協働チームが,(株)ジャパンクリエイト,仮設団地を支援するとともに,各団地における情報・課題を吸い上げている。また,この協働チームは,被災

図表8-4 事業組織の概要

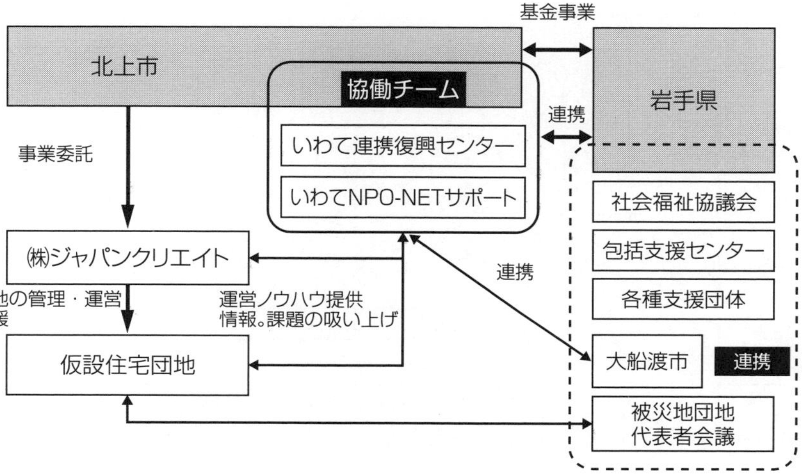

出所:筆者作成。

自治体組織と連携することで，当該地域において自治体と連携している各組織と連携している。協働チームの中では，実質的にはいわてNPO-NETサポートがイニシアチブをとり活動しており，吸い上げた情報を北上市の担当者と共有し，また，事業企画立案等のサポートを行っている。北上市側からすれば，「いわてNPO-NETサポート」が支援先からの情報を効率的に吸い上げ分析し，必要な事業，活動を検討する上で支援してくれるため，少ない職員できめの細かい支援活動を検討できた。

3．団地の支援の体制と内容

各仮設団地には住民による自治会組織があり，自治会主体の良好な生活環境を構築・維持するための「お手伝い」，「つなぎ役」としての図表8-5のとおり支援員が配置されている（大船渡市：77名，大槌町：66名）。そして，これら支援員の活動をサポートし，また，管理するためにエリアマネージャー（大船渡市：7名，大槌町：6名）が配置されている。これを統括する組織として大船渡市，大槌町に事務局があり（10名程度），この事務局は，マネージャー，支援員の活動を把握し事務面でサポートするコールセンター・総

図表8-5　団地支援の体制

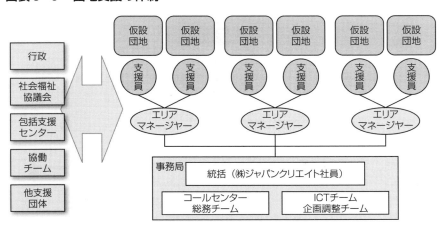

出所：筆者作成。

務チームと,団地内外への情報発信,支援員のスキルアップ,事業,企画内容の改善を検討するICTチーム・企画調整チームから構成される。そして,団地支援の各階層に対して,行政や社会福祉協議会,協働チームなどの関連組織が必要に応じて協力・支援する体制となっている。

支援員の業務は,図表8-6のとおり定められており,支援員が必ず提供しなければならない基本的な業務と,支援員が業務内においてできる業務がある。後者の業務は,支援員の創意と工夫によってサービスの質を高めようとするものであり,集会所の使用予定の管理と広報を工夫することで利用しやすくすることなどが行われている。予定管理に情報ネットワークを利用する場合は,エリアマネージャーが支援員の課題を吸い上げ,事務局の情報ネットワーク担当者と検討し,課題を解決する。また,団地内の花火大会のサポートなど,経費を要するイベントについても,エリアマネージャーがニーズを吸い上げ,事務局の企画調整チームが実現に向けて,行政やNPOと連携しながら実現に向けた課題解決を行う仕組みとなっている。つまり,事務局から仮設団地への一方的な情報配信や,現場の管理情報の吸い上げだけで

図表8-6 支援員の基本業務と支援員が追加的に実施可能な業務

支援員の基本業務（必要業務）	支援員が業務内でできること
• 談話室・集会所の管理 • 仮設住宅団地の見回り • 住民からの相談受付 • 物資・各種文書の管理・配布 • 外部から団地内への訪問受付 • 集会所利用予約の受付 • 自治会長への各種報告・状況把握 • 生活相談員や保健師との連携 • 広報の作成 • 各種帳簿への記録・管理 • 業務中の避難誘導 • マネージャー,コールセンターとの情報共有	• 集会所・談話室の環境向上 　より来たくなる空間作り • 追加的な情報発信 　団地内掲示板の活用,ブログなど • コミュニティの手伝い 　環境整備活動（花植え等） 　イベントの企画・実施 • 団地の課題に合わせた空間の提供 　子供たちが宿題をする場 　高齢者が集う場 　朝の体操など • より専門的なサポート 　生活不活発病対応の運動プログラム 　学習支援 　被災者ローン活用の情報提供等

出所：北上市（2013）。

なく，課題を把握した上でその複雑性に応じてより高い階層やネットワークで検討し，課題を解決している。

4．事業費の構造

　北上市による支援事業は，岩手県が管理している厚生労働省の緊急雇用創出事業の基金を活用して実施された。国が都道府県に補助金として基金を設置し，各都道府県は自治体からの申請に基づいて審査の上，交付する。国の補助金であるが，事業の内容を審査し交付決定するのは都道府県である。北上市の2011（平成23）年度の事業費は，大船渡市関連が123百万円，大槌町関連が47百万円，計170百万円である。市はこの事業費を使い，業務を（株）ジャパンクリエイトに委託し，同社が求人募集を行い支援員，マネージャーの雇用を行った。

　事業の企画支援や運営ノウハウの提供を行っているのが，北上市と協働チームを形成している特定非営利活動法人のいわて連携復興センター，いわてNPO-NETサポートである。いわてNPO-NETサポートの2011（平成23）年度の収支計算書では，補助金・助成金収入として，協働チームでの支援活動費として，7,106千円，また，いわて連携復興センターへの支援活動費として1,000千円が計上されている。そして，仮設住宅支援の事業費として14,479千円の収入が計上されている。前節で述べた花火大会のような支援は，国の補助金や市からの受託事業費，補助金を財源として使用することが難しいため，NPOが企業から受け入れた寄付金を財源として支援が行われた。支援事業に多様な収入源を有するNPOが加わることで，柔軟かつきめ細かい支援サービスが提供されている。他方，このような包括的な支援事業は，複雑な事業資金の流れも生み出している。仮設住宅支援事業は，主な財源としては緊急雇用創出事業の基金が使用され，（株）ジャパンクリエイトへの委託費として使用されている資金の流れのほか，北上市のNPO支援事業費として予算化され，NPOに委託しNPOの活動事業費として使用されている資金，そのNPOが他のNPOの活動を支援するための支援費として使用している資金などがある。また，NPOの収入は，特定事業に関する活動経費として市

から受託している事業費のほか，NPOの基本的な活動のための補助金収入もある。さらに，市からの資金だけでなく，企業や一般市民からの寄付金収入もあり，これらを適宜組み合わせて事業活動が行われている。

5 考　察

　北上市の事例における仮設団地の管理運営支援事業は，震災という特殊な状況において生み出された事業であるが，住民に対するサービスの性質をみると，単なる公共住宅の管理だけでなく公民館を中心とした地域福祉サービスの提供に近い機能も果たしており，この点で，小林・柴（2013）が指摘している，「伝統的な政府機能を民間組織が担っており，また，潜在的な社会的ニーズを掘り起こしている」という点で，公共経営の変容を示したものであるといえる。被災住民のニーズにあったサービスを非常に短期間で事業化し提供できたのは，企画機能と予算権限が分権化され，多様な民間組織と連携してサービスが提供されたことによるものである。

　他方，小林・柴（2013）が指摘しているように，公共経営の変容にあわせて政府会計の対象とする範囲も拡大しなければならないとすれば，当事例においてどのような課題が見いだされるであろうか。業績管理上重要な課題は，インプット，アウトプット，アウトカムの関連づけをどのようにはかり業績管理を行うかである。仮設団地で従事する民間企業が雇用する支援員，マネージャーの人件費は，県が管理する国の資金で賄われており，県は国に対して，市は県に対して，民間企業は市に対して事業実施および会計上の説明責任を負うことになる。また，支援員，自治体をサポートするNPOは自治体や民間からの補助金，受託事業収入，寄付金などを財源としてサービスを提供しており，同じ市からの収入であっても，財源ごとに異なる説明責任を負っている。成果（アウトカム）の観点として，仮に当事業の成果を仮設団地の住民の生活満足度として評価する場合，満足度の大きさには，支援員による日々団地の管理運営活動の内容が影響するだけでなく，行政職員やNPO職員の活動も直接的に，また，支援員をサポートすることで間接的に影響し

ている可能性が高いため，成果と資源（インプット）との関連づけは困難である。したがって，財源ごとの会計責任を明確にするためには，アウトカムではなくサービスの提供プロセスに関わる活動レベル（アウトプット）の業績管理が重要となる。

本事例の場合，協働チームには北上市の担当者が加わり，少なくとも週に一度はコミュニケーションがはかられていた。北上市担当者とNPO責任者との間の信頼関係も厚く，両者は会計上の責任を強く認識していた。このため，体系的な業績管理システムによるコントロールの必要性に対する認識は必ずしも高いとはいえない。しかし，事業の性格や体制，ステージによっては，コミュニケーションが希薄になる可能性があり，定期的なモニタリングを含む業績管理の仕組みを検討する必要がある。

6 おわりに

1990年代後半以降わが国においても，NPMに関連した取り組みが行われるようになった。多様な民間組織が行政サービス提供の担い手となるための制度改革や分権化は徐々にではあるが進められてきた。2010年に閣議決定された地域主権戦略大綱に関する取り組みが実質的に進展すれば，自治体の裁量はさらに拡大し，自治体は，多様な民間組織のアイデア，ノウハウを生かした多様な行政サービスを効率的に提供することができ，公共経営は変容していくであろう。

他方，NPMの取り組みの中でも，会計にかかわる取り組みは十分行われてきたとはいえない。発生主義会計に基づく事業セグメント別管理が可能な自治体はごく限られており，また，行政評価は形の上では普及が進んでいるものの，資源と成果との関連づけは十分ではなく，多くの自治体が課題として認識している。さらに，指定管理者制度の導入によって外部化された行政サービスの業績管理も必ずしも十分とはいえない状況にある。公共経営の変容に伴い政府会計の対象範囲は拡大しているが，行政組織の会計の仕組みは制度的にも，また，自発的な取り組みに委ねられている業績管理システムに

おいても十分構築できていないと考えられる。

　北上市の事例は，震災復興という地域固有の課題を迅速に解決しなければならないため，予算執行（交付決定）の権限や事業の企画立案の権限の分権化がはかられたものであり，行政事務全体からすれば，例外的であるといえる。しかしながら，義務づけ・枠づけの見直しや条例制定権の拡大，ひも付き補助金の一括化が進展すれば，将来的には分権型の予算配分の割合は増加すると考えられる。実際，このような分権型の企画提案は，2014年から国が積極的に進めている「まち・ひと・しごと創生総合戦略」の推進にもみられる。北上市の事例のように，事業立案から運用段階まで，行政，民間企業，NPOが複雑に関与し資金の流れが複雑化した場合，分権化に伴って拡張した政府会計にかかわる業績責任を事業別・組織別に明確にするためには，業務活動レベルのアウトプット管理の仕組みを構築することが重要となる。本研究は，北上市一市の事例であり，具体的な業務活動別業績管理のあり方の提示やその有効性の検証に至っていないが，今後研究を深めていく必要がある。

参考文献

北上市（2013）『大船渡市仮設住宅支援事業，大槌町地域支援員配置事業　平成24年度　活動報告書』北上市。
小林麻理・柴健次（2013）「公共経営の変容と会計の機能」『会計検査研究』47: 217-228。
財団法人地方自治総合研究所，全国地方自治研究センター研究所（2008）『指定管理者制度の現状と今後の課題』財団法人地方自治総合研究所。
総務省自治行政局行政経営支援室（2016）『公の施設の指定管理者制度の導入状況等に関する調査について』総務省自治行政局行政経営支援室（http://www.soumu.go.jp/menu_news/s-news/01gyosei04_02000039.html）2016年6月3日。
総務省（2014）『地方公共団体における行政評価の取組状況（平成25年10月1日現在）』自治行政局　行政経営支援室（http://www.soumu.go.jp/menu_news/s-news/01 gyosei04_01000005.html）2014年2月10日。
原田英俊（2003）「都道府県における市町村分権の分析」村松岐夫・稲継裕昭編著『包括的地方自治ガバナンス改革』東洋経済新報社。
光多長温・松尾貴巳（2014）『大阪版市場化テストを検証する』中央経済社。
武藤博己（2004）『自治体経営改革（自治体改革第2巻）』ぎょうせい。
Guthrie,J., O. Olson and C. Humphrey (1999) Debating Developments in New Public

Financial Management : The Limits of Global Theorising and Some New Ways Forward, *Financial Accountability & Management*, 15（3 & 4）: 209-228.

Hood, C.(1991) A Public Management For All Seasons?, *Public Administration*, 69(Spring) : 3-19.

Hood, C.（1995）The "New Public Management " In The 1980s: Variations On A Theme, *Accounting Organizations and Society*, 20（2/3）: 93-109.

＊本章は，松尾貴巳「自治体における事業企画の分権化と業績管理─北上市における震災復興支援の事例─」『国民経済雑誌』第209巻第5号，2014年5月をもとに加筆修正したものである。

地方公共団体において目的適合的な財務諸表の整備に向けて

 公共経営の変容と地方公会計

　本章では，地方公会計を検討の対象とする。地方自治法で定められた予算・決算のための財務会計は現金主義および単年度主義であり，発生主義を採用し継続企業を前提とする企業会計とは性格が異なる。それゆえ，企業会計的手法の導入が進められている地方公会計と現在の予算・決算のための会計とは区分されていることが多い。しかしながら，地方公共団体の運営が予算・決算に基づいて行われる以上，地方公会計が地方公共団体の適切な運営に資する仕組みであるためには，地方公会計と予算・決算とが密接に結びついていなければならない。本章において考える「地方公共団体において目的適合的な財務諸表」とは，地方公共団体における現実の予算・決算の仕組みの中に組み入れて活用することが可能な財務諸表である。

　伝統的な行政運営（OPA）からニュー・パブリック・マネジメント（NPM），そして市民社会における最適な公共サービスの担い手の創出までも含めて考える新たなパブリック・ガバナンス（NPG）へと公共経営が変容する中では，地方公共団体が果たすべき役割も変化する。個々の地方公共団体が自らの業務を囲い込んで公共サービスを担うのではなく，自らの活動の効率性・有効性を評価し，必要に応じて市民との協働や公共サービスを担う機能の民間への移譲を行うことで，地域社会の中での適切な役割分担を実現することが求められる。そのためには，適切な事後評価のための情報基盤を形作ることができる情報システムが整備されなければならない。

　ただし，企業会計的手法を単純に導入しただけの地方公会計を整備しても，公共経営の変容に対応できない。例えば，企業会計はビジネスに投入された

資金が回収できているか否かを評価するための仕組みであるのに対して、地方公共団体が公共サービスを担うことによって達成すべき成果（アウトカム）は多岐にわたり、評価基準も多元的である。整備されるべき地方公会計は、そのような評価基準の多元性にも対応できる情報システムでなければならない。

なお、本章では地方公共団体における連結会計は検討の対象としていない。一部事務組合や外郭団体については、それらを設立すること自体の評価を行う必要がある。したがって、それらを地方公共団体の本体に合算してしまうのではなく、別々の主体とみなして事後評価を行うことが望ましいと考えられるためである。

地方公会計改革をめぐるこれまでの取り組み

1．「総務省方式」

公共部門の会計制度に対して抜本的な改革が求められることになった契機は、1999年2月の経済戦略会議による答申「日本経済再生への戦略」の公表であった（経済戦略会議 1999）。

この答申の中で経済戦略会議は、公共部門の効率化・スリム化を進める上での大前提として、政策の事後評価を行う観点から決算を重視すべきであることを指摘し、企業会計原則の基本的要素を踏まえた財務諸表の作成や複式簿記・発生主義の導入による国や地方公共団体の会計制度の抜本改革を行い、会計財務情報基盤を整備することを求めた。

その答申を受けて、地方公共団体が作成すべき財務書類の内容と作成マニュアルの検討を行ったのが、1999年6月に自治省（現総務省）が設置した「地方公共団体の総合的な財政分析に関する調査研究会」であった。そして同研究会は、2000年3月に貸借対照表の作成マニュアルを示し（自治省 2000）、2001年3月には貸借対照表の作成マニュアルを拡充するとともに、行政コスト計算書等の作成マニュアルを提示した（総務省 2001）（以下、総務省方式）。「総務省方式」による財務諸表を図式化したものが図表9-1である。

図表9-1 「総務省方式」の財務諸表

決算統計（従来通りの財務会計）

誘導的に作成

【バランスシート】

資産		負債	
1. 有形固定資産 　(1) 総務費 　(2) 民生費 　(3) 衛生費 　　： 　(9) 教育費 　(10) その他		1. 固定負債 　(1) 地方債 　(2) 債務負担行為 　　①物品の購入等 　　②債務保証又は損失補償 　(3) 退職給与引当金 　(4) その他	
2. 投資等 　(1) 投資及び出資金 　(2) 貸付金 　(3) 基金 　(4) 退職手当組合積立金		2. 流動負債 　(1) 翌年度償還予定額 　(2) 翌年度繰上充用金	
3. 流動資産 　(1) 現金・預金 　　財政調整基金等 　(2) 未収金 　　地方税未収金等		正味資産 1. 国庫支出金 2. 都道府県支出金 3. 一般財源等	

【行政コスト計算書】

[行政コスト]

		総額	議会費	総務費	民生費	…	教育費	災害復旧費等
1	人件費							
	退職給与引当金繰入等							
2	物件費、維持補修費							
	減価償却費							
3	扶助費							
	補助費等							
	繰出金							
4	災害復旧事業費等							
	公債費（利子分のみ）							
	債務負担行為繰入							
	行政コスト							

[収入項目]

1. 使用料・手数料				…		
2. 国庫支出金						
3. 一般財源（地方税、地方交付金等）						
収入						
正味資産における 一般財源等の変動						

「総務省方式」は，小規模な団体でも既存の財務会計の仕組みを大きく変更せずに採用することができる財務諸表の作成マニュアルであった（自治省2000，3）[1]。具体的には既存の「決算統計」の数値を用いて新たに財務書類を作成するための指針として提示された。ただし，決算から作成される資料の情報として意味を強化し，従来の地方公共団体の決算にはなかった発生主義の考え方を普及させようとしていた。

　例えば，「総務省方式」では，固定資産の減価償却を行うことや，退職給与引当金を計上することが求められている。また，行政コスト計算書の具体的な内容を提示することで，コストという発生主義の概念を地方公共団体に理解させることが意図されていた。

　また「総務省方式」では，あくまで地方公共団体の特性に合った事後評価で役立つ資料の作成が目指されていた[2]。

　まず「総務省方式」の貸借対照表で固定性配列法が採用されたことは，社会資本である固定資産を整備することが地方公共団体の主要な目的の1つであることを反映していた。また，「総務省方式」の貸借対照表では有形固定資産が政策目的別の金額で表示された。これは，固定資産の評価基準がその資産の使用目的によって異なることに対応して評価資料を作成するという積極的な意味もあった。さらに行政コストも，異なる評価基準が適用できる目的別区分で集計・表示された。その上で，算定された行政コストの金額は費消した資源（人的資源，物的資源）ごとに区分して集計される。結果として「総務省方式」における行政コスト計算書では，二次元の分類基準に基づくマトリクス形式という企業会計にはない形式が採用されていた。

　ただし「総務省方式」は地方公会計の改革を進める出発点として公表されたものであり，暫定的な指針であった。したがって，その内容は限定的なものであった。

2．「総務省方式改訂モデル」と「基準モデル」

　「総務省方式」が暫定的な指針であったことを受けて，総務省は2005年に新地方公会計制度研究会を設置し，その検討の結果として公表されたのが

2006年10月の「新地方公会計制度研究会報告書」[3]であった。しかし同報告書は統一的な指針を設けることはできず，「総務省方式改訂モデル」と「基準モデル」という2つの異なる指針が提示された。

(1) 「総務省方式改訂モデル」

　「総務省方式改訂モデル」は，その名のとおり「総務省方式」の考え方を基礎としており，既存の決算統計情報により財務諸表を作成することを認めている。しかし，段階的により精緻な財務書類を作成することも求められていた。「総務省方式改訂モデル」の財務諸表を図式化したものが図表9-2である。

　「総務省方式改訂モデル」では，「総務省方式」と同様に，貸借対照表では固定性配列法が採用され，有形固定資産は行政目的別に区分表示される。また，行政コスト計算書も二次元のマトリクス形式である。ただし，行政目的の再編・名称変更が行われ，財務書類の理解可能性を高めるための改善が図られていた。また，固定資産の中で売却可能資産の区分表示も求められている。さらに，資産・負債の科目も拡充され，債権の回収不能見込額や投資損失引当金・賞与引当金の表示を求めることで，「総務省方式」よりも発生主義の考え方が強化されている。

　さらに「総務省方式改訂モデル」では，純資産変動計算書と資金収支計算書についての指針も設けられた。純資産変動計算書では，地方税・地方交付税等・補助金から純経常行政コストを差し引いた金額が公共資産整備や出資金・貸付金等にどのように振り当てられたかが示される。また，資金収支計算書においては，地方公共団体の歳入・歳出が，経常的収支，公共資産整備収支，および投資・財務的収支の3つに区分して表示される。その区分は企業会計における区分に準じているが，地方債発行額は起債の目的に基づいて3つの収支に区分して表示することが求められている。

　「総務省方式改訂モデル」は，2014年3月末の時点で8割を超える団体で採用されていた（総務省 2014c）。

図表9-2 「総務省方式改訂モデル」の財務諸表

決算統計（従来通りの財務会計） → 固定資産台帳、複式簿記（段階的に移行）

【行政コスト計算書】

[経常行政コスト]

	総額	生活インフラ 国土保全	教育	福祉	環境衛生	産業振興	消防	総務	議会	その他
人件費										
1 退職給与引当金繰入等										
賞与引当金繰入額										
2 物件費、維持補修費										
減価償却費										
社会保障給付										
3 補助費等										
他会計等への支出額等										
支払利息										
4 回収不能見込計上額										
その他行政コスト										
経常行政コスト										

[経常収益]

1. 使用料・手数料										
2. 分担金・負担金・寄附金										
経常収入合計										
（差引）純形状行政コスト										

【純資産変動計算書】

	純資産合計	公共資産等整備 国県補助金等	公共資産等整備 一般財源等	その他 一般財源等	資産評価差額
期首純資産残高					
純経常行政コスト				0	
一般財源 地方税				0	
地方交付税				0	
その他一般財源				0	
補助金等受入					
臨時損益 災害復旧事業費					
固定資産売却損益					
投資損失					
科目振替 公共資産への財源投入					
公共資産処分による財源増				0	
貸付金・出資金への財源投入					
貸付金・出資金等の回収				0	
減価償却費による財源増				0	
地方償還に伴う財源振替				0	
資産評価替えによる変動額					
無償受贈資産受入	0				
期末純資産残高					

【資金収支計算書】

支出	人件費
	物件費
	社会保障給付
	補助費
	支払利息
	他会計へ
	地方税
	地方交付税
収入	国県補助金等
	地方債発行高
	使用料・手数料
	分担金・負担金・寄附金
	地方債発行額
	基金取崩額
経常的収支	
支出	公共資産整備支出
	公共資産整備補助金等支出
	他会計へ
収入	国県補助金等
	地方債発行高
	基金取崩額
公共資産整備収支	
支出	投資及び出資金
	貸付金
	基金積立金
	他会計へ
収入	国県補助金等
	貸付金回収額
	基金取崩額
	地方債発行額
	公共資産等売却収入
投資・財務的収支	
当年度歳計現金増減額	
期首歳計現金残高	
期末歳計現金残高	

【貸借対照表】

資産	負債
1. 公共資産	1. 固定負債
(1) 有形固定資産	(1) 地方債
① 生活インフラ・国土保全	(2) 長期未払金
② 教育	① 物品の購入等
③ 福祉	② 債務保証又は損失補償
④ 環境衛生	③ その他
⑤ 産業振興	(3) 退職給与引当金
⑥ 消防	2. 流動負債
⑦ 総務	(1) 翌年度償還予定額
(2) 売却可能資産	(2) 短期借入金
2. 投資等	(3) 未払金
(1) 投資及び出資金	(4) 翌年度支払予定退職手当
投資損失引当金	(5) 賞与引当金
(2) 貸付金	
(3) 基金	純資産
退職手当目的基金 等	1. 公共資産等整備国県補助金等
(4) 長期延滞債権	2. 公共資産等整備一般財源等
(5) 回収不能見込額	3. その他一般財源等
3. 流動資産	4. 資産評価差額
(1) 現金・預金	
財政調整基金等	
(2) 未収金	
地方税未収金等	
回収不能見込額	

(2) 「基準モデル」

「基準モデル」では，新地方公会計の導入時点で企業会計と同じレベルでの複式簿記・発生主義の採用が求められ，公正価値や減価償却累計額等を記載した網羅的な固定資産台帳の整備が必要不可欠であるとされていた[4]。「基準モデル」の財務諸表を図式化したものが図表9-3である。

「基準モデル」の財務諸表は，「総務省方式」とは大きく異なる。貸借対照表では流動性配列法が採用され，資産は金融資産と非金融資産に区分された。非金融資産も，売却が可能であるか否かを規準として，事業用資産とインフラ資産に区分される。また行政コスト計算書は，コストの内訳を示すことよりも，経常費用と経常収益の差額である純経常費用（純行政コスト）を算出することが重視されていた。

また「基準モデル」は，純資産変動計算書が中心的な役割を担っている[5]。「基準モデル」における純資産変動計算書では，さまざまな財源の内容（税収，社会保険料，国庫支出金等）が示されるとともに，それらの財源がどのような使途に振り当てられたのかを詳細に示すことが意図されていた。そのため，「基準モデル」の純資産変動計算書では詳細なマトリクス形式の書式が採用されている。

なお，「基準モデル」における資金収支計算書では，地方公共団体の歳入・歳出を経常的収支，資本的収支，および財務的収支の3つに区分するとともに，経常的収支と資本的収支を合算した金額を基礎的財務収支として表示することが求められていた。

「基準モデル」は2014年3月末の時点で約15％の地方公共団体に採用されていた（総務省 2014c）。

図表9-3 「基準モデル」の財務諸表

【行政コスト計算書】

			項目
経常費用	経常業務費用	人件費	議員歳費
			職員給料
			賞与引当金繰入
			退職給付費用
			その他の人件費
		物件費	消耗品費
			維持補修費
			減価償却費
			その他の物件費
		経費	業務費
			委託費
			貸倒引当金繰入
			その他の経費
		業務費用関連	公債費（利払分）
			借入金支払利息
			資産売却損
			その他の業務関連費用
	移転支出		①他会計への移転支出
			②補助金等移転支出
			③社会保障関連等移転支出
			④その他の移転支出
経常費用合計（総行政コスト）			
経常収益	業務収益		自己収入
			その他の業務収益
	業務収益関連		受取利息等
			資産売却益
			その他の業務関連外収益
経常収益合計			
純経常費用（純行政コスト）			

固定資産台帳、複式簿記

【純資産変動計算書】

			財源			資産形成充当財源					その他の純資産		純資産合計
			財源余剰	未実現財源消費	財源合計	税収	社会保険料	移転収入	公債等	その他	評価・換算差額	開始時未分析残高	その他	
前期末残高														
当期変動額	財源変動	財源の使途	①純経常費用への財源措置	−	−	−								−
			②固定資産形成への財源措置	−	−	−									−
			事業用資産形成への財源措置	−	−	−									−
			インフラ資産形成への財源措置	−	−	−									−
			③長期資産形成への財源措置	−	−	−									−
			⑤その他の財源の使途	−	−	−									−
			直接資本減耗	−		−									−
			その他財源措置	−		−									−
		財源の調達	①税収	＋		＋									＋
			②社会保険料	＋		＋									＋
			③移転収入	＋		＋									＋
			他会計からの移転収入	＋		＋									＋
			補助金等移転収入	＋		＋									＋
			国庫支出金	＋		＋									＋
			都道府県等支出金	＋		＋									＋
			市町村等支出金	＋		＋									＋
			その他の移転収入	＋		＋									＋
			④その他の財源の調達	＋		＋									＋
			固定資産売却収入（元本分）	＋		＋									＋
			長期金融資産償還収入（元本分）	＋		＋									＋
			その他財源調達	＋		＋									＋
	資産形成充当財源変動	固定資産 減少	減価償却費・直接資本減耗相当額				−	−	−	−	−				−
			除売却相当額				−	−	−	−	−				−
		固定資産 増加	固定資産形成				＋	＋	＋	＋	＋				＋
			無償所管換等				＋	＋	＋	＋	＋				＋
			長期金融資産の減少				−	−	−	−	−				−
			長期金融資産の増加				＋	＋	＋	＋	＋				＋
	評価差額・換算	減少	再評価損				−	−	−	−	−				−
			その他の減少									−			−
		増加	再評価益									＋			＋
			その他の増加									＋			＋
その他	開始時未分析残高														
	その他の減少													−	−
	その他の増加													＋	＋
当期末残高															

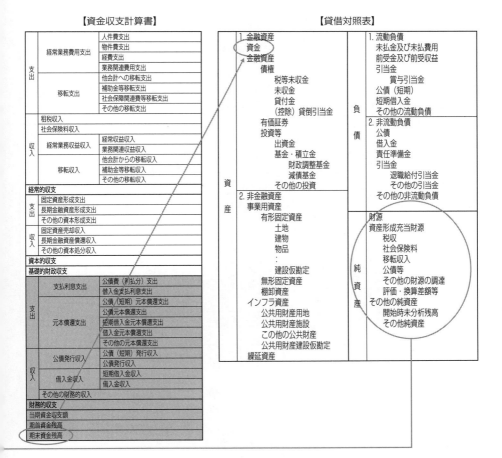

3. 東京都方式

　総務省と並行して，独自の公会計改革を進めていたのが東京都であった。東京都は2006年4月から複式簿記と発生主義を全面的に導入した新たな財務会計システムを稼働させている（東京都 2006）。

　東京都における公会計改革は，2001年4月から始められた「機能するバランスシート」の作成・公表であり，財務諸表を事業別管理の手段として活用することが目指されていた[6]。

図表9-4 「東京都方式」の財務諸表

固定資産台帳

複式簿記 ⇒

【キャッシュ・フロー計算書】

国庫支出金等
　国庫支出金
　分担金及び負担金
　繰入金（財産売却収入）
　財産収入（財産売却収入）
　基金繰入金
　　財政調整基金
　　減債基金
貸付金元金回収収入等
　保証金収入
社会資本整備支出
　物件費
　補助費等
　投資的経費
基金積立金
　財政調整基金
　減債基金
貸付金・出資金等
　出資金（他会計）
　繰出金
　貸付金
保証金支出
社会資本整備等投資活動キャッシュ・フロー収支差額
行政活動等キャッシュ・フロー収支差額
財務活動
　公債費
　他会計借入金等
　基金運用金借入
　繰入金
　公債費（元金）
　他会計借入金等償還
　基金運用金償還
財務活動収支差額
収支差額合計
前年度からの繰越金
形式収支

[左側の表]

税収等
　地方税
　地方譲与税
　地方特別交付金
国家支出金等
　国庫支出金等
業務収入・その他（特別合計）
　事業収入
　分担金及び負担金
　使用料及び手数料
　財産収入
　諸収入
　寄付金
　繰入金
金融収入（利息・配当金）
税連動経費
行政支出
　給与関係費
　物件費
　維持補修費
　扶助費
　補助費等
　投資的経費
　出資金（出捐金）
　繰出金
金融支出
　公債費（利子・手数料）
　他会計借入金利子等
特別支出
　災害復旧事業支出
行政サービス活動収支差額

第9章 地方公共団体において目的適合的な財務諸表の整備に向けて

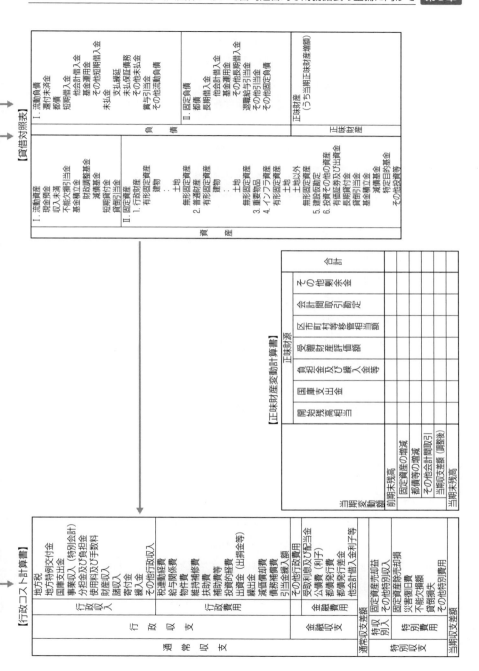

東京都の財務諸表は,2005年から改定を繰り返している「東京都会計基準」に基づいて作成されている（東京都 2014）（以下，東京都方式）。「東京都方式」の財務諸表を図式化したものが図表9-4である。

　「東京都方式」の貸借対照表では流動性配列法が採用され，資産は原則として取得原価で評価される。固定資産の中のインフラ資産の内容は道路，橋梁，港湾，漁港，空港および鉄道に限定されている。また，修繕引当金等の計上も求められている。また，行政コスト計算書では，税収を含めた財源としての「収入」と，行政活動の結果として発生した費用との対応関係と差額が示される[7]。

　また，東京都方式のキャッシュ・フロー計算書では,「財務活動」とされるのは都債，借入金，および基金運用等の外部からの資金調達活動のみである。そして，正味財産変動計算書では，正味財産を国庫支出金や負担金および繰入金等といった構成要素に区分した上で，固定資産や都債等の増減によるそれぞれの期中変動額が示される[8]。

　なお，東京都方式の財務会計システムでは，従来からの歳入管理および歳出管理のシステムに複式記入の機能が追加され，減価償却の機能を付加して新たに構築された資産台帳システムが組み入れられていた。そして，それらの情報を集約して複式帳簿および財務諸表を作成するシステムが新規に構築された。すなわち，東京都の新たな財務会計システムは，歳入・歳出情報をキャッシュ・フロー情報に再整理し，その情報に基づいて行政コスト計算書と貸借対照表を作成する仕組みになっている。

　さらに東京都の新たな財務会計システムは，東京都全体の財務諸表だけでなく，事業別の財務諸表を継続的に作成することができるシステムとして構築されている点も注目される（東京都 2006, 23）。

　東京都は自らの方式による財務会計システムの他団体への普及を図っており[9]，大阪府や愛知県，あるいは町田市等でも東京都方式が採用されている。

4.「統一的な基準」

2014年4月に，総務省から「今後の新地方公会計の推進に関する研究会報告書」が公表され（総務省 2014a），新たな地方公会計改革の指針が示された（以下，統一的な基準）。2014年5月には，総務大臣通知として，原則として2015年度から2017年度の3年間ですべての地方公共団体に「統一的な基準」による財務諸表の作成を要請する方針が示されている（総務省 2014b）。「統一的な基準」の財務諸表を図式化したものが図表9-5である。

「統一的な基準」では，地方公会計の役割が現金主義である予算・決算制度を補完することであることが明示された（総務省 2014a, 4）。

また，「統一的な基準」では，資産は原則として取得原価で評価することが求められた[10]。表示にあたっては固定性配列法が採用されており，売却可能性に基づく資産の区分を本表の表示で行うことは求められていない。また，負債には損失補償等引当金の計上が求められ，将来負担比率と貸借対照表上の負債の金額との一貫性が高められている。さらに行政コスト計算書では，発生主義に基づく経常費用から使用料および手数料等の経常収益を差し引いた純行政コストの計算が行われる。税収等や国県等補助金は財源として純資産変動計算書で表示されるが，行政コスト計算書と純資産変動計算書とを結合した計算書の作成も認められており，両者を結合した計算書では実質的に税収等も含めた収入と費用との差額計算が行われることになる[11]。なお行政コスト計算書の本表は経常費用と経常収益の差額計算を行う形式だが，付属明細書として行政目的別コスト計算書の作成・開示を行うことが推奨されている。資金収支計算書については，「財務活動収支」に含められるのは原則として地方債の起債・償還に伴う収支であり，基金，貸付金，あるいは出資金に伴う収支は「投資活動収支」に含められる。

さらに「統一的な基準」では，すべての資産を網羅した固定資産台帳の作成と，検証可能な財務諸表を作成し，事業別・施設別のフルコスト分析を可能にするための複式簿記の導入も求められている。

図表9-5 「統一的な基準」の財務諸表

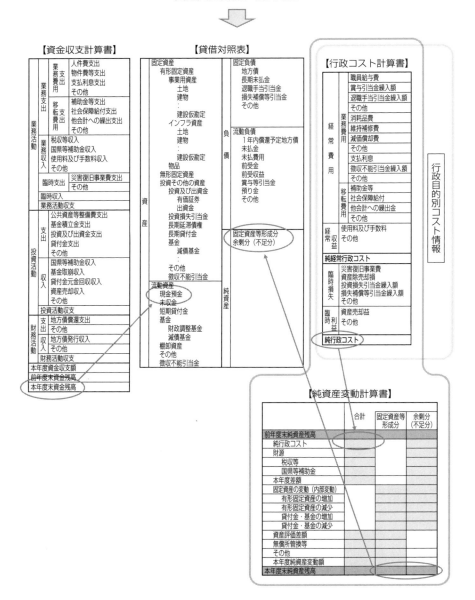

問題の所在

　地方公会計の改革は必ずしも順調に進んできたわけではない。その直接的な原因としては、地方公共団体が具体的な拠り所とし得る単一の基準が確定していなかった点がある。ただし、企業会計的手法を導入して財務諸表を作成させる上でのスタンスにも問題があった点も否定できない。具体的には、資産評価と資産の利用目的との乖離、決算情報に対する評価基準の欠如、および財務諸表と予算制度とのリンケージの欠如が問題であった。

1. 資産評価と資産の利用目的との乖離

　「総務省方式」では、資産は普通建設事業費の累計額として測定された。社会資本の形成は過去からの実績の積み上げであると考えれば、過去の実績としての支出額累計を資産の金額として示すことは無意味ではない。しかしながら、実地調査の実施が求められていなかったため、貸借対照表が現実とは異なる可能性があるという批判を避けることはできなかった。そこで、「総務省方式改訂モデル」や「基準モデル」では、貸借対照表において資産の実像を示すことが重視された。ただし、いずれの方式でも、資産の評価にあたっては公正価値による評価が原則とされていた[12]。

　資産の評価にあたって公正価値が重視されたことの背景には、地方公共団体が保有する資産を社会的な富の蓄積とみなそうとする考え方があったと推測される。また、地方公共団体の財政破綻に対する危惧があったこともあり、貸借対照表を通じて債務の返済能力を評価しようとする考え方もあった[13]。

　しかしながら、「総務省方式改訂モデル」や「基準モデル」で求められたのは、具体的には再調達原価による評価であった。企業会計では出口価格をもって公正価値とみなすという考え方が強まっていた中で、入口価格である再調達原価をもって公正価値とみなすというスタンスには無理があったといわざるを得ない。また、再調達原価は「資産によるサービスの提供能力」を示すとされていたが、再調達原価が大きくとも現実に大きなサービスの提供

能力を有するとは限らない。また，資産を再調達原価で評価することで将来における資産更新の負担を評価するとしても，そのためには資産の再調達原価を毎期再評価することが望ましい。しかし現実には，過去において測定された再調達原価がそのまま再評価されずに継続して用いられるのであり，評価額が時代遅れのものになってしまう可能性も大きかった。

　また，地方公共団体は資金を回収するために資産を保有しているわけではない。建設された施設・設備を通じて住民への行政サービスの提供が行われるが，使用料等の徴収が行われても，その収入で建設費を回収することが常に計画されているわけではない。また，地方公共団体が保有している資産の規模と，その団体の将来における税収との間にも直接の関係がない。さらには，地方公共団体が建設・整備した施設・設備の多くは，継続して使用することが前提であり，売却して換金されることはほとんどない。したがって，地方公共団体が保有する資産を将来の収入の源泉とみなすことは適当ではなく，資産と負債を突き合わせても，団体の債務返済能力を評価することはできない。

　公共経営が公共サービスの提供という観点を重視するのであれば，地方公共団体が保有する資産についても，地域社会の豊かさの指標として資産を捉えるのではなく，それらの資産を用いた公共サービスの提供と関連づけて把握することが重要になる。過去において多額の資金を投じて取得された施設・設備が現在も保有されているのであれば，その施設・設備を現在および将来における行政サービスの提供にあたって活用していかなければならない。それゆえ，その施設・設備は資産として認識されるべきなのである。したがって，資産は「使うべきもの」として認識・測定する必要がある。しかしながら，現実に作成されていた貸借対照表では資産の価値を表示しようとしており，行政経営のために「使うべき資産」が示されていなかったことが，財務諸表を資料として利用することを難しくしていた。

2．決算情報に対する評価基準の欠如

　1999年の経済戦略会議答申では，公共部門における事後評価の重要性を指

摘した上で，財務会計情報基盤を整備することを求めていた。従来からの現金主義・単式簿記では，年度内の歳入・歳出が把握されるのみであり，表示されるのは現金の受け払いという行政活動の一部に過ぎない。そこで複式簿記や発生主義を導入して，財務会計に記録される対象を拡大し，財務会計における情報提供機能の強化を図ることが求められた[14]。ただし提供される情報が有用であるためには，その情報の利用方法が明確であることが必要である。それにもかかわらず，それぞれの財務書類の利用方法についての指針はほとんど示されてこなかった。

　民間企業の活動は，単純化すれば，資金を投資し，事業活動を通じて投資した資金を回収するための活動である。それゆえ，資金回収の程度や可能性を評価するために財務情報が用いられる。それに対して公共経営では，投資した資金を回収することは必ずしも目的ではない。むしろ資金の配分自体が目的である場合も少なくない。それゆえ，企業会計における決算情報の評価基準をそのまま地方公共団体に当てはめることはできない。

　また，地方公共団体における政策の目的は多岐にわたり，行政分野によって成果に対する評価の基準も異なる。例えば，地方公共団体が建物を建設したとしても，その建物が何を目的としているかで評価の基準は異なるだろう。学校の校舎として建設した建物と地域振興のための観光施設の建物とを同一の基準で評価することはできない。したがって，すべての行政目的の建物を合算したのでは適切な評価を行うことはできない。その中に含まれる建物の目的ごとの内訳が異なれば，資産の金額の意味も異なる。すなわち，地方公共団体の財務情報に対する評価基準は多元的なものにならざるを得ない。

　さらに地方公共団体の運営では収益や資本が概念的にも成立しておらず，それらを分析することが難しい。地方公共団体が公共サービスを提供することが活動の成果であるとしても，公共サービスの多くは無償で提供されるため，提供した公共サービスを地方公共団体が得た対価によって把握することができるわけではない。また，地方公共団体の貸借対照表でも純資産が表示されるが，その金額は資産と負債との差額であるに過ぎない。

　地方公共団体の財務会計に企業会計的手法が導入され，外見的には類似し

た財務諸表が作成されるとしても，その財務諸表の利用にあたって民間企業の財務諸表の分析方法や評価基準をそのまま用いることはできない。しかし，地方公共団体の財務諸表に対する独自の分析手法と評価基準は確立されていなかった。

3．予算制度とのリンケージの欠如

　地方公共団体の行財政運営は，予算に基づいて実施される。したがって，決算に基づく政策の事後評価が効力をもつためには，予算と事後評価の結果とが結びついていなければならない。しかし，そのような事後評価の結果と予算編成とのリンクは成立していなかった。その理由としては，3つの点が考えられる。

　第1に，地方公会計改革の延長として発生主義予算が導入されることへの警戒感があった。1999年の経済戦略会議答申でも発生主義の導入が謳われていた。ただし，経済戦略会議答申では，財政上の統制手段である予算制度にまで発生主義を導入することが求められていたわけではなく，現金主義であることが重視された。そのため，発生主義による財務書類が作成されても，それと予算・決算とが切り離される傾向があった。

　第2に，財務会計における区分が予算・決算制度と地方公会計改革とで異なっていた点がある。予算・決算制度においては，地方公共団体の財務会計は一般会計と複数の特別会計に区分されている。一方，地方公会計の財務諸表としては，普通会計を単位とする財務諸表と，すべての会計を合算した財務諸表が作成されてきた。普通会計は総務省が地方財政に関する情報収集のために行う「決算状況調（決算統計）」で用いられてきた区分である。普通会計や地方公共団体全体という区分で予算が策定され，決算が行われているわけではない。

　そして第3には，「基準モデル」や「総務省方式改訂モデル」では「財源」という概念が大きな役割を果たしていた。両モデルではいわゆる「持分説」が採用されているため，行政コスト計算書には税収が表示されない。税収等は純資産変動計算書に記載される税収等は地方公共団体における「財源」を

構成し、団体はその「財源」をさまざまな目的の使途に割り当てるとされている。しかしながら、現実の予算の策定にあたって「財源」が出発点とされているわけではない。決算によって判明する現実の「財源」の金額は予算案の策定時には不明である。そしてこの「財源」という概念に対して地方公共団体の現場での理解を得ることができなかったことも、財務諸表と予算とを結びつけることを難しくしていたと考えられる。

地方公会計の改革は、地方公共団体の行財政運営にPDCAサイクルを確立することと密接に関連づけられてきた。PDCAサイクルを確立するためには、地方公会計から得られる財務情報を活用したCheckとしての事後評価を行うことを明確に義務づけ、さらにその結果をActionに結び付けなければならない。そしてその場合のActionとは、予算案の策定に他ならない。ただし、そのためのリンクを現実には確立することはできていなかった。

公共経営において地方公会計が機能するために考慮すべき条件

公会計改革の目的が事後評価を強化することで公共部門の効率化・スリム化を図ることにあるならば、公共経営の特性を踏まえて地方公会計が機能するための条件を明らかにしなければならない。具体的には、以下の4つの点をあげることができる。

1. 活動の目的が公共サービスの提供であること

民間企業は経済的価値を有する財貨・サービスを生産・販売することで得た資金により、投資の回収を図る。それに対して公共経営では、住民が求める公共サービスを提供すること自体が活動の目的となる。また提供する公共サービスも、住民にとって有用であるとしても、公共財としての性格を有するものが多く、市場メカニズムでは適切な価格決定が行われない。それゆえ公共経営においては、投資の回収を貨幣額で把握することを前提とした民間企業の財務会計とは異なる仕組みを構築する必要がある。

例えば、公共経営における資産は、将来においてキャッシュ・インフロー

を得るために所有されている経済的資源ではなく，公共サービスを提供するためのツールとして取得・保持されている施設・設備である。それらの施設・設備は現実の行政活動の中で活用されなければ公共サービスを生み出さない。したがって，資産を保有している地方公共団体は，保有する資産を活用する義務を負っていることになる。そして，その資産に対して投入された資金の規模が大きいほど，地方公共団体が負っている義務も大きくなる。すなわち，資産は行政活動において活用すべきものを保有しているという意味での将来の負担として捉えられることになる。資産を地方公共団体が公共サービスの提供にあたって「利用すべきもの」として捉えるのであれば，資産は過去からの資金の投入実績としての取得原価で評価することが望ましい。また，その資産によって提供される公共サービスの内容に基づいた資産の分類を行うことも求められる。

　また，行政サービスの提供では直接の対価として資金を回収することが意図されていない。したがって，キャッシュ・インフローによる投下額回収の成否をもって投資の成果を評価することには意味がない。さらに提供される公共サービスが公共財であるならば，市場メカニズムを前提として成果の評価を行うことも適切ではなく，提供される公共サービスの目的に合致した多様な成果指標を設けることが求められる。そのような成果指標は貨幣額により把握されるものであるとは限らない。ただし，地方公共団体には「最少の経費で最大の成果」をあげることが求められている以上[15]，公共サービスの提供にあたって費やされた資源を網羅的に把握することは必要になる。ここに公共経営におけるコスト情報の意味が見いだされる。

　また，新たな公共経営において公共サービスの担い手が民間にまで拡大していくのであれば，地方公共団体による活動と民間団体による活動とを比較するためにこそ発生主義の導入が求められる。なぜなら，地方公共団体も民間団体も公共サービスの提供にあたって資源を費消する点は同じであり，社会全体として費消される資源の節減が図ることができる場合にこそ，公共サービスの担う機能を民間に移譲することが望ましい。発生主義を導入した地方公会計であれば，民間と比較できる「資源の費消」という観点からのコス

ト情報を作成することができる。

2．活動のための資金の源泉が税であること

　公共経営を支える資金の源泉である税と地方公共団体から提供される公共サービスとの間には対価性はない。したがって，資金の源泉が税であることへの対応も，公共経営において地方公会計が機能するための条件となる。

　税収の規模は，その地域の経済的な規模によって決まる。また，地域の面積や人口からその地域における行政サービスの提供に必要な資金の金額が計算され，直接的な税収が不足している場合には，国からの資金の提供が行われる[16]。ただし，地方公共団体が提供する公共サービスの量と税収は必ずしも比例しない。それゆえ，税収とコストとの間に対応概念を単純に当てはめることは適当ではない。また，公共経営においては，税収の規模が先に決まっており，その範囲内にコストを収めることが求められる。税収に見合わない過大な行政活動を抑制することが望ましいのであり，「身の丈に合った」行政活動が行われているか否かを評価することができる情報が必要となる。

　また，税は住民から強制的に徴収される。それだけに，地方公共団体は徴収した税の使途に関して大きな説明責任と管理責任を負う。したがって，地方公会計においては期中の現金収支を詳細に説明できる情報が作成されなければならない。その点で，公共経営において現金主義情報の重要性は大きい。また，公共経営においては期中の現金収支を直接に説明する資料としてのキャッシュ・フロー情報が作成されることも，地方公会計が機能するための条件となる。

　さらに，公共経営のための地方公会計は，財政の民主的運営と整合的でなければならない。税収の使途を決めることができるのは住民を代表する議会であって，地方公共団体が住民の承認なしに税収の使途を決めることはできない。それゆえ公共経営においては，地方公共団体が議会で定められた方針通りに資金の使途を決めているか否かを評価することになる。また，地方公共団体が住民の利益に反する使途に資金を割り当ててしまうことを防止するための内部統制機能の強化も求められる。

3．評価基準が多元的であること

　企業会計においては，投資した資金が回収できるか否かがクリティカルな問題であり，活動の成果は資金の回収に基づいて測定される。そして成果としての投資の回収額と，その回収を行うために費やした資源とが突き合わされ，両者の差額として業績指標である利益の計算が行われる。また，資産についても投資を回収するための資源であると位置づけられており，将来において投資の回収に役立たなくなった場合には評価額の切り下げと損失の計上を行うことが義務づけられている。また，投資の回収にあたって資本の維持が図られているかが重視される。しかし，投資された資金の回収がクリティカルな問題ではない地方公会計にこれらの企業会計の考え方を単純に当てはめることはできない。

　公共経営の最終的な目的は地域における福祉の拡大であり，そのために行うべき活動は多岐にわたる。公共経営からのアウトプットには貨幣額では評価できないものも多く，アウトカムの貨幣額による評価はさらに困難である。したがって，貨幣額による評価が行われる財務会計だけでは公共経営の業績評価を行うことはできず，財務会計は主として貨幣額による評価が可能なインプットについての情報提供を行うシステムとしての機能を担う。

　また，公共サービスに対する評価はそれぞれの目的に則して行う必要がある。たとえ同一の地方公共団体が提供している公共サービスであっても，その目的に違いがあるのであれば，別の基準での評価が行われなければならない。したがって，公共経営における財務情報の利用にあたっては，多元的な評価が行われることが前提となり，公共経営におけるインプットに関する情報も，その情報は多元的な評価を行うことが可能な内容になっていなければならない。すなわち，異なる目的の公共サービスに関する情報が区別されていないのでは有用な情報とはなり得ない。

4．予算制度と連係した情報システムであること

　公共経営における統制は，予算制度を通じた事前統制が主である。地方公

共団体の事業担当者が自らの判断で予算から大きく外れた活動を行うことはできない。地方公共団体によって実施されているさまざまな事業に対する評価は，その評価の結果が予算に反映されることで，事業の担当者の行動に影響を与えることができる。すなわち，地方公共団体におけるPDCAサイクルの根幹には予算制度があるのであり，予算との連係が明確ではない情報システムは現実の地方公共団体の運営においては機能しない。

予算制度との結びつきを考える上では，現実の地方公共団体における予算策定のプロセスとの整合性が重要となる。ただし注意すべきは，現実の地方公共団体においては予算案の策定を行う企画部門と，資金の調達・運用を行う財政部門，さらには資金の出納管理を行う経理（会計）部門とが分かれている点である。したがって，財務書類が経理（会計）部門で作成され，経理（会計）部門でのみ保管されているかぎりでは，財務書類と予算制度とは連係しない。予算案の策定を直接に担当する財政部門だけでなく，予算案の基礎となる行政計画を策定する企画部門においても地方公会計からの財務情報が利用される仕組みが確立されなければならない。また，予算案の提出を行う首長や，予算案を審議・議決する議会においても，財務書類が検討資料として利用されることが促されなければならない。

また，現実の予算が現金主義で作成されることも変わらない。地方公共団体の予算が発生主義に移行するためには大規模な制度改正が必要であり，現時点でそのための動きはない。予算制度が現金主義から離脱することが短期的には期待できない以上，現在の予算制度を批判するのではなく，現在の現金主義による予算制度の機能を高めるための仕組みとして，新たな地方公会計を構築する必要がある。

財務書類が現金主義による予算制度と連係するためには，財務書類により提供される情報が過去および現在の現金収支を事後的に評価することができる情報であることが求められる。さらに，現実の現金収支が単なる黒字・赤字の金額で評価されないようにするために，実績としての収支の質を評価することができる情報が得られることが望ましい。財務書類から得られる情報が地方公共団体の将来像を考えるうえで有用な情報となることは必要である

が，財務書類に記載される情報は，あくまで過去からの実績を把握・表示することを重視した情報であることが求められる。

地方公共団体における財務諸表の活用モデル

1.「統一的な基準」の普及促進

　地方公会計の改革を促す上では，2014年4月に総務省から「統一的な基準」が公表されたことの意義は大きい。これまでは，複数の基準が存在するため団体間の比較が困難であることを理由に，財務会計の改革に対して消極的な姿勢がとられていることがあった。しかし，今後はそのような消極的な姿勢は認められない。

　また，「統一的な基準」の内容自体も，地方公会計が公共経営で機能するための条件を満たしている部分が多い。

　まず公共経営の目的が公共サービスの提供であることに関して，貸借対照表の表示方法として固定性配列法が採用され，公共サービスの提供を目的として保有されている事業用資産やインフラ資産を重視した表示が行われている。また，資産は原則として取得原価で評価される。さらに，行政コスト計算書では業務費用と移転費用が区分されており，業務費用としては企業会計における営業費用と営業外費用の合計額と比較可能な金額が計算される。それらにより公共サービスの提供に関する地方公共団体と民間とのコストの比較が可能になっている。

　次に，資金源が税であることに関しては，資金収支計算書において地方債発行収入は一括して財務活動収支に区分されており，起債の目的で地方債発行収入を区分する考え方は採用されていない。それにより，業務活動収支，投資活動収支，および財務活動収支のプラス・マイナスが明確となり，資金運用の実態が明瞭に表示されるようになっている。さらに，「統一的な基準」では複式簿記の導入を求める理由の1つとして検証可能性の強化があげられている（総務省 2014a, 32）。この点も，地方公共団体における税の運用に関

する説明責任を強化する意味をもつ。

公共経営では多元的な評価が求められることに対しても，補足情報としてではあるが，行政目的別のコスト情報の作成・開示が推奨されている。また，複式簿記導入の理由として事業別・施設別のフルコスト分析を行うことがあげられており（総務省 2014a, 33），区分されたコスト情報による評価を可能にしている。さらに資産に関しても網羅的な固定資産台帳の作成が求められており，団体を全体としてまとめた資産の評価だけでなく，資産を建設・使用目的ごとに区分して評価するための情報の整備が図られている。

そして予算・決算制度とのリンクに関しては，地方公会計の役割は現金主義による予算・決算制度を補完することであることが明示されている。財務諸表の作成単位も，普通会計ではなく，「一般会計等」とされ，予算・決算制度に近づけられている。さらに，負債についても損失補償等引当金の計上が求められていることで，決算に基づいて計算される将来負担比率と貸借対照表上の負債の金額との連係が強化されている。

以上のように，「統一的な基準」がそれ以前に提案されていた方式よりも現実の公共経営で機能し得る可能性は大きい。

2．地方公共団体における財務書類の活用モデル

現実の地方公共団体における財務諸表の活用方法にあたっては，図表9－6のようなモデルを提示することができる。

地方公共団体においては，1つの部門のみが財務諸表による政策の事後評価とその結果の活用を図るのではない。地方公共団体の運営とその方針を決定する機能は，基本的には4つの部門に分かれている。

1つは首長によって統括された行政事業の実施部門である。この部門は地域住民に対して直接的に公共サービスを提供する機能を担当し，事業の目的に応じて多数の部局に細部化されている。この部門においては事業の実施状況を評価するための情報として，発生項目を含めた行政コストにより資源の消費を把握し，それに見合った成果をあげているか否かが評価されることになる。また，測定された行政コストと民間が公共サービスを提供する場合の

図表9-6　地方公共団体における財務諸表の活用モデル

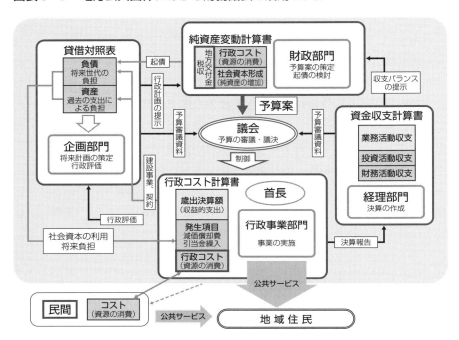

コストとの比較が行われ，コストの節減を図ることが可能な場合には，公共サービスを提供する機能を民間に移譲することが検討される。

次に，地方公共団体における公共サービスの提供についての計画を策定する企画部門では，貸借対照表に示される過去からの実績と，それに伴う将来の負担を適切に反映することで，有効な将来計画を策定することが求められる。企画部門で作成された将来計画に基づく行政計画は財政部門に提示され，予算案策定の基礎となる。

また，行政事業担当部門での歳入決算額と歳出決算額は経理（会計）部門に報告され，予算による事前統制が機能していることを確認するための決算書が作成される。その際，決算の結果としての収支のバランスを評価するための情報として，資金収支計算書が作成され，その情報は財政部門に提示される。

以上の3つの部門で作成された政策の事後評価のための財務情報は，財政部門に集約され，財政部門はそれらの情報を反映した予算案を策定する。また財政部門は起債に関する検討も行うことになるが，その際には純資産変動計算書が重要となる。必要とされる社会資本の形成に対して，行政コストを除外した税収・地方交付金が不足するとき，起債が検討される。

これら4つの部門における財務諸表の活用に関する活動は，最終的には議会による予算の審議・議決に集約されていくことが求められる。財務諸表と予算とのリンクが成立していなければ，財務諸表に基づくPDCAサイクルは成立しない。それぞれの部門における活動の中で財務諸表が予算の審議・議決による自治体運営の方針決定と制御に結びついてこそ，財務諸表が地方公共団体における公共経営に資する資料となる。

財務諸表の活用に向けた課題

1．貸借対照表

図表9-6に示したように，地方公共団体における公共経営では，貸借対照表は企画部門において，債務の返済能力を評価する手段としてではなく，将来の行政計画を立案する上でのストック情報を把握する手段として活用しなければならない。

ストック情報としての負債は，起債等の結果としての将来世代の負担を示し，適正な世代間負担を実現するための情報として位置づけられる。一方，資産情報は，将来の資金源ではなく，過去からの支出の実績として積み上げられてきた施設・設備の状況を示す情報であり，行政計画を立案する上で利用されるべき資源の有無を把握するために利用すべきである。さらに，適切に更新すべき社会資本を表す情報としても資産情報を用いることができる。その意味で，資産情報は施設・設備の利用・更新義務を表している資料であり，現在および将来における行政上の負担を示している。そして，資産に基づく社会資本の利用状況（減価償却費）や発生した将来負担（引当金繰入

額）が行政評価のための行政コスト計算書に組み入れられる。

　ただし，資産の管理・維持は，個々の資産（施設）ごとに検討することが必要である。資産の総額の大小だけでは，具体的な施設・設備の維持管理計画や，更新のための将来計画に結び付けることができない。それゆえ，資産情報を活用するためには，総括的な貸借対照表が作成されるだけでなく，その基礎としての網羅的な固定資産台帳が実施調査に基づいて整備されていなければならない。また，複数の事業で利用される資産も多い以上，地方公共団体の内部で資産の維持・管理責任の所在を明確にするとともに，地方公共団体全体としての資産管理を行う部局の設置など，組織の見直しを図ることも求められる。

2．行政コスト計算書

　提案する活用モデルにおける行政コスト計算書の主たる役割は，実施されている行政事業の効率性・有効性を評価するための情報の提供である。

　行政事業の効率性・有効性を評価する上では，施設・設備の利用度を表す減価償却費や，当期中の活動の結果として生じた将来負担の増加額を示す引当金繰入額も含めた行政コストにより，活動の実績を把握し，事後的な評価を行わなければならない。

　また，地方公共団体による行政事業に対する評価基準が多元的なものであるならば，評価基準が異なる事業ごとに区分された行政コスト情報が作成されなければならない。

　ただし，行政コストに関しては，「フルコスト」「トータルコスト」という概念をさらに精緻化することが必要である。

　「フルコスト」という概念は，歳出決算額が期中の現金支出額に限定されていることへの批判として用いられている概念であると考えられる。ただし，具体的に算入されるべきことが指摘されている非現金収支の項目の範囲はさまざまである。減価償却費や引当金繰入額等の企業会計と共通する発生主義項目だけでなく，施設・設備を使用する上での機会コストや，資金の調達・運用に伴う資本コストも含められていることもある。それゆえ，行政コスト

を構成する要素を整理することが必要だろう。ただし，コスト情報の利用目的が資源の消費を把握することにあるならば，まず行われるべきことは，消費された労働力を把握するための退職給与引当金繰入額も含めた人件費の事業コストへの配賦と，施設・設備の利用度を示す減価償却費の組み入れである。それらの処理が行われることで，民間の企業会計を通じて把握されるコスト情報と行政コストとの比較が可能となる。

また「トータルコスト」もしくは「ライフタイムコスト」に関しては，施設・設備の取得にあたっての初期投資だけでなく，その維持や更新を考慮したコスト情報として整理することが妥当である。ただし，行政事業部門を事後評価するためのコスト情報は，あくまで年度ごとに作成されなければならない。前年度以前や当年度以降の行財政活動に伴うコストまでもが当年度のコストに算入されれば，行政コストが過大に測定されてしまう危険性がある。「トータルコスト」の考え方に基づいた投資計画や財政計画の立案は必要であるが，事業評価ではなく将来に向けた計画策定で利用すべき情報であり，行政コスト計算書よりも貸借対照表に反映させるべきであると考えることができる。

なお，行政コストは公共サービスを提供するための資源の費消を示しているだけであり，提供された公共サービス自体（アウトプット）や公共サービスの提供を受けたことによる厚生の増大（アウトカム）を示すものではない。実現されたアウトプットやアウトカムとインプットである資源の消費（コスト情報）とを対比することで行政評価を行うことができるとしても，アウトプットやアウトカムを把握するためには財務会計とは異なるシステムを構築する必要がある。

3．資金収支計算書

資金収支計算書は，経理（会計）部門で作成された決算情報を，地方公共団体における収支バランスを評価するための資料として利用するための手段となる。資金収支計算書が作成されることで地方公共団体における収支の全体像を把握することができ，時系列比較や団体間比較により個々の地方公共

団体の財政上のバランスや特徴を明らかにすることが容易になる。

　財政上のバランスを評価するための資料として資金収支計算書を位置づけることで，資金収支計算書と行政コスト計算書との相違も明確になる。資金収支計算書は，活動を評価するためのツールではなく，あくまでも歳入決算額・歳出決算額の状況を評価するための手段である。また，決算に基づく収支を，単なる金額の大小ではなく，収支の質に基づいた評価を行うための情報が提供される。

　ただし現在の決算統計では，地方公共団体の中の他会計との間の繰入金・繰出金や，基金の積立金等の実際には地方公共団体の外部との資金授受を伴わない項目も歳入・歳出に含められている。地方公共団体における財政上の管理が会計ごとに区分して行われることが今後も変わらないとすれば，それらの内部的な歳入・歳出項目を資金収支計算書においてどのように使うべきかが検討されなければならない。

4．純資産変動計算書

　貸借対照表，行政コスト計算書，および資金収支計算書の役割を明確化すれば，純資産変動計算書の役割は税収および地方交付金収入が公共サービス提供のための資源の費消と社会資本の形成にどのように割り振られているのかを示すことに限定できる。そして，税収・地方交付金の運用方針を決定することが予算案の策定という形での財政部門の役割であるならば，純資産変動計算書は財政部門で活用されるべき資料となる。

　税収・地方交付金から行政コストを控除した金額が，地方公共団体で行われるべき社会資本の形成にあたって不足しているのであれば，起債により将来世代に負担を求めることになる。したがって純資産変動計算書は，税収・地方交付金の運用方針を評価するための情報であるとともに，地方公共団体による起債の妥当性を評価するための情報にもなる。

　しかしながら，地方公共団体における「純資産」の意味づけはいまだ明確ではない。「統一的な基準」における純資産は，負債に対する資産の超過額であるに過ぎず，純資産の内部の区分として「余剰分（不足分）」という項

目も存在している。地方公共団体における純資産の増減を評価する方法や，純資産の増減と「余剰分（不足分）」の増減との関係についての解釈の指針が示されているわけではない。財務書類上の純資産の増減と現実の地方公共団体の運営との関係については，データを蓄積するとともに，今後も多面的な検討を行っていく必要がある。

7 今後に向けて

　本章における主たる関心は，作成されている財務諸表を現実の地方公共団体の予算編成のプロセスに組み入れる方法を示すことにある。その検討の結果として，現実の地方公共団体での財務諸表活用を図るモデルを提示することができた。ただし，今後に向けてさらなる検討が必要な点もある。特に次の2つの点が重要である。

　第1に，財務書類を用いて行う事後評価での評価基準が具体化されなければならない。公共経営と営利目的の企業経営では目的が異なる以上，企業会計上の評価基準を単純に当てはめることはできない。ただし，評価基準を確立する上でも財務書類の普及が必要である。部分的なものであっても財務情報の活用を地方公共団体において図ることで，実績に基づく評価基準の具体化を図る必要がある。また，評価基準を具体的させるための実績の共有を図るうえでも，地方公共団体間の情報交換の促進と拡大を図ることができる場が整備されることが望ましい。

　そして第2には，従来から行われてきた決算統計の仕組みも，財務書類の作成が容易となる方向で再検討することが求められる。決算統計の数値自体には過去からの比較可能性を確保する必要があるが，財務書類を作成するために新たな項目を追加することや，既存の項目の細分化を図ることは可能である。決算統計と財務書類との連係が強化されることで予算制度と地方公会計とのリンクも強化され，公共経営にあたって機能する地方公会計が整備されていくことになるだろう。

注

1 総務省（2001）でも，行政コスト計算書の作成指針について「対象とする会計範囲は，小規模な地方公共団体でも決算統計のデータ等を利用し比較的容易に作成に取り組むことができることを目指し，普通会計とすることとした。」と述べられている。
2 自治省（2000，2）では，地方公共団体の目的は地域福祉の増進であり，利益の概念をもたないことや，地方公共団体の財務活動は議会による統制の下に置かれている点等を民間企業との相違として指摘している。
3 総務省（2006）。また新たな公会計モデルに基づくさらに具体的な指針を示しているものとしては，総務省（2007）がある。
4 総務省（2007，15）では，「基準モデルの初回導入時において，各地方公共団体および連結対象関係団体は，保有する資産・負債に関する公正価値評価を行い，過去からの含み損，不良資産等を悉皆的に明らかにすることを通じて，将来に向けたフレッシュスタートを切ることを原則とする」とされている。
5 総務省（2007）では，「補論1」の中で，政府の財政活動には資源配分，所得再分配，および経済安定化の3つがあるとした上で，「公会計として，上記財政の三機能のすべてを処理及び表示することができない勘定体系や財務諸表体系はおよそ無意味であるといえる。上記のとおり，財政の三機能に関する取引事象は，ほぼそのすべてが損益外の取引事象であり，これらをすべて会計的に処理及び表示することができる純資産変動計算書の重要性が理解されよう」と述べている。しかしながら，具体的な分析方法が提示されているわけではない。
6 東京都は「機能するバランスシート」に関する取り組みの中で，美術館・博物館（2001年度），都営住宅等事業（2002年度），新交通システム（2003年度），および救急事業（2004年度）の事業別財務諸表の作成を行っている。
7 税収を行政コスト計算書の対象に含めるか否かは地方公会計の財務諸表を作成する上での大きな論点とされてきた。その背景には，税収を企業会計における収益と同等のものとみなすことに対する賛否がある。総務省の研究会では一貫して税収が行政コスト計算書の対象外とされているが，「東京都方式」では税収を含めた収入と行政コストとの差し引き計算が行われる。
8 「東京都方式」の貸借対照表本表では正味財産の区分表示は行われないため，正味財産変動計算書は貸借対照表に対する付属明細書になっていると位置づけることができる。
9 東京都が中心となって大阪府，新潟県，愛知県，町田市等と「新公会計制度普及促進連絡会議」が組織されており，地方公共団体を対象としたセミナー等も開催されている。
10 取得原価が判明しない資産の評価は再調達原価で行われる。総務省（2014a, 14-16）。「総務省方式改訂モデル」や「基準モデル」では資産は公正価値で評価するとされてきたが，「統一的な基準」では「公正価値」という表現は用いられていない。
11 このような措置が講じられたことで，税収と行政コストとの関係に対して異なる見解が採用されている場合であっても共通して「統一的な基準」を採用することができる。
12 その背景には，資産が「潜在的なサービス提供能力を伴うもの」と定義されており，資産に係るサービス提供能力の評価としては公正価値が最も適切であると考えられていたことがある（総務省 2006, 14）。

13　「基準モデル」で資産が金融資産と非金融資産に区分されていたことには，資産を債務返済のための資金源とみなす考え方が強く反映されていたと考えられる。
14　複式簿記が歳入・歳出を記帳時点で分類・整理する仕組みであると考えるのであれば，複式簿記の導入は財務会計から得られる情報の適時性を高めるための措置であると考えることもできる。大塚（2002）。
15　地方自治法第2条14項。
16　国から地方公共団体への地方交付税の交付は，それぞれの団体の財政力指数によって決められる。財政力指数はそれぞれの団体の基準財政需要額に対する基準財政収入額（通常の税収の75％に地方贈与税等を加算した金額）の割合だが，基準財政需要額はそれぞれの団体の面積・人口等に基づいて算出される。

参考文献

大塚成男（2002）「地方公共団体の財務会計制度における当面の改革に向けた提案―現金主義の下での複式簿記の導入―」『会計検査研究』26: 146-161。
大塚成男（2010）「財務会計を通じた公有財産の評価と管理」日本財政法学会編『国公有財産の管理』全国会計職員協会，39-57頁。
大塚成男（2011）「財務4表による政策の可視化」『年報 経営分析研究』27：14-22。
大塚成男（2012）「情報開示が進む地方公共団体の会計」大塚宗春・黒川行治『政府と非営利組織の会計』中央経済社，255-298頁。
経済戦略会議（1999）「日本経済再生への戦略（経済戦略会議答申）」。
自治省（2000）『地方公共団体の総合的な財政分析に関する調査研究会報告書』。
総務省（2001）『地方公共団体の総合的な財政分析に関する調査研究会報告書』。
総務省（2005）「地方公共団体における行政改革の推進のための新たな指針」。
総務省（2006）『新地方公会計制度研究会報告書』。
総務省（2007）『新地方公会計制度実務研究会報告書』。
総務省（2008）「新地方公会計モデルにおける資産評価実務手引」。
総務省（2010）「地方公共団体における財務書類の活用と公表について」。
総務省（2014a）『今後の新地方公会計の推進に関する研究会報告書』。
総務省（2014b）「今後の地方公会計の整備促進について」。
総務省（2014c）「地方公共団体の平成24年度版財務書類の作成状況等」。
東京都（2006）「東京都の新たな公会計制度の経緯と概要」。
東京都（2008）「東京都の新たな公会計制度 解説書」。
東京都（2014）「東京都会計基準」。

第10章 地方議会における財務報告活用の課題

はじめに

　わが国の債務残高は1,001兆円にのぼり，うち201兆円を地方債務が占める[1]。この厳しい財政制約のもと，地方自治体において必要とされる公共サービスに適切に財源配分がなされるためには，政策決定過程において財源配分の妥当性が十分に評価，監視される必要がある。地方自治体においては，このような評価・監視を支援するものとして，公会計制度に基づく財務書類の整備が進められてきたものの，十分に活用されていない。活用促進に関する議論が進められてはいるが，その焦点は行政内部における活用に止まり，パブリック・アカウンタビリティに象徴される住民をはじめとする外部の利用者には当てられていないのが現状である[2]。

　行政内部において，財務情報が予算編成や適切な資産管理のために活用されることは重要である。しかしながら，公共経営において，政策の決定，執行過程の担い手が拡張，多様化する中，公共経営を持続的なものとするためには，行政活動に対する評価と，それを効果的に政策決定に反映する過程においても，行政外部のアクターによる多様な視点が活かされることが重要である。

　本章では，住民をはじめとする外部のアクターが，必要とされるサービスニーズに適切に資源が配分されているかという観点で，政策の有効性，効率性，経済性に関する判断や財務健全性にかかわる評価をする機能を，財政評価機能と位置づける。そして，財政評価機能構築のための，財務書類の財務報告としての役割，すなわち行政外部の利用者による財務情報の活用に焦点を当て，地方議会を財務報告の重要な利用者として研究の対象とする。なぜ

ならば，地方議会は，行政外部のアクターの中でも重要な主権者である住民の代表として，予算の決議，決算の認定という財政上の意思決定を担うほか，行政の監視・評価をする立場にあるためである。

第1節ではまず，財政評価機能構築における，地方議会による財務報告活用の意義について述べ，2節以降で地方議会における財務報告活用の現状と課題につき論じる。

地方議会による財務報告活用の意義

1．財政評価における地方議会の役割

資源制約と提供すべきサービスの多様化を背景として，政策の立案，執行，評価，政策への反映というPDCAサイクルにおいて，立案，執行の段階から，住民，企業，NPOなど社会における多様なアクターを巻き込みながら，より適切なサービス提供の方法と担い手を識別し，公共サービスを革新することが求められている。これが従来型の行政管理から公共経営の変容であり，財政の持続可能性を実現するためには，この公共経営の変容において，立案，執行過程のみならず，評価の過程においても，外部の多様なアクターの視点を反映することが重要な要因となる[3]。Gilbertの4分類（図表10-1）を用いて言い換えるならば，より外在的な行政統制の強化が重要となるのである。地方自治体における外在的な財政評価機能としては，制度的なものとして地方議会による評価，監査委員会評価[4]や外部監査，条例設置による委員会評価，オンブズマン制度，健全化判断比率等の評価指標の開示を，非制度的なものとしてマス・メディアによる評価，地方債等の市場を通じた評価，住民からの意見などをあげることができる。

図表10-1　行政統制に関するGilbertの4分類

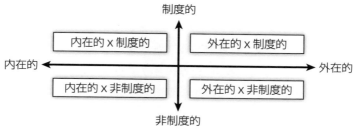

出所：Gilbert（1959）p.382.

　これらの中でも，本章では，次の2つの理由により，地方議会による評価・監視機能の強化を財政評価において重要な機能を果たすものと位置づける。第1は，議会制民主主義において，地方議会は住民の代表としてその意見を集約する立場にあるためである[5]（図表10-2）。個々の取引（意思決定）を集約する市場という機能をもたない政府において，議会は多様な住民の意見を集約する団体意思決定機関である。つまり，議会による財政評価は，制度的な外在的統制にとどまらず，非制度的な住民の意見を反映するものでもある。

図表10-2　住民の代表としての地方議会

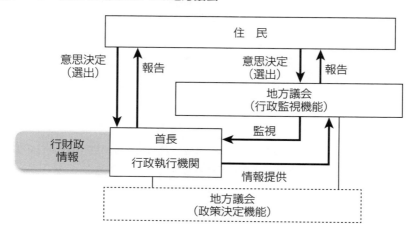

第2は，地方議会は，二元代表制のもと予算を決議し[6]，決算を認定[7]するという財政上の意思決定を担うためである。行政の長より調整された予算を，住民のニーズを反映した資源配分となっているかという観点で審議，議決する立場にあり，行政とならび財務情報の重要な利用者と位置づけられるのである。このように，行政と住民の接合点にある地方議会が，住民の代表として，行政を評価・監視する機能を発揮することは，内部評価機能に加えて，外部評価機能を構築することに貢献すると考えられる[8,9]。

2．財政評価機能における財務報告活用の意義

　財政評価においては，外部の多様なアクターにより，財務情報が有効に活用されることが前提とされる。そのためには，単なる財務情報の開示ではなく，財務報告により情報共有が促進されることが重要となる。そこで本項では，財政評価機能において財務報告が活用されるために求められる要素につき整理しておきたい。

　わが国の地方自治体の公会計制度においては，財務書類と財務報告の定義が明確に示されておらず[10]，財務書類の作成基準は存在するものの，財務報告作成のガイドラインは示されていない。これに対して，米国の政府会計基準審議会（Governmental Accounting Standards Board: GASB）は，財務書類と，これに補足情報を加えた一般目的外部財務報告，予算，申請書等その他の意思決定に用いられる全ての情報を含む財務報告など，その違いが明確にされている[11]（図表10-3）。ここでは，一般目的財務書類に対して，財務報告は，外部のアクターの評価や意思決定に有用な情報を，包括的に提供する媒体と位置づけられている。換言するならば，財務報告は単なる会計数値の開示にとどまらず，財政評価に有用な情報の提供を通じて，情報に対するフィードバックを引出し，必要とされるところに適切に資源配分を行う効果的な公共経営の実現に資することが期待されるものなのである。この点で，財務報告は行政と行政外部のアクターのコミュニケーション・ツールと位置づけることができる。

図表10-3 財務報告書の利用者によって用いられる情報（GASB概念書第1号）

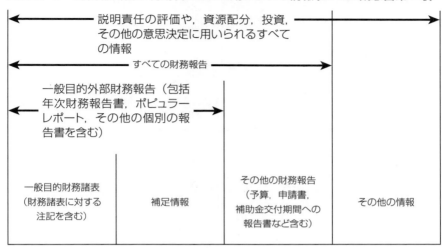

出所：GASB（1987）。

　わが国の地方自治体において，このような財務報告機能を果たすことを期待されて整備されたのが，公会計制度に基づく財務書類である。財務書類の作成目的としては，住民をはじめとする情報利用者が経済的または政治的意思決定を行うにあたり有用な情報を提供すること，およびパブリック・アカウンタビリティがあげられている[12]。つまり，住民をはじめとする外部の利用者を想定し，行政と行政外部のアクターのコミュニケーション・ツールとして機能することが期待されているのである。しかしながら現状は，財務書類の作成と開示が緒に就いたばかりであり，開示情報はコミュニケーションの双方向性を実現する機能をもつというには程遠いものとなっている。

　財務書類の整備と開示が，公共において財務報告としての機能を果たす，すなわち財務書類が，理解，活用され，フィードバックを生むというコミュニケーションサイクルを生み出すに至るプロセス整理すると，次のようなフェイズに分けることができる。第1段階として，監督当局による財務情報の算定基準の策定，第2段階として，報告主体による財務書類作成と，第3段階として，財務報告の作成および開示，第4段階として開示された情報の流

図表10-4　財務報告の発展プロセス

フェイズ	フェイズ1 基準策定	フェイズ2 財務書類作成	フェイズ3 財務報告書作成・開示	フェイズ4 情報流通・情報利用者支援	フェイズ5 情報の利活用	フェイズ6 フィードバック
実施主体 (地方自治体の場合) (民間企業の場合)	監督当局	報告主体 (行政) (企業)	報告主体 (行政) (企業)	外部利用者 情報仲介者 (情報利用者支援) (マスメディア、アナリスト、研究機関、議会事務局等)	最終利用者 (住民、議会、利害関係者、報告主体以外の行政機関等) (投資家等)	
財務報告発展のプロセス	財務会計基準の策定	財務書類の作成	財務報告書の作成・公表(二次情報)	財務情報ニーズにあわせた次情報への加工(二次情報の作成)、利用者の支援	財務情報の理解と、同情報にもとづく財務報告主体にかかわる意思決定・評価、政策にかかわる	報告主体に対するフィードバック

出所：佐藤（2011）56頁に加筆修正。

通と同過程における利用者の情報利用支援，第5段階として，利用者による情報の利活用，第6段階として，情報利用者から報告主体へのフィードバック，である（図表10-4）（佐藤 2011）。

　これらのフェイズに則してわが国の現状をみると，次のように整理できる。わが国では2007年以降，総務省自治財政局長通知を機に財務書類の整備が進み[13]，2014年3月末では1,675の地方自治体（作成率94％）で同書類が作成されるに至っている[14]。しかしながら，財務報告の作成と開示という点に関しては，十分に対応できていない。図表10-5に示されるとおり，全体の95％にのぼる自治体において，財務書類がホームページを通じて開示されているが，これに対して財務報告を作成している自治体は17％に過ぎない。つまり，財務報告が作成されることなく，財務書類がそのまま開示されているのがほとんどであり，わが国の財務報告発展プロセスの現状はフェイズ2の財務書類作成で停滞しているということができる。

第10章 地方議会における財務報告活用の課題

図表10-5　地方自治体の2013年度決算に係る財務書類の作成状況等

(単位：団体)

		合　計	都道府県	市区町村	指定都市	指定都市を除く市区町村
公表（予定）している		1,205(97.3%)	44 (100%)	1,161(97.2%)	16 (100%)	1,145(97.1%)
	ホームページ	1,178(95.1%)	44 (100%)	1,134(94.9%)	16 (100%)	1,118(94.8%)
	広報誌	336(27.1%)	2 (4.5%)	334(27.9%)	1 (6.3%)	333(28.2%)
	財務報告書（冊子）	208(16.8%)	14(31.8%)	194(16.2%)	10(62.5%)	184(15.6%)
	その他	38 (3.1%)	4 (9.1%)	34 (2.8%)	2(12.5%)	32 (2.7%)
公表していない		34 (2.7%)	0 （－）	34 (2.8%)	0 （－）	34 (2.9%)

※％表示については，作成済団体の，合計－1,239団体，都道府県－44団体，市区町村－1,195団体，指定都市－16団体，指定都市を除く市区町村－1,179団体を分母として計算。
出所：総務省（2015）。

　これを，利用者のフィードバックを生む財務報告へと発展させるためには，情報利用者の理解可能性の向上が重要となる[15]。そのためには，フェイズ3の利用者のニーズに目的適合的な財務報告媒体の整備や，フェイズ4の情報仲介者等による情報利用者支援機能拡充が必要となる。本章はこのうち，フェイズ3の財務報告媒体の整備に焦点をあて，その在り方について論ずるが，フェイズ3，4のいずれにおいても重要となるのが，財務報告利用者すなわち外部利用者の視点である。フェイズ2の財務書類の作成主体，およびフェイズ3の財務報告の報告主体は行政である。しかしながら，フェイズ4以降の情報流通・活用という目的に向けて財務報告を発展させるためには，フェイズ4以降の外部利用者の視点が，財務報告作成の段階から織り込まれる必要がある。では，提供される情報の有用性，すなわち，行政外部の利用者による行政経営の評価や意思決定に有用な情報とは何であろうか。次節では，フェイズ3の財務報告媒体に包含されるべき情報につき検討する。

③ 地方議会による財政評価における財務報告活用の課題

1. 地方議会による財政評価において必要とされる情報

　市場という情報集約機能をもたない政府において、議会における情報集約の負荷は大きい。市場においては、提供される商品・サービスを評価するにあたり、個々の参加者が、サービス内容と自身の財源情報を集約し、取引を実行する。市場価格は個々の取引の結果として形成され、情報は必然的に集約される。これに対して、政府では、資金の拠出者とサービス受益者が必ずしも一致しない。そのため、多様なサービスニーズや財源情報は、個々のアクターにより集約されない。ここにおいて、地方議会は、このように膨大なサービスニーズや財源にかかわる情報を、住民の代表として自ら集約せざるを得ない状況に直面する。この機能を果たすためには、地方議会に有用な財務情報が利用可能でなければならない。政策形成・評価にかかわる膨大な情報が合目的的に集約されることが必要となるからである。

　では、地方議会による意思決定および行政の評価・監視機能の過程では、具体的にどのような情報が集約される必要があるのであろうか。図表10-6は計画設定、予算編成とコントロールが機能する地方自治体の政策立案におけるPDCAサイクルをまとめたものである。Ⅰの計画設定とは、自治体のミッションや長期目標の設定である。ここでは、①多様な住民ニーズ、②外部環境の変化にかかわる情報、③過年度の評価情報などが集約され、アジェンダの設定がなされる。そして、Ⅱの予算編成・決議では、Ⅰで設定された目標を実現するために必要な④行政サービス情報、⑤行政サービスのコスト情報、⑥財源情報を集約し、政策の有効性、効率性、経済性が検討され、資源配分の優先順位が決定される。そして、Ⅳの評価・報告の過程では、Ⅲの政策執行の成果情報、すなわち⑦行政サービスの成果や、それに対する⑧行政コスト情報をもとに、その有効性、効率性、経済性が検証されると同時に、それらがⅡで決議された⑨予算情報や、Ⅰで策定された⑩中長期計画目標に

沿ったものであるか，また，⑪財政状況の健全性を満たしているかなどの情報と集約され，総合的な評価がなされるのである。

この一連のサイクルにおいて，議会はⅠの基本計画や，Ⅱの予算を議決する立場にある[16]。そして，Ⅳの評価・報告過程では，事業評価，予算執行状況，長期目標の進捗評価，財政状態に対する評価を総合的に判断し，決算を認定する。この過程の中でも重要であるのが，Ⅳの評価・報告にかかわる情報である。なぜならば，これらの情報は，主権者である住民に報告され，そのフィードバックを得て，次の政策形成に活かすという点で，政策サイクルの要となるためである。つまり，Ⅳの政策評価・報告にかかわる⑦〜⑪の情報こそ，地方議会が財政評価において必要とする情報であり，財務報告に示されるべきものなのである。

図表10-6　地方自治体の政策立案におけるPDCAサイクルと議会の機能

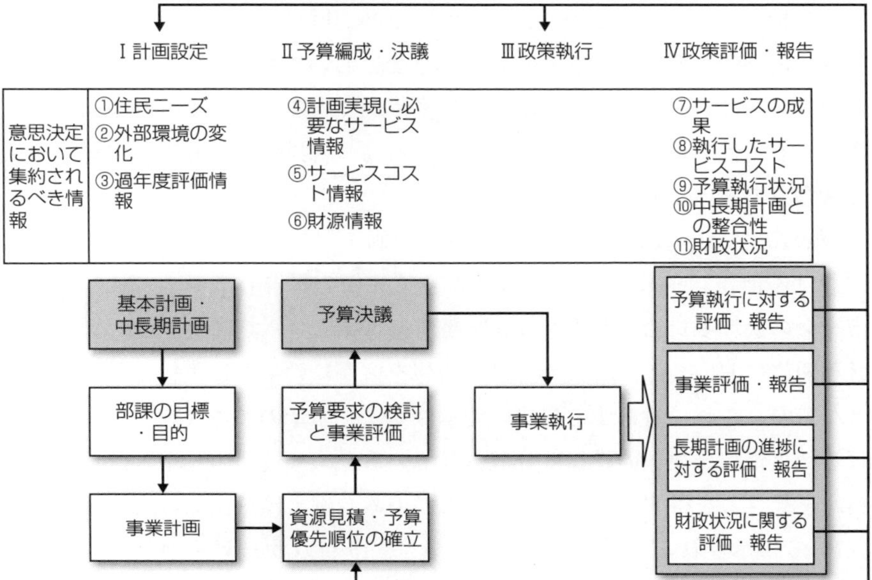

	Ⅰ計画設定	Ⅱ予算編成・決議	Ⅲ政策執行	Ⅳ政策評価・報告
意思決定において集約されるべき情報	①住民ニーズ ②外部環境の変化 ③過年度評価情報	④計画実現に必要なサービス情報 ⑤サービスコスト情報 ⑥財源情報		⑦サービスの成果 ⑧執行したサービスコスト ⑨予算執行状況 ⑩中長期計画との整合性 ⑪財政状況

議会の主要な議決，評価事項：
- 基本計画・中長期計画 → 部課の目標・目的 → 事業計画
- 予算決議 → 予算要求の検討と事業評価 → 資源見積・予算優先順位の確立
- 事業執行
- 予算執行に対する評価・報告
- 事業評価・報告
- 長期計画の進捗に対する評価・報告
- 財政状況に関する評価・報告

出所：Office of the City Auditor Portland (2002) p.31を参照し著者作成。

2. 地方議会の情報ニーズと情報媒体のギャップ
─町田市の事例を基礎として─

このような，地方自治体の政策立案におけるPDCAサイクルにおいて，財務報告に求められる情報ニーズを，わが国の地方自治体の情報媒体はどのように充たしているのであろうか。その現状と課題を検討するにあたり，ここでは財務書類の作成と活用において先進自治体の1つとして位置づけられる東京都町田市の事例を取り上げる。町田市は東京都南部に位置する人口43万人の市である。同市では行政改革の一環として2008年に新公会計制度導入検討委員会を立ち上げ，2012年度からは全国に先駆けて，複式簿記・発生主義会計を導入している。そして，2012年度より同会計に基づく事業別財務諸表[17]を整備し，270の事業につき，財務情報に加えて行政サービスのパフォーマンス情報をあわせて開示している。すなわち事業別財務諸表は，単なる財務書類の開示にとどまらず，財務情報と非財務情報を集約した報告媒体としての機能を備えているのである。また事業別財務諸表は，2012年度からは行政の内部管理だけではなく，町田市議会においても活用されており，これは地方議会における財務書類活用の先進事例である。このような事業別財務諸表の有用性を検証することは，今後の財務報告媒体の在り方を検討する上で有意義であると考える。

図表10-7は，政策サイクルにおける評価・報告過程，すなわち決算認定における情報ニーズ（図表10-6のⅣ政策評価・報告の情報⑦～⑪）と町田市議会の決算委員会で利用される財務情報媒体について整理したものである。財務報告においては，膨大な行財政情報をいかに効果的に集約するかが重要となるが，これに対応する現状の開示媒体はその量の多さに加えて，集約されるべき情報が複数の媒体に分散されているため，情報の利用者は自ら情報集約をせざるを得ず，負担を強いられている。例えば，決算の認定では，図表10-6に示される⑦行政サービスの成果，⑧行政サービスのコスト，⑨予算執行状況，⑩中長期計画との整合性，⑪財政状況などの情報が集約され，総合的に評価される必要がある。これに対して通常，地方議会の決算認定における提出資料として義務づけられているのは，決算書，歳入歳出決算事項

第10章 地方議会における財務報告活用の課題

図表10-7 決算認定における情報ニーズと決算提出書類における情報開示状況

	(1)決算書	(2)歳入歳出決算事項別明細書	(3)実質収支に関する調書	(4)財産に関する調書	(5)主要な施策の成果に関する説明書	(6)決算審査意見書	(7)事業別財務諸表	(8)町田市の財務諸表
頁数*		504			180	94	532	186
⑦行政サービスの成果					○	△	○	
⑧行政サービスコスト					○注1		○注1	○
⑨予算執行状況	○	○				△		
⑩中長期計画達成状況					○注2	△	○注2	
⑪財政状況				○注3		○注3	○注3	○注3

* 2013年度決算資料に基づく
○：開示項目
△：開示項目として独立していないが，説明文中等に一部言及がある
注1：(5)の主要施策の成果説明書では総事業費および財源内訳の開示。(7)事業別財務諸表では行政費用の開示で人件費，物件費等性質別内訳が開示されているほか，単位あたりコスト分析が開示されている。
注2：(5)の主要施策の成果説明書では関係する基本計画体系とその目標が提示されている。(7)事業別財務諸表では同目標の開示はないが，4期分の時系列データが開示されている。行政費用の開示で人件費，物件費等性質別内訳が開示されている。
注3：(1)～(4)においては財政収支および財産に関する調書，(6)ではこれに加えて文中で財政健全判断化比率についてのがある。(7)，(8)については貸借対照表の開示がある。
出所：町田市（2014a～e）をもとに著者作成。

別明細書，実質収支に関する調書，財産に関する調書，主要な施策の成果に関する説明書，決算審査意見書（監査委員作成）であり，⑦～⑪のニーズに対応するデータは，これら複数の情報媒体に分散している。例えば，このうち，⑨予算執行状況については，決算書，歳入歳出決算事項別明細書において，財政状況については財産に関する調書や健全化判断比率等により比較的容易に確認することができる。これに対して，将来の財源配分の意思決定に重要となる，⑦行政サービスの成果や，⑧そのサービスコスト，そして⑩同成果の中長期計画との整合性については，情報媒体が分散しているばかりか断片的でもある。これらの情報に対応する主たる情報媒体は，事業別財務諸表の開示までは，主要な施策の成果に関する説明書であった。同媒体は，総事業費とその財源内訳や，事業の成果および基本計画体系が同一頁に掲載されているという点で，一定の情報集約機能を果たしている。しかしながら，行政サービスコストについては，総事業費と財源内訳が掲載されているものの，費用の内訳開示がないために，どのような行政サービスコストに財源が投入されたかが不透明であった。また，行政サービスの成果についても，単年度の実績および基本計画に示された目標は示されているものの，その実績に対してコストが妥当であるかを判断する指標が提供されていなかった。

3．町田市の事業別財務諸表にみる財務報告の有用性

これに対して，2012年度決算の認定（2014年10月認定）より，町田市議会の決算審議において，従来の主要な施策の成果に関する説明書に加えて活用されることとなった事業別財務諸表では，新公会計制度の適用や，行政マネジメント手法の見直しに加えて[18]，情報媒体としての機能も見直された。外部報告という観点のもと，事業組織のミッションおよび概要，事業の成果と，それに対応する財務情報や財務構造分析，総括が一覧できるような媒体として集約されたのである。中でも行政サービスとコストの関係については，その分析のための単位当たりコスト情報が計算されている。これらはいずれも経年データを含むもので，その変化を検証できるフォーマットとなっている。政策レベルではなく，270の個別事業レベルの開示ではあるものの，図表10-6の⑦行政サービスの成果，⑧行政サービスコスト，⑩中長期計画の進捗についての情報が集約されているという点で（図表10-7の(7)），従来の媒体に

図表10-8　開示媒体における開示項目の比較

主要施策の成果説明書	事業別財務諸表
・事業概要等（事業の概要，委託・補助金の状況，市・都・国の内訳）（部課名，決算書対応頁，款項目，大事業名，中事業名，開始年度）	・組織概要等（組織の使命，所管する事務，歳出目名称，事業類型）
・主要事業の成果（行政サービス実績値，単年度）	・前年度財務分析を踏まえた事業の課題 ・主要事業の成果（行政サービス実績値，4期分）
・総事業費と財源内訳（3期分）	・行政コスト計算書（3期分，費用では人件費，物件費等の内訳，収入面では国庫支出金，都支出金の内訳等） ・行政コスト計算書の特徴的事項説明 ・貸借対照表 ・貸借対照表の特徴的事項説明 ・キャッシュフロー収支差額集計表
・基本計画体系	・財務構造分析（行政費用の分析と事業人員の分析等） ・個別分析（行政サービス数値の時系列分析） ・総括①成果および財務分析の解説 ・総括②上記分析を踏まえた課題に関する解説

出所：町田市（2014b, d）をもとに著者作成。

比べて利用者の情報集約ニーズに対応しており，財務報告の機能を有しているといえる。

　この新たな情報媒体の情報利用者への影響については，町田市議会議事録および決算特別委員会議案審査報告書において，同媒体導入前後の変化をみることができる。2014年9月～10月に行われた2013年度の町田市議会決算特別委員会における決算説明，議論では，従来の主要な施策の成果に関する説明書に替えて，町田市の財務諸表が個別事業説明の主要資料と位置づけられた。図表10-9は同委員会による審査報告書に付された意見を，同一事業分野の事案に関して，2011年度決算分と2013年度決算分で比較したものである[19,20]。開示内容は，2011年度の主要な施策の成果に対して，2013年度の事業別財務諸表では，発生主義に基づくコスト情報や，対応する行政サービスの指標の開示が拡充された。これに伴い，審査報告書に付された意見の内容についても，次の2つの変化をみることができる。第1に，2013年度はより，新たに開示された数値の分析や指標に言及した課題の指摘が目立つ点である。第2は効率性・有効性に関する意見の増加である。2011年度の意見の多くは，行政サービスの拡充を要求するものであったが，2013年度は，費用の削減や行政パフォーマンスの改善を促すもの，行政サービス指標の見直しを提案するものなどが増加している。行政サービスと行政コストを集約した事業別財務諸表という媒体整備が，地方議会における議論において，費用の増加を伴う行政サービス要求を中心とする議論から，行政サービスの有効性・効率性・経済性を意識する議論へと変化を促しているといえる。

　事業別財務諸表導入の地方議会への影響については，2014年10月に町田市議会決算委員長へのヒアリング調査も実施した[21]。そこでは，事業別財務諸表の効果として，情報収集の効率化があげられている。従来は，決算委員会において，歳出の内訳に対する質問等に時間が費やされていたが，費用の内訳開示が拡充されたことや，課題・成果等が一覧できる点，課・事業ごとの開示により，より踏み込んだ議論をすることができるようになった点を評価している。これは前述の決算委員会の審査報告書の傾向と一致する。これに

図表10-9　決算特別委員会議案審査報告書の同一事案における意見の比較（民生費）

2011年度	2013年度[注1]	事業別財務諸表で加わった行政サービス関連情報[注2]
・福祉輸送サービスについて，実態に合わせた利用者の使いやすい仕組みを構築されたい。	・やまゆり号＊運行サービスについて，より市民の需要の把握に努め，路線拡充等も含め，サービスの向上を目指したい。＊福祉輸送サービス	福祉輸送サービス事業の財務諸表，会員数，運用回数，会員あたり利用回数（3期分），運行回数1回あたりコスト，補助料，都支出金内訳等
・民生委員について，活動の負担，負荷が過大にならないよう費用弁償や負担のあり方を精査するなど欠員の補充への取り組みを強化されたい。また，地域との連携の拡充などの機能強化にも努められたい。	・民生委員の確保に努め，負担が大きいその活動内容についても軽減を図られたい。	福祉総務課の財務諸表，民生委員の定数確保に向けた候補者選出方法の改善に関する記載等
・障がい福祉サービスは，ニーズの把握やサービス利用動向の推移を踏まえて，必要な整備を行うよう努められたい。 ・障がい者の就労支援については，就労内容の充実および雇用場所について，より充実されたい。	・3障がいのうち最も遅れている精神障がい者への支援体制について，さらに強化されたい。 ・障がい者の就労支援事業については，就労数だけではなく，継続支援実績の数値も一体的な数値として課題分析を行い，より実効性を高められたい。 ・重度障がい者通所施設については，早急に建設されるよう努力されたい。 ・こころみ農園事業については，施設老朽化が著しい。施設修繕について，施設側とコミュニケーションを密にとり，より効果的な予算執行を計られたい。 ・ひかり療育園については，新規利用者受入や，利用率向上が課題として挙げられた。当該年度の課題を分析し，必要に応じて関係部署と連携を図られたい。 ・ひかり療育園については，施設老朽化が著しい。施設修繕について，施設側とコミュニケーションを密にとり，より効果的な予算執行を計られたい。	障がい者福祉費と主要事業（ダリア園，リス園，大賀繭糸館事業，重度重複障がい者療育事業，ここみ事業，授産センター事業）の財務諸表，決算額の主要内訳（障がい者自立支援給付，心身障がい者福祉手当等）およびパフォーマンス指標（障がい者サービス給付費給付額，就労した障がい者数，各施設の利用者・来園者数や同単位あたりコスト等）
・特別養護老人ホームについては入所待機者を減らすようさらなる増設を図られたい。その際，低所得者が入所できるよう多床室の設置や制度の改善を検討されたい。	・特別養護老人ホーム施設整備においては，市民が使いやすい施設を検証するため，調査を細やかに実施されたい。	高齢者福祉費の財務諸表。特別養護老人ホーム定員数，高齢者見守り支援ネットワークの構築された地域数3期分等
・認可保育所をさらに増設されたい。特に0，1，2歳児枠の拡充に努められたい。また，空白地域をなくすよう整備されたい。 ・地域子育てセンター事業については，専門職の配置や職員の相談機能（アウトリーチなど）の充実に努められたい。	・保育所等への入所希望が当初の予想を上回っている。認可保育所の整備を軸に保育サービス提供率の向上に努められたい。 ・地域子育て相談センターのマイ保育園事業では，市民の周知をし，保護者の子育て支援に力を入れられたい。また，積極的なアウトリーチを展開されたい。	子育て支援課子育て支援費と主要事業（公立保育所運営事業，民間等保育所運営事業，認定こども園事業）の財務諸表および主要パフォーマンス指標（保育サービス提供率，子育て相談受付件数，在所児童数，利用者収入，受益者負担比率等3期分）
・学童保育クラブについては，大規模化の解消により一層努められたい。	・学童保育クラブについては，受け入れ基準を満たした上で安全面に十分注意されたい。特に大規模学童保育クラブについては早期に解消されたい。 ・学童保育クラブについて，施設の老朽化に対する建替え，改修を含めた計画を立て積極的な対策を講じられたい。	学童保育費の事業別財務諸表，学童保育入クラブ会児童数（4期）および同児あたりコスト，利用料収入および受益者負担比率（3期分），主な決算額内訳（管理運営関連費用等）

地方議会における財務報告活用の課題 第10章

| 町田地区の子どもセンターの建設の際は、地元の意見を取り入れるよう図られたい。 | ・子どもセンター「ただON」のプレイルーム天井補修工事では、開館当初から数回の修繕がなされているため、子どもが使いやすい施設となるよう、的確な対応をされたい。
・子どもクラブの評価は、効率的な施設運営の概念だけでなく、さまざまな角度から検証されたい。 | 子どもセンター費および主要センター、クラブ（子どもセンター「ばあん」、「つるっこ」、「ぱお」、「ただON」、「玉川学園子どもクラブ」、「南大谷子どもクラブ」）の財務諸表、子どもセンター・クラブ数、同来館者数および同単位あたりコスト、開館日数および同単位あたりコスト等3期分 |
| 生活保護のケースワーカーを増員されたい。また、関係部署と連携を図り、スキルアップや就労支援などに取り組まれたい。 | ・生活保護のケースワーカーを増員されたい。 | 生活保護事業の財務諸表、被保護世帯数、被保護人員、窓口相談件数、扶助費、就労支援プログラムによる就労者数、被保護世帯・人員あたりコスト等 |

注1：下線部は事業別財務諸表で新たに開示された項目に対応する箇所。
注2：財務諸表には、その事業ごとの行政コスト計算書とその特徴的事項の説明、貸借対照表およびその特徴的事項、キャッシュフロー収支差額計算表、財務調達、個別分析、事業の課題等が各々記載されている（図表8）。本表では共通項目に加えて開示されている各事業ごとのパフォーマンス指標について主に記載している。
出所：町田市（2014b,d）、町田市決算特別委員会（2012；2014）をもとに著者作成。

対して、改善を要する点としては、部課ごとの自己評価による報告であるため、その客観性に問題があること、部課ごとに開示数値のレベルが異なること、事業ごとの開示は詳しくなったが、基本構想とのかかわりなど全体像が捉えにくい点などが指摘された。

4．町田市の事業別財務諸表にみる財務報告の課題

　以上のように、会計情報にとどまらず、行政サービスの成果とサービスコストなど、意思決定に有用な複数の情報を1つの媒体に集約した町田市の事業別財務諸表は、財務情報利用者の意思決定において、一定の支援機能を果たしている。しかし、次のような課題もある。すなわち、この事業別財務諸表は、図表10-6で提示した①〜⑪に示される、政策決定過程で集約されるべき膨大な情報のうち、270の主要事業についての、そして⑦行政サービスの成果、⑧行政サービスコスト等を集約した媒体にすぎない。そのため、個別事業の評価には有用であるが、各論中心であり、政策間の優先順位づけに有用な情報など、総論に対応する情報が不十分であるなどの課題が残る。加えて、基本構想・総合計画は行政サービス指標が中心であること、予算・決算情報の主は現金主義会計であり、発生主義会計による決算情報は補完的な位置づけにとどまっていることなどから、仮に同一媒体に集約しても政策形

185

成から評価に至る情報の整合性がとられないという難点もある。

　しかしながら，財務報告の整備も1つの政策とみなすならば，整合性の課題を抱えていていたとしても，情報集約機能を備えた媒体を整備し，開示することがフィードバックを生み，財務報告を発展させる一助となる。このような，財務報告の開示が生むフィードバック効果は，決算認定後の町田市の市議会定例会においてすでにみることができる[22]。事業別財務諸表に関して，分析結果・課題が単一的であること，部課ごとの分析で客観性がない点，中長期計画との関連性が浅い点などについて議員が指摘したことに対して[23]，市長が財務諸表というよりも，行政評価という観点をより拡充させたいと回答し，財務報告の改善策を提示しているのである。このように，財務報告の発展においては，海外や企業において発展した財務報告制度から学ぶにとどまらず，開示とフィードバックを通じて利用者とコミュニケーションを積み重ね，グッド・プラクティスを広めていくことが，次のステップにつながるのである。

まとめと展望

　本章では，財政評価機能構築のためには，財務報告をコミュニケーション・ツールとして機能させる必要があるとの観点から，外部のアクターに有用な情報を提供する媒体に必要とされる情報について論じた。町田市の事例では，政策の形成・評価過程で有用な財務情報，非財務情報を1つの媒体に集約したことによる議会議論への効果をみることができた。しかしながら，それは政策の形成・評価過程で集約されるべき多様な情報（図表10-6の①〜⑪）のうちの一部の情報の集約に過ぎない。そのため，今後はより広範囲な情報をいかに効率的に集約し，その集約過程を一覧できるものにするかが課題となる。すでに海外においては，米国地方政府の包括年次財務報告書（Comprehensive Annual Financial Report: CAFR）や，国際公会計基準審議会（International Public Sector Accounting Standard Board: IPSASB）における一般財務報告において，総論に関するMD&A，コスト情報，財政

情報等が統合されており，これらからわが国が学ぶ点は多い。それと同時に，わが国で財務報告に必要とされる外部利用者の情報ニーズを探ることも重要である[24]。住民のすべてのニーズを探ることが困難であっても，町田市においては，事業別財務諸表の開示が，地方議会という住民の代表者の情報ニーズに関するフィードバックを得る手段となった。財務報告に集約されるべき，政策形成・評価に有用な異なる情報について検討する際，しばしば，各々の政策過程に対応するデータの性質の違い，例えば現金主義会計と発生主義会計，財務情報と非財務情報などの整合性が整備の障壁となるが，町田市のような事例を機に，多くの自治体が情報集約型の媒体を作成・開示し，その媒体による財務報告を通じて外部利用者のフィードバックを蓄積するという試行錯誤こそ，集約されるべき情報の取捨選択とより良い財務報告整備に貢献するのである。

　なお，本章では，財務報告に関して，財務報告媒体における情報集約機能に焦点を当てたが，これは情報集約の対象とならなかった膨大な行財政データを否定するものではない。このことについては，企業の統合財務報告に関するEccless (2010) の指摘が参考になる。Eccless (2010) は財務報告を外部報告のプラットフォームと位置づけている[25]。これに依拠すれば，財務報告は，これまでの行財政の開示情報を排除するものではない。財務報告を報告体系の根幹におくことにより，従来の膨大な行財政データを体系的に捉えることを可能とし，利用者の情報活用を支援するのである。

　また，本章では，財務報告をコミュニケーション・ツールとして発展させるためのステップのうち，フェイズ3の財務情報媒体の整備を中心に論じたが，それをより発展させるためには，フェイズ4，5の情報利用者の支援機能の拡充も重要な検討課題である。民間企業の情報開示においては，財務報告の開示に加えて，開示情報の流通過程において，アナリストやマス・メディアなどがそれらの情報を加工，分析し財務情報利用者に提供するという，情報仲介・支援機能が発達している。企業会計が，投資家等，会計に関して一定の知見を有する者を財務報告利用者と想定している点を考えれば，住民をはじめとする多様なアクターを利用者と想定する地方自治体の財務報告に

おいては，この機能についても拡充する必要があると考える。

このように，財務報告媒体の整備は，財務報告をコミュニケーション・ツールとして発展されるための1つの段階に過ぎないが，財務報告がより多くの外部のアクターに利用され，そのフィードバックを得ることは，重層的な財政評価機能の構築に貢献するのである（図表10-10）。

図表10-10　地方自治体における重層的な財政評価機能

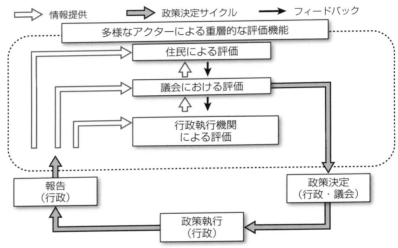

出所：佐藤（2011）を加筆修正。

注

1　2014年度末
2　例えば，財務書類については，その活用促進を目的に新たに2015年より統一的な基準による財務書類の整備が進められることとなり，2015年1月に総務省が「財務書類等活用の手引き」を公表したが，そこに示される11の活用事例のうち，外部の利用者の活用事例は2例にとどまっている。
3　Pollitt and Bouckaert（2004）は，公共経営改革を，パブリック・セクターの組織およびプロセスをより良いものとするための，熟議に基づく変革としている（p.8）。
4　監査委員は自治体の執行機関の1つであるが（地方自治法第150条の5），自治体の職員兼務の禁止（同第196条第3項）など，独立性が保たれていることから，執行機関に対

して外在的なものと位置づけることができる。
5 二元代表制であるわが国の地方自治体において，議会については住民の代理者とみなすか，政府内の議事機関とみなすかにより，財務情報の外部利用者，内部利用者と見方は異なる。本章では地方分権推進に伴い議会の代表機能強化が重要な課題であること，財務情報の収集および財務報告作成主体が行政執行機関であることから，行政執行機関である報告主体に対して，地方議会は住民のエイジェントとしての外部利用者と位置づける。
6 地方自治法第96条第1項第2号
7 同第3号
8 佐藤（2011）では，これを財政評価メカニズムと称している。
9 地方分権推進に伴い，地方議会においてはその責任領域および自己決定権が拡大している。財政評価の観点のみならず，議会の住民の代表性としての機能や，行政を監視する機能の強化は喫緊の課題であり，このことは，総務省の「地方議会のあり方に関する研究会報告書」（2014）においても指摘されている 。つまり，地方議会による財務情報の活用は，地方公会計改革，地方議会改革という両改革推進の重要な要素なのである。
10 わが国では，企業会計においても財務諸表と財務報告の定義が明確に区分されていない点が指摘されている（古庄 2012, 1頁；広瀬 2012）。
11 同様に国際公会計基準審議会（International Public Sector Accounting Standard Board: IPSASB）による財務報告の定義については本書4章に詳しい。
12 新地方公会計制度研究会（2006）11頁。
13 『新地方公会計公会計制度研究書』（2006）により，地方自治体における複式簿記・発生主義の考えに基づく財務書類に関して，新地方公会計制度の基本的な考え方が示され，2007年10月の総務省自治財政局長「公会計の整備促進について（通知）」（総財務第218号）において，人口3万以上の都市は2010年までに，同未満の都市では2012年までに貸借対照表，行政コスト計算書，資金収支計算書，純資産変動計算書の4表の整備・開示に取り組むことが要請された。そして，同書類の活用促進のために, 2014年4月には『今後の新地方公会計の推進に関する研究会報告書』において，固定資産台帳の整備や複式簿記の導入を前提とした統一基準が示された。2014年5月23日には総務大臣通知「今後の地方公会計の整備促進について」（総財務第102号）により，これに基づく書類が2015年度から2017年度の3年間ですべての地方公共団体において作成が要請されることとなった。
14 2014年3月末時点。（総務省 2015）
15 2010年に786の地方議会を対象に実施したアンケート調査（回答率61％）では，財務書類の活用と理解可能性の相関係数は0.502で，予算書の0.345，決算書の0.304（いずれも1％で有意，両側）を上回った（佐藤 2013）（本調査は日本学術振興会科学研究補助金・基盤研究B, 研究代表者：山本清，課題番号22330136の一環として実施されたものである）。
16 2011年5月の「地方自治法の一部を改正する法律」により，旧地方自治法第2条第4項の基本構想の策定義務および，その議会による議決の規定が削除されたが，改正後も地方自治法96条第2項の規定に基づき，個々の市町村が自主的に基本構想について議会

189

17 「事業別財務諸表」は2014年度より「課別・事業別行政評価シート」に名称変更しているが，本稿の記述は2013年度決算を対象としていることから「事業別財務諸表」で統一した。
18 新公会計制度の導入に関しては，複式簿記を導入したことにより，事業別の行政コストの内訳と，それに対応する行政収入が明らかになったほか，ストック情報の開示により，将来の老朽化コスト等を把握することが可能になった。また，行政マネジメントの見直しに関しては，財政課・会計課による財務諸表の作成ではなく，個別の組織，事業のマネジメントに活用することを主眼に，課別に事業別財務諸表を作成し，日々の管理体系に対応したものとなった。
19 2012年度は決算が否認されており，決算特別委員会議案審査報告書に意見の記載がない。
20 2013年度決算の一般会計歳出費で最も比重の高い（歳出総額1,323億円の48.7％）の民生費部分につき掲載している。
21 同調査では，同時に報告主体である町田市財政課職員も取材した。そこでは，同書類の導入に関して大きく変わった点として，事業別で発生主義会計を導入したことによる意識改革をあげている。同市では，事業別財務諸表を外部報告資料としてだけでなく，部課ごとに管理職が説明する内部管理資料として用いることとなったため，部課単位で資産およびコスト管理の意識が高まり，事業仕分けなどに活用されるに至っている。つまり，行政内部利用における効果が確認されているのである。
22 2014年11月の町田市議会2014年度第4回定例会。
23 2014年度第4回定例会における白川哲也議員一般質問。
24 市場では，投資家やアナリストによる財務報告の改善要求が，財務報告見直しの過程で取り入れられてきた。例えば，浅野（2003, p.64）が指摘する通り，米国では米国証券アナリスト協会（Chartered Financial Analyst Institute: CFAI）の前身である投資管理調査協会（Association of Investment Management and Research: AIMR）が1993年に公表したポジション・ペーパー「1990年以降の財務報告」（Financial reporting in the 1990's and Beyond）におけるセグメント財務報告に関する要請が，FASBは1997年にセグメント財務報告基準をFASB14号「セグメント別財務報告」（Financial Reporting for segments of a Business Enterprise）からFASB131号「セグメント情報および関連情報の開示」（Disclosures about Segments of an Enterprise and related Information）において，ほぼ全面的に応えられている。
25 「ワンレポートとは，単純に報告書を一つにまとめることを意味しているのではない。ワンレポートという用語は，企業の重要な財務および非財務情報を統合して一体的な報告に統合すべきであるという考え方を，簡潔に表現しているのである。ワンレポートは，特定の利用者向けに，様々な異なる方法によってワンレポートに記載されない情報を提供することを妨げるものではない。むしろワンレポートという概念基盤は，ウェブサイト上のプラットフォーム技術も活用した情報提供によって補完されるものである。」（Eccles2010）と述べられている。

参考資料・参考文献

浅野敬志 (2002)「セグメント情報とディスクロージャー—セグメント財務報告基準と経営者の情報開示行動の分析を中心に—」『会計ディスクロージャーの新機軸』東京経済情報出版。

江藤俊昭 (2004)「協働型議会の調整手法としての熟議—地方政治における熟議民主主義の可能性」武智秀之『都市政府とガバナンス』。

小林麻理 (2012)「政府会計の基礎概念」『政府と非営利組織の会計（体系現代会計学）』pp.51-68，中央経済社。

小林麻理 (2005)「地方自治体におけるマネジメント改革—Managing for Resultsを実現する管理会計システム構築への提言—」『公会計研究』6（2）：46-60。

今後の新地方公会計の推進に関する研究会 (2014)『今後の新地方公会計の推進に関する研究会報告書』総務省。

佐藤綾子 (2011)「地方自治体における財政評価メカニズムの構築」『地方自治研究』26（1）：55-66。

佐藤綾子 (2013)「地方議会における財務報告活用の現状とその可能性」『公会計研究』14（2）：34-48。

柴健次・宗岡徹・鵜飼康東 (2007)『公会計と政策情報システム』多賀出版。

柴健二・須田一幸・薄井彰 (2008)『現代のディスクロージャー：市場と経営を革新する』中央経済社。

財政制度等審議会 (2003)『公会計に関する基本的考え方』財務省。

地方公会計制度研究会 (2006)『地方公会計制度研究会報告書』総務省。

総務省自治財政局長 (2007)「公会計の整備促進について（通知）」総務省（総財務第218号）。

総務大臣 (2014)「今後の地方公会計の整備促進について（通知）」総務省（総財務第102号）。

総務省 (2014)「地方公共団体の平成24年度決算に係る財務書類の作成状況等」。

地方議会のあり方に関する研究会 (2014)「地方議会のあり方に関する研究会報告書」総務省。

地方行財政検討会議 (2011)「地方自治法抜本改正についての考え方（平成22年）」総務省。

外川伸一 (2003)「民主的統制としての外部政策評価」山梨学院大学『法学論集』第49号。

広瀬義州 (2012)「財務報告の意義と課題」『財務報告のフロンティア（体系現代会計学）』pp.1-35，中央経済社。

広瀬義州編著 (2011)『財務報告の変革』中央経済社。

町田市 (2011)「町田市新5か年計画」。

町田市 (2014a)「平成25年度 町田市一般会計 特別会計 歳入歳出計算書 付属書類 歳入歳出決算事項別明細書 実質収支に関する調書 財産に関する調書」。

町田市 (2014b)「平成25年度 主要な施策の成果に関する説明書 基金の運用状況に関する説明書」。

町田市 (2014c)「平成25年度 町田市の財務諸表」。

町田市 (2014d)「平成25年度 町田市事業別財務諸表」。

町田市 (2014e)「平成25年度 町田市一般会計・特別会計歳入歳出決算及び町田市各基金の運用状況審査意見書」。

町田市決算特別委員会 (2012)「決算特別委員会議案審査報告書」。

町田市決算特別委員会（2014）「決算特別委員会議案審査報告書」。
古庄修（2012）『統合財務報告制度の形成』中央経済社。
山本清（2001）『政府会計の改革―国・自治体・独立行政法人会計のゆくえ』中央経済社。
山本啓『パブリック・ガバナンスの政治学』（2014）勁草書房。
Bovaird,T. and E.Loffler（ed.）（2008）*Public Mnagement and Governance*, Routledge.（稲沢克祐・紀平美智子監修『公共経営入門：公共領域のマネジメントとガバナンス』公人の友社）
Pollitt C, Bouckaert G,（2004）*Public Management Reform: A Comparative Analysis*, Oxford University Press.
Eccles,R.G. and M.P.Krzus（2010）*One Report: Integrated Reporting for a Sustainable Strategy*, Wily.（花堂靖仁監訳『ワンレポート―統合報告が開く持続可能な社会と企業』東洋経済新報社，2012年）
Governmental Accounting Standards Board（1987）Concepts Statements No.1, *Objective of Financial Reporting*.（藤井秀樹監訳『GASB/FASB公会計の概念フレームワーク』中央経済社，2003年）
Governmental Accounting Standards Board（1994）Concepts Statements No.2, *Service Efforts and Accomplishments Reporting*.（藤井秀樹監訳『GASB/FASB公会計の概念フレームワーク』中央経済社，2003年）
Governmental Accounting Standards Board（1999）Statement No.34, *Basic Financial Statements—and Management's Discussion and Analysis—for State and Local Governments*.
Gilbert,C.E.（1959）The Framework of Administrative Responsibility, *The Journal of Politics*, Vol.21.
Office of the City Auditor Portland（2002）Managing for Results: A Proposal for the City of Portland, Portland City.
Osbone, S.P.（ed）（2009）*The New Public Governance? : Emerging Perspectives on the Theory and Practice of Public Governance*, Routledge.

＊本研究は科学研究費助成事業（15K03794, 15H03400）の助成を受けたものです。

中央省庁における会計の機能と課題

中央省庁の特性

1．中央省庁の組織特性

　中央省庁とは国家の行政業務を実施する行政機関であり，都道府県や市町村といった住民に身近なサービスを提供する地方公共団体と対比して，国と位置づけられる。広義の国から立法，司法の機能を除外した行政機能を担う組織全般であり，わが国においては内閣に属す1府12省庁および内閣から独立している会計検査院から構成される。

　会計検査院を除く行政機関は内閣に属し，閣議によって重要な意思決定がなされるものの，各府省庁の独立性は高く，命令系統，人事配置，財源配分等の組織要素に照らして，1つの行政主体を形成している。財源は内閣として確保し，また，人材確保の裁量は制限されるものの，各省庁がそれぞれの使命に照らして組織目的を掲げ，当該組織目的を達成するための資源を調達し，それを効率的に活用して社会に便益を提供しており，行政活動に着目すれば，それぞれの府省庁が1つの報告主体と位置づけられるのである。

　これに対して，将来負担を伴う資金調達に依存する現状に照らせば，各府省庁を1つの報告主体と位置づけることは誤解を招きかねない。歳出に必要な税収を確保できない場合，国債，借入金，政府短期証券等によって財務省が財源を確保するものの，債務の帰属主体は国であり，これを財務省の負債として計上すれば済まされるわけではない。さらに，国有地，庁舎，株式，貸付金等の国有財産や道路，港湾等の公共用財産は特定の府省庁というよりは国全体の便益に供するために保有されている。このような資産，負債の水

準に関連づけて，いわば財政に着目すると各府省庁を1つの報告主体と位置づけるよりは内閣全体，さらには国会，裁判所，皇室等を含めた広義の国を1つの報告主体とすべきである。

中央省庁は行政機関として政策を立案し，それに沿って業務を実施して，国民のニーズに応えるサービスを提供してきたが，ともすれば行政の肥大化を招来し，機動性が損なわれるおそれもある。21世紀を迎え，一方で政策の企画立案機能の高度化を，他方で業務実施機能の効率化が求められてきたため，両者を分離し，行政機関の業務を前者に特化することとした。その結果，後者の行政の業務実施機能については，独立した法人格を有する独立行政法人に委ねられることとなったのである。

各会計年度の業務実施に先立ち，内閣は政府予算案を作成し，国会審議を経て承認を得なければならない。府省庁の事業計画を具体化した予算案の最終決定は議会に委ねられている。承認された予算は各府省庁によって執行され，各会計年度終了後，歳入歳出決算としてまとめられ，会計検査院の検査を経た上で，検査報告とともに国会に提出されるが，国会の承認は必要とされてない。衆議院議決優先権が付与されてない制度下において，参議院では決算否認はたびたび発生し（野澤 2008），たとえば平成21年度決算でも是認されないこととされた。

2．財政における予算管理とアカウンタビリティ

中央省庁における予算は予算編成方針に基づき，各府省庁が原案を作成し，財務省による査定を経て，全体の予算案が閣議決定される。府省庁内部においてはコスト・ベネフィット分析を含め，資源のインプット，アウトプットを定量化しながら政策形成がなされ，優先順位が付されるとともに，各府省庁は内部の調整を経て原案を作成する。政府原案をまとめるにあたっては，大臣折衝を踏まえた各府省庁を越えた調整が必要なこともある。府省内部において予算編成を通じ計画設定機能が発揮され，部門間，政策間の調整がなされるとともに，政府案を固めるプロセスにおいては，中央省庁全体において調整機能も作用する。

国会において，予算審議は政党間の政策論争につながり，場合によっては政党間で交渉がなされ，いったん内閣で合意された予算案が変更されることもある。国会で承認されることによって，所管ごとに科目別の支出額が認められ，年度開始後，予算執行が可能となる。国会は原則として，年度開始に先立ち中央省庁の具体的活動計画—歳入歳出予算—を最終決定する。これが各府省庁の行動計画であり，業務水準を高めても反対給付による財源調達が期待できないことに加えて，国会による内閣の統制を実現するために，予算歳出額の移用は原則として禁止されている。環境変化に対応すべく補正を組まないかぎり，部局や議定科目を越えての歳出予算からの逸脱は認められず，国会による意思決定機能が強く発揮されているといってよい。

　中央省庁の予算は編成段階から国民に対して報道されて関心を高めるとともに，国会で承認されると予算書の全貌が開示される。歳入について主管ごとに内容別，税目別の金額が，また，歳出の所管である各省庁の形態別，目的別の金額が明示される。歳入歳出予算ばかりでなく，公債発行限度額，債務保証限度額等を含む予算総則のほか，継続費，繰越明許費，国庫債務負担行為の開示に加えて，歳入に関する見積事由，計算基礎や歳出に関する内容説明等が記載された予算参照書もWEB上で容易に入手できる。広く社会に対して予算情報が開示されており，組織外部に提供される情報として，財務会計の機能を担っている。

　予算管理，とりわけ支出行為は会計法によって厳しくコントロールされているが，当該年度の決算は予算執行の結果として纏められる。予算額，歳出額，翌年度繰越額，不用額等を一覧表示した歳入歳出決算のほか，予算額との差異理由等を記した歳入決算明細書，不用額の発生理由等を記した歳出決算報告書，さらに物品増減・現在額報告書，債権増減・現在額報告書等が決算書として開示されている。決算書の中核を占める歳入歳出決算は予算対比形式で作成され，これによって国会による統制機能が発揮されたことを検証する。予算額を超過して支出がなされないことが組織内部の支出承認プロセスで担保されているため，国会による決算承認機能は重視されてない現状である。

3．経理区分の意義と主体との関係性

　地方公共団体と同様に，中央省庁においては議会の承認のもと，複数の経理区分（会計区分）を設置し，それぞれの区分ごとに予算書および決算書が作成されている。制度上の経理区分であり，国会による財政統制の実効性を高める手段といわれている。予算書および決算書の作成単位が組織外部によって規制されることは，企業会計との決定的な違いである。特定の経理区分は特別会計と呼ばれ，特定の事業を行う場合，特定の資金を保有し，その運用を行う場合，その他特定の歳入を他の歳入と区別して歳出に充当する場合に法律を以て，設置が認められている。経理の区分化は特別会計の設置に留まらず，それぞれの特別会計の中で複数の勘定を設置することがある。ここでの勘定は事業の違いや財源の違いに応じての経理区分であり，実質的には１つの特別会計における内部細分化にほかならず，特別会計の下位の経理区分である。したがって，勘定は特別会計と同義に捉えられ，財政上，特別会計（勘定）と理解されている。特別会計（勘定）の特質は，特定の行政ニーズに応えるための財源確保であり，法的エンティティ，経済的エンティティに対して，財政エンティティと呼ばれることもある。特別会計は所管の府省庁が設置することが通例であるが，統廃合を経て，共同管理となることもある。平成27年４月１日現在14特別会計26勘定が存在し，平成27年度当初予算上，歳出総額で403.6兆円，重複計上額を排除した純計額は195.1兆円である（財務省 2015）。

　特別会計における歳入歳出を除く，すべての歳入歳出を経理する区分が一般会計であり，予算書および決算書において，特別会計以外の財政活動を総合した会計情報が作成されている。一般会計にしても特別会計にしても，会計情報は歳入歳出予算および歳入歳出決算が中心であるが，特別会計の中には予定損益計算書や予定貸借対照表を作成しているものもあり，情報内容は必ずしも一般会計と同一ではない。特別会計は個々の経理区分に即した情報が必要となるが，内部に勘定を設置している場合，勘定ごとの歳入歳出予算，歳入歳出決算しか作成されておらず，内部の複数の勘定をまとめた特別会計

としての予算書および決算書は作成されていない。

　特別会計は本来，特定した内容に即した経理区分ではあるが，設置数が増大すると議会統制の力が及ばなくなるので計画的削減が必要になるとともに，経理区分によって情報体系，会計処理方法や表示のちがいが散見されたためルールの統一化が必要され，すべての特別会計に適用される特別会計法が2007年に施行された。この法律によって，企業会計の慣行を参考とした財務情報の作成が義務づけられ，国会審議の対象となる歳入歳出決算とは別に，それぞれの特別会計ごとに決算情報としての特別会計財務書類が開示されている。なお，特別会計財務書類は個々の勘定ごとに，単独の財務書類が作成されるだけでなく，独立行政法人等を連結した連結財務書類も作成されている。また，1つの特別会計内部の勘定別の財務情報を集計・相殺消去した特別会計ごとの合算財務書類も作成されている。

4．移転支出の位置づけと支出効果の認識

　中央省庁における財政の特質として，反対給付を伴わない支出，すなわち移転支出が多岐にわたり，その水準の高さが指摘される。公共支出に必要な財源の中央集権化と社会保障の充実化等の結果であり，補助金，社会扶助，公的年金給付等，その領域は限定されず，支出水準の増大が財政を圧迫する要因となっている。

　これら移転支出は政府最終需要を構成する支出と異なり，支出効果は中央省庁ではなく，支出先の個人や法人にもたらされる。後者に関して，地方公共団体に交付された地方交付税交付金や国庫負担金は地方公共団体の社会資本を整備するとともに，防災，教育，保健，文化，地域経済の振興等，種々の公共分野のサービス提供につながるし，学校への補助金は教育，研究の発展に，新規事業の開発に向けた補助金であれば産業振興に，福祉事業への補助金であれば社会福祉の充実に向けられる。

　しかしながら，これら移転支出に相当する支出の歳出予算，歳出決算における集計単位は交付金，補助金等であり，アウトプットやアウトカムといった支出効果を認識する単位となっていない。議会統制の際には目的ではなく，

形態に即した管理のほうが容易であり，実効性を伴うためである。支出効果にフォーカスを向けるならば，弾力的な情報作成を可能とするシステム整備が期待される。

その上，支出は中央省庁だけで完結するものではない。支出先の地方公共団体，学校法人，社会福祉法人等において，他の財源と一体となって，支出効果が発揮される。公共全体における教育，文化，環境，福祉等，種々の領域ごとのコストとアウトプット，アウトカム，さらには長期的かつ広範囲のベネフィットとの対応を評価するためには，支出額やインプットについて，組織における科目分類を統一するか，集計が可能な仕組みをビルトインしなければ，意思決定に有用な情報は得られない。

❷ 開示対象としての財務情報の体系

1．事前段階における歳入歳出予算書とその他の財務情報

各省庁からの概算要求に始まる国の予算編成作業は，最終的に予算政府案を閣議で決定することによって終結し，国会に場を移してこれを審議することとなる。一会計年度の財政計画全般にわたる予算は本予算とも呼ばれ，一般会計予算と特別会計予算から成り，政府関係機関予算と併せて国会審議の対象となる。

この中で大きく報道され，国民が関心をもつ一般会計予算は一般会計予算全般にわたる総括的規定を記した予算総則のほか，甲号歳入歳出予算，乙号継続費，丙号繰越明許費，丁号国庫債務負担行為から構成されている。当該会計年度の歳入見積額および歳出限度額だけでなく，複数年度にわたる支出対象，翌年度に繰越使用を許可する支出経費および債務負担限度額等の財政に影響を与える行為も審議され，いわば行政統制のための仕掛けが組み込まれている。

予算総計主義の原則に照らして歳入と歳出を相殺することは認められず，予算の全貌を描写するとともに，執行責任を明確にしている。甲号歳入歳出

予算において，歳入予算は主管ごとの見積額を一覧にしたもので，計上額について徴収責任を負わされるものではない。これに対して，歳出予算は所管ごとの支出目的と支出限度額を示したものであって，これを逸脱した支出行為は許されない。歳入と歳出を切り離し，後者については厳しく統制されている。歳出予算は所管に加えて，部局等の組織，さらに支出目的としての項に分類されており，組織または項の間での移用は原則禁止であるが，事前に国会で議決され，さらに財務大臣の承認を得た場合に限り，移用が認められている。

なお，国会審議にあたり一般会計予算に添付する形式で，当該年度に発行する国債の償還計画表，一般会計歳入予算明細書とともに所管別に予定経費要求書が開示され，重要施策別の経費一覧である主要経費別表も作成されている。

2．事後段階における歳入歳出決算書とその他の財務情報

各省庁の長が作成した決算報告書をもとに財務大臣は歳入歳出決算を作成し，閣議を経て歳入決算明細書，継続費決算報告書ならびに国の債務に関する計算書を添附して，これを会計検査院に送付する。憲法に基づき会計検査院は国の収入支出をすべて検査し，内閣は，その検査報告とともに，これを国会に提出しなければならないとされている。

国会への提出対象には，一般会計のほか，特別会計，政府関係機関のそれぞれの決算に加えて，決算参照書として歳入決算明細書，各省各庁歳出決算報告書，一般会計継続費決算報告書，国の債務に関する計算書等が，さらに国税収納金整理資金受払計算書，物品増減および現在額総報告，国の債権の現在額総報告，国有財産増減および現在額総計算書等も含まれており，フロー情報ばかりでなくストック情報についても審議されている。

一般会計歳入歳出決算書は歳入決算総額と歳出決算総額を対比し，差額としての剰余金を示すとともに，歳出については，予算の執行実績を明らかにすることを目的とし，歳入歳出予算と同一の区分により歳出決算が作製される。すなわち，所管，組織，項の単位ごとに，歳出予算額，前年度繰越額，

予備費使用額,流用等増減額,支出済歳出額,翌年度繰越額および不用額を表示し,執行状況を説明しているのである。

3. 企業会計手法を適用した財務書類（財務諸表）の位置づけ

　1990年代までは中央省庁の財務情報は事前段階で作成される歳入歳出予算書および事後的に作成される歳入歳出決算書が中核であり,その他の情報は断片的に取り上げられることはあっても,会計情報としての機能が十分には発揮されていなかった。そのため,企業会計における財務情報に比して,①体系的ストック情報が欠如し,②歳出額は開示されていても目的に対する資源消費額たるコストが測定されておらず,③歳出所管単位である省庁別に財務情報が編集されてなく,④経理区分を前提とした部分的情報だけに焦点が向けられて,政策実施のための連結情報が開示されてない等の批判が寄せられていた。

　このような批判を受けて,中央省庁においても財務情報の充実化が進められ,国有財産台帳の整備を進めながら国有財産増減および現在額総計算書,物品増減および現在額総報告および国の債務に関する計算書等をもとに貸借対照表を作成し,これを前提に減価償却費や引当金繰入額をも含めたコストを測定した業務費用計算書を追加し,さらには一般会計,各特別会計,一般会計・特別会計合算に加えて,連結財務書類を含めた省庁別財務書類が作成・開示されることとなった（会田 2007）。このような中央省庁における企業会計の手法を適用した財務情報の充実化は,2000年から段階的に実施されてきたが,2007年に特別会計法が施行され,それまで開示されてきた特別会計の財務書類が法定化され,所管大臣が財務情報を開示するための書類を作成し,内閣は会計検査院の検査を経て国会に提出しなければならないとされ,さらにインターネットを通じて広く開示することとされた。

　したがって,企業会計手法を適用した財務書類のうち,特別会計に係わる財務情報は特別会計財務書類および連結特別会計財務書類として所管省庁が特別会計ごとに作成し,国会に提出するとともに社会に対して開示し,他方で省庁別に一般会計財務書類,一般会計・特別会計合算財務書類および連結

ベースの合算財務書類を作成・開示しているが，特別会計以外の財務書類については検査対象には該当せず，国会にも提出されてないのが現状である。

なお，特別会計財務書類が法制化された後も中央省庁においては，一層の公会計情報の活用を図ることとし，予算書・決算書の表示区分の見直しを受けた政策別コスト情報の把握と開示について検討が進められ，省庁別財務書類の中の業務費用計算書のセグメント情報として，政策別コスト情報が2009年度分より開示されている。図表11-1は企業会計手法を適用した財務書類の体系を示している。

図表11-1　国の財務書類の体系

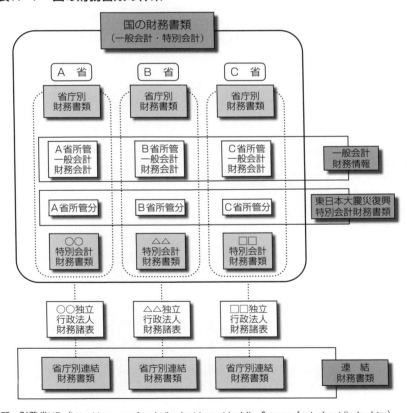

出所：財務省HP（http://www.mof.go.jp/budget/report/public_finance_fact_sheet/index.htm）。

3 財務情報の機能と限界

1. 財務書類作成規範としての会計基準の性格

　各省庁が作製する財務書類は省庁間の比較を可能ならしめ，さらにこれらを統合して中央省庁全体を報告単位とした国の財務書類を作成するため，会計規範が統一されている。特別会計に対しては連結ベースの財務書類を含めて「特別会計財務書類作成基準」が，一般会計を対象とした省庁別財務書類については「一般会計省庁別財務書類の作成基準」が，一般会計と特別会計を合算した省庁別財務書類については，連結ベースの財務書類を含めて「省庁別財務書類の作成基準」がそれぞれ公表されており，認識基準や測定方法のほか，代表的表示科目が規定されている。また，政策別コスト情報が業務費用のセグメント情報として位置づけられており，人件費，官房経費等の会計処理方法や公債に係る利払費の開示等について，統一的取扱いがなされている。企業会計と異なり，会計基準はスタンダードよりもルールとしての位置づけであり，情報利用者への実態把握を第一義的に捉えている。

2. 決算の意義と財務書類の機能の関係

　国の決算とは，一会計年度における国の収入および支出を記録した会計簿を閉鎖し，一定の規範に従って整理，集計して，予算の執行状況を明らかにする手続であり，「その性質上，すでになされた収入，支出の効力を左右するためのものでないという意味において政府の財政活動を規律するといった規範性はなく，政府が予算を財政法・会計法等の定めるところに従って執行した実績の国民及び国会に対する事後的な報告である」（新日本監査法人 2007, 6）。予算は国会において審議された後，議決され，法的効力をもつことになるが，国会における決算の審議は意見表明に過ぎないといわれている。いわば事前段階での説明責任を履行する手段が予算であり，行政活動が縛られるところから，コントロール機能が強く発揮されるのに対して，その

結果を示す情報が決算であり、説明責任の履行手段として機能する。

　内閣は、予算が成立したとき、ただちに当該年度の予算および前々年度の歳入歳出決算ならびに公債、借入金および国有財産の現在高その他財政に関する一般の事項について、国民に報告しなければならない（財政法46条1項）とされている。予算については、予算編成の前提となった経済情勢や財政事情、さらには予算編成の基本的考え方等も開示されているものの、決算については、一般会計についても特別会計についても歳入歳出決算に限定されており、企業会計手法を適用した財務書類は含まれていない。いわば内閣は、これらの財務情報を国民への財政報告の一部として認めてないのが現状である。

　しかしながら、特別会計財務書類は国会に提出され、審議されるかぎり、説明責任の履行手段として機能するとともに、将来の財政運営に向けて意思決定機能が強く発揮される。他方、これは国民に対して開示することが法定化され、また、省庁別財務書類が一般会計だけを対象としたものと特別会計との合算とに分けて省庁ごとに作成されているので、国民に対して説明責任を履行する手段であることに違いはない。

3．組織における勘定体系と表示単位

　省庁別財務書類はストック情報としての貸借対照表、フロー情報としての業務費用計算書、資産負債差額増減計算書、区分別資金収支計算書および附属明細書から構成されているが、いずれについても表示科目が標準化されているため、省庁間の比較は容易である。資産については売掛金、有価証券、たな卸資産等、形態を示す科目により、負債については支払備金、未経過（再）保険料、政府短期証券、公債、借入金等、源泉を示す科目により分類されている。また、業務費用計算書は人件費、補助金等、委託費、減価償却費、庁費等といった資源の種類や機能に即して分類されている。

　省庁別財務書類は予算執行を記録する会計システムで作成される歳入歳出決算書、国有財産台帳、物品管理簿等を組み替え、これに決算整理を加えて作成されるが、予算科目ごとにコード化した仕訳区分入力を行うことによって、官庁会計システム（ADAMSⅡ）から自動的に試算表が作成されている。

あらかじめ予算・決算の勘定コードを財務書類の表示科目コードと連係させることによって，多元的情報を同時に作成する体制が確立されている。

公共経営に向けた社会からの期待

1．財政エンティティの会計機能

　中央省庁の財政活動は単一予算主義のもと統一して把握すべきであるが，例外として法令に基づき一定範囲の財政活動に限定した特別会計を設置することが認められている。一定の財源が特定の社会的ニーズに向けた支出行為に限定されることを意味し，いわば経理区分ごとに財政エンティティが形成される。

　収入は主管の裁量によって収受されるものではなく，法律に従って算定・徴収される。それぞれの収入には主管が示されているものの，歳入予算は国（中央省庁）全体での収入を捉えており，また，歳入決算には見積額としての歳入予算額と実績額としての収納済歳入額とが対比され，差異理由を記述しているものの，予算未達額について主管が責任を負うものではない。

　これに対し，支出は予算形式で国会の審議を経て，行政活動への執行が認められる。一会計年度における支出の限度額，すなわち歳出予算は所管ごとに，組織別かつ項（目的）別に作製され，歳出予算額に対して支出済歳出額，翌年度繰越額および不用額等を表示し，執行状況を説明している。

　このように制度上の歳入歳出決算書は一般会計と各特別会計に分かれているので，財政エンティティに即した財務情報が作製されており，資源フロー情報のうち歳出については，財政活動についての説明責任を果たしている。また，物品増減および現在額総報告，国の債権の現在額総報告等の資源ストック情報も一般会計と各特別会計に分かれて形態別に数量と金額が明示されており，財政エンティティを前提として財政活動に対する説明責任を履行している。

2．政策評価（行政評価）におけるコスト測定

　企業と異なり，組織目的を営利性で代表できないので，公主体の業績は単一指標によって測定されず，また，組織の評価も多元的となる。しかしながら，一定の目的を掲げて種々のリソースを集約し，それを効果的かつ効率的に運用し，成果をあげていくためには組織の実績を吟味することが肝要である。そのような見地から，日本国においても政策評価（行政評価）の必要性が各方面から指摘され，2001年には政策評価法が成立した。

　政策評価は政策を実施する各行政機関の特性に応じて，事前評価に重点を置くこともあれば事後評価を適用することもあり，後者についてKPIを用いた業績測定方式や総合評価方式等の種々のアプローチが想定されているが，インプットに対するアウトプットまたはアウトカムを対比していく上で，従来の財務情報では対応が困難であった。

　そこで，まず予算・決算制度を政策評価に活用するため，予算書および決算書の表示科目と政策評価単位を対応させ，翌年度以降の資源配分の効率化を目指したが，さらに減価償却費等の非支出費用を含め，人件費や官房経費等の間接費を政策単位にトレースしたコストを集計し，政策別コストの精緻化を図ることとし，2011年度より政策別コスト情報が省庁別に開示されている。

　政策別コスト情報は政策評価の報告と同様，国民に対する行政の説明責任を徹底するものとの見方もあるが，省庁ごとの組織評価を踏まえて内閣の信を問う手段と位置づけるべきなのかもしれず，その意味では意思決定機能が発揮されるといってよい。

3．領域別（問題解決型）のデータ集計と政策立案への役立ち

　組織機能の側面から中央省庁を地方公共団体や民間主体と比較すると，受益者にサービスを直接提供する業務，すなわち政策実施機能よりも政策を設計し，実行を支援する機能が強く発揮されていることが観察される。いわゆる政策の企画立案機能である。中央省庁に位置づけられる各省庁はそれぞれ

政策を展開し，地方公共団体や民間主体をアクターとして参加させ，総合的に問題解決を図っていく。各省庁が1つのエンティティとして活動していても，社会のニーズに対する政策全般の効果およびそのために使われた資源消費額たるコストは当該エンティティだけで把握されるものではない。これまでの企業会計手法を適用した財務情報だけでは十分でなく，さらなる取組みが期待される。

　第1に，移転支出のインプットとしてのコストへの変換である。例えば厚生労働省は平成24年度政策別コスト情報として11の政策を明記し，総額75兆5,129億円を計上しているが，合計コストの大きい順に，「高齢者ができる限り自立し，生きがいを持ち，安心して暮らせる社会づくりを推進すること」では合計47兆5,917億円のうち46兆1,974億円が，「安心・信頼してかかれる医療の確保と国民の健康づくりを推進すること」では合計17兆4,236億円のうち17兆1,942億円が，「ナショナル・ミニマムを保障し，利用者の視点に立った質の高い福祉サービスの提供等を図ること」では合計3兆401億円のうち3兆79億円がそれぞれ厚生年金給付費等，補助金等，独立行政法人運営費交付金から構成されている。移転支出たる補助金，社会扶助，公的年金給付等は各省庁における歳出額であるとともに，業務費用（コスト）を構成する。しかし，これらの業務費用は人件費や光熱費，通信費と異なり，資源変換プロセスにおいてアウトプットを産み出すためのインプットを測定しているわけではない。移転支出の中でも社会扶助，公的年金給付等は資源の形態は変換せず，いわばコストとして認識されるとともに，アウトプットを構成する。これに対して，地方交付税交付金や補助金等は移転先でストックが形成され，アウトプットやアウトカムの発現時期とのタイムラグが生じることがあり，これを考慮してデータを集計し，問題解決に資することとなる。

　第2に，法的および経済的エンティティを越えたコスト情報の集計単位を統一することであり，具体的には粒度と科目分類の調整である。中央省庁の会計は中央レベルだけで完結するものではない。中央・地方の壁を越えたインプットとアウトプット，アウトカムの対応を可能にして，公共のニーズに即した教育，文化，環境，福祉等の領域ごと，プログラム別の会計，すなわ

ちメゾ会計への発展が可能となる。また,「公共経営は,…必要とされるサービスをいかに効率的かつ効果的に提供するかという問題に,市民社会に存在するさまざまなプレーヤーを巻き込んで,解決していこうとするアプローチ」(小林 2012, 5) とするならば,パブリック・セクターとプライベート・セクターの境を取り払って支出額やインプット水準の集計も必要であり,エンティティの会計記録に拘束されない柔軟な集計システムへの期待も高まっている。これまでは法人形態ごとに会計基準が設定され,計算構造や財務諸表体系に違いがみられるものの,支出原価をもとに資源消費時にコストを認識する手法については,すべての経済主体に共通のルールが確立したといってよい。しかしながら,エンティティ単位ではなく,政策別,いわばプログラム別にデータを集計する場合,粒度が異なっていたり,科目分類が異なっていると,集計作業に支障を来たすこととなる。記録・集計単位としての勘定のコーディングを適切に設計し,弾力的にデータ集計を可能ならしめるシステムを用意すべきである。クラウド型のデータ処理が浸透すれば,集計作業も容易になる。

　第3に,期間計算の弾力化である。さまざまな政策分野,すなわち領域別に問題を発見し,その解決を図るためには,定型的な期間計算に縛られることはなく,必要に応じて対象期間を変化させてもよい。伝統的に財務会計に関しては,会計年度独立の原則に従い,期間計算が重視されてきたが,効果発現までにタイムラグを要する広範囲な公共経営分野においては,社会の発展に向けて,期間計算に限定されないプロジェクトの評価を可能とするデータ整備も課題である。対象期間は一会計年度より短い場合もあれば,長期化することもあろう。もっとも財務情報は領域別のデータを収集し,それをもとにした問題解決を図ることだけを目的とするものではない。コントロールを実施し,説明責任を履行するという目的には歳入歳出決算書や年度ごとの財務書類等の会計年度を前提とした期間計算情報が有効である。期間計算の弾力化は問題解決に向けた意思決定機能を発揮する際,適用すべき措置といえよう。

　このように,公共経営においては,領域別,政策単位の財務情報が社会的

に要望されつつある。いわば法人形態ごとに適用される会計基準に従い，エンティティを報告単位としたレディメイドタイプの会計情報に対して，テーラーメイドタイプの財務情報が問題解決に向けて有効であり，そのためには，エンティティを越えた組織間のコラボレーションの意識とともに，専門家による情報価値創造のための英知が望まれる。中央省庁による地方公共団体の政策押し付けでもなければ，民間非営利組織への介入でもない。社会問題の解決を図るため情報活用に向けたコンセンサスの形成が今，必要なのである。

参考文献

会田一雄（2007）「省庁別財務書類の特質と今後の課題」『公会計研究』9（1）。
厚生労働省（2014）政策別コスト情報（2014年7月25日参照）（http://www.mof.go.jp/budget/report/public_finance_fact_sheet/index.htm）。
小林麻理（2012）『公共経営と公会計改革』三和書籍。
野澤大介（2008）「15年ぶりの決算否認（平成18年度決算審査）―決算の議決に係る今後の課題―」『立法と調査』284。
財務省（2015）特別会計の歳出予算額（2015年5月21日参照）（http://www.mof.go.jp/budget/topics/special_account/yosan.htm）。
新日本監査法人（2007）『平成18年度 会計検査院委託業務報告書『国』に対する保証型財務検査の手法に関する調査研究』。

第12章 公共経営を支える財源としての税金の役割と問題点

はじめに

　近年，公共経営の重要性が高まっている。公共経営の必要性については，「公共経営は，限られた財源の制約の中で，必要とされるサービスをいかに効率的かつ効果的に提供するかという問題に，市民社会に存在するさまざまなプレイヤーを巻き込んで，解決していこうとするアプローチだからである。」（小林 2013, 5）と説明される。

　本章では，この公共経営に関し，行政サービスの観点から，財源である税金とこれを負担するプレイヤーである納税者に着目して検討を行う。特に，多くの場合，納税者は，サービスを享受するプレイヤーであると同時に，納税についても理解を示すことで公共経営の財源の拠出を受容するプレイヤーでもある。税は，必ずしも自身が受けるサービスの対価である必要がある訳ではなく，この点では国民の義務として位置づける必要がある。しかし，より良い公共経営の一環として独自の行政サービスを実施するという観点からは，住民の理解を得て独自の財源に基づくことが望ましいことは明らかであろう。このような観点からは，納税者の納税意識は，一定の考慮すべき事柄となる。この点を図示したものが図表12-1である。

　本章では，公共経営を支える財源としての税金について，納税と受ける行政サービスとの関係を含め検討する。具体的には，法定外普通税の導入について一定の成功[1]をおさめたと考えられる太宰府市の事例を取り上げ，その導入の議論や現状の課題を検討する。次いで，神奈川県臨時特例企業税事件を取り上げ，実質的な法定外税の導入の困難さとここから生じる問題を検討する。最後に，ふるさと納税を取り上げ，受益と負担の分離が生じることに

図表12-1　公共経営と財源の制約

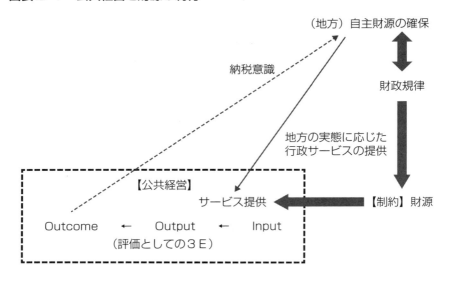

よる問題の検討を行う。

2　法定外税の使途の決定と開示

1．太宰府市による「歴史と文化の環境税」の概要

　地方公共団体における法定外税の導入という点では，太宰府市の「歴史と文化の環境税」が検討すべき良い先例になるもの[2]と思われる。

　太宰府市では，2003年5月23日に施行された『歴史と文化の環境税条例』により，法定外普通税として「歴史と文化の環境税」が導入されている。この税は，「本市固有の歴史的文化遺産及び観光資源等の保全と整備を図り，環境にやさしい『歴史とみどり豊かな文化のまち』を創造するため，太宰府市内にある一時有料駐車場の利用者に一定の負担を求める法定外普通税として創設」[3]と説明され，一時有料駐車場の利用者から駐車行為1回につき乗用車100円等の金額を特別徴収する方法により納税が行われている。

ここで，「歴史と文化の環境税」を法定外普通税としたことについて，2001年7月に太宰府市税制審議会から公表された『太宰府市観光環境税（仮称）の新設に関する答申』では，「『歴史とみどり豊かな文化のまち』を推進する上での環境保全および今後の環境施策を振興する見地から，目的税的な普通税が適切か，あるいは受益と負担の関係を明確にする目的税が適切かを審議した結果，税収使途を開示することを条件に『法定外普通税』が適切であると考える」とされている。

2．公共経営からみた目的税的普通税における課題

このように，「歴史と文化の環境税」は，普通税としつつも，その性格は，目的税的なものであることが示されている。答申等によれば，この背景には，この法定外税導入に際し当時平成17年開館予定であった九州国立博物館をも含めたまちづくりの構想があり，環境整備費などにあてる[4]との考えもあったようである。しかし，「この使途については今後の議論であらゆる可能性を探るべきとの観点から法定外普通税」（柴 2008, 132）として導入がなされている。

法定外普通税として導入されたからには，税収使途決定のプロセスと使途の透明性の確保が重要となる。まず，この税の使途の決定については，市長は，識見者・関係団体代表者・駐車場事業者・市民代表者からなる運営協議会の意見を求めることとされている。この点については，「事実上『市長は運営協議会の意見を無視できない』ということで，関係者・市民による税収の使途の決定が慣行化しつつある」（柴 2008, 133）とされている。これに基づけば，税収使途の決定については，住民の代表者も参加した方法により決定されていることになる。

しかし，このように決定される税収使途の開示については，「基金の処分権を有する市長が，運営協議会の意見を参考にしながら整備事業を推進し，その財源を目的税的普通税に求めるのであるから，税と政策の関係を納税者，特別徴収義務者，市民に語りかけなければならない。かかる開示を条件に導入された新税であるはずなのに，今のところ税収使途の項目と写真のみの開

示となっている」（柴 2008, 135）との批判が示されている。太宰府市が公表した平成25年度の「税の使いみち」では，項目と写真に加え，全体事業費と充当額の記載が追加されており，若干の改善が図られているが，市民が理解をするのには十分なものでなく，十分な透明性の確保ができているとは言い難いものである。

　「歴史と文化の環境税」は法定外普通税であるから，原則的には使途の制約なく利用できるものである。この点からすれば，市全体の行政コストの開示と税収全体の開示を突き合わせる必要が生じ，受益と負担の関係を明示することは困難である[5]ことが考えられる。ただし，法定外税として一般の地方税とは別途課税することからも，また，目的税的な性格があると指摘を受けつつ導入した経緯からも，「歴史と文化の環境税」については，可能なかぎり受益と負担の関係を開示する努力を続ける必要があるものと思われる。

③ 地方公共団体による課税自主権の問題

1. 神奈川県臨時特例企業税事件の概要

　地方公共団体の組織および運営に関する事項は，地方自治の本旨に基いて，法律でこれを定めるとされ（憲法92条），地方公共団体は，その財産を管理し，事務を処理し，および行政を執行する権能を有し，法律の範囲内で条例を制定することができるとされる（憲法94条）。そして，地方公共団体は，住民の福祉の増進を図ることを基本として，地域における行政を自主的かつ総合的に実施する役割を広く担うものとするとされ（地方自治法1条の2①），普通地方公共団体は，地域における事務およびその他の事務で法律またはこれに基づく政令により処理するとされている（地方自治法2条②）。換言すれば，行政サービスは地方公共団体ごとに考慮する必要があり，公共経営の観点からはある程度支出に応じた収入を各地方公共団体で確保する必要があるが，この点は憲法でも認められているものである。

　この問題に関連する重要な判決として取り上げたいのが，神奈川県臨時特

例企業税事件である。この事件は、神奈川県臨時特例企業税条例に基づき法定外普通税である臨時特例企業税を課された上告人が、本件条例は法人事業税の課税標準である所得の金額の計算につき欠損金の繰越控除を定めた地方税法の規定に違反し、違法、無効であるなどと主張した事件である。

この事件の背景には、神奈川県は平成12年度以降の5年度で1兆円超の財源不足の可能性があり、この財源不足を補うために、特例企業税による収入を検討せざるを得なくなっていたという事情がある[6]。

この事件の判決は、地裁では納税者が勝訴し、高裁では神奈川県が勝訴しており、最高裁では再度納税者が勝訴するという、逆転につぐ逆転が生じた判決である。逆転が生じた原因に、臨時特例企業税の解釈の困難さがあったことは間違いないと思われるが、これに加えて、地方公共団体の独自財源の確保の問題も大きく影響していたものと考えられる。このため、この事件は、所得課税の観点からも重要な判決であると思われる[7]が、ここでは、地方公共団体の課税自主権に関する問題[8]に焦点を当て検討を行う。

2．公共経営からみた法定外税の実質的困難の問題点

この最高裁判決では臨時特例企業税は無効とされ、地方公共団体の議会による条例ではなく、国の立法機関による立法により対処しなければならないと判示された。この点に関しては、地方公共団体ごとに大きく課税が異なるという状態は、国全体というレベルでみれば好ましい事ではない面もあるだろうが、その支出を賄う税収に独自性が打ち出せないという点で問題が残されているものと思われる。

地方税法において法定外税が認められているのは、このような問題に対処するための規定と思われる。しかし、法定外普通税は、平成25年度決算額で355億円とされており、地方税収額に占める割合は0.10％でしかない[9]。また、その種類も、都道府県において、石油価格調整税、核燃料税、核燃料等取扱税、核燃料物質等取扱税の4つ、市町村において、別荘等所有税、砂利採取税、歴史と文化の環境税、使用済核燃料税、狭小住戸集合住宅税、空港連絡橋利用税の6つのみであり、多様性に乏しいものとなっている。これは、財

源不足の地方公共団体が,新たな財源を探しても見つからない状態であることの証左であると思われる。

つまり,課税可能な客体は,すでに地方税法に組み込まれてしまっており,実質的にはその範囲でしか課税が行えないという状態になっているということである。そして,特例企業税では法人事業税の繰越欠損金の控除部分を課税標準とするという所得課税の理論からは不合理な方法により課税を行うという選択をせざるを得ないほど,地方公共団体は課税の対象が見つけられない状態であり,独自財源の確保が非常に困難となっている実状が明らかになっている。ここに,本件最高裁判決の背後にある公共経営の観点からみた大きな問題が残されていると考えられる。

そして,各地方公共団体等により公共サービスの提供の多様化が求められる中で,独自財源の確保が困難になっているにもかかわらず,神奈川県臨時特例企業税事件のような問題があまり表に出てこない実状そのものに問題がある。この背景には,地方財政における収入を国からの交付金等に依存していることが考えられ,収入側の独自性を確保する必要性すら認識されていない状況が推測される。公共経営における会計には,このような問題が問題としてみえてこない状況を,何が問題か識別し,認識可能にする役割を果たしていくことが期待される。

ふるさと納税

1. ふるさと納税の概要

いわゆるふるさと納税とは,都道府県・市町村等に対して寄附をすると,寄附金のうち2千円を超える部分について,一定の上限まで,原則として所得税・個人住民税から全額が控除される制度である。自分の生まれ故郷や応援したい市町村等など,どの市町村等に対する寄附でも対象となることから,ふるさと納税[10]と呼称される。

なお,ふるさと納税における「ふるさと」については,この制度の導入の

検討上「自らが生まれ育った地域への税の還流という考え方があった」（加藤 2010, 121）が，納税者にとって「ふるさと」のイメージはさまざまであるる等の理由から，「納税者が選択するところを『ふるさと』と認める広い観点」（ふるさと納税研究会 2007, 4）とされた。ふるさと納税には，寄附先の選択を通じた納税意識の向上等の役割が期待されている[11]。この点から，例えば，東日本大震災の被災地である市町村等の復旧・復興を期待し，資金的な援助を考える者等には，これらの希望に対する制度的な受け皿として有用なものと思われる[12]。

このように，ふるさと納税については，納税意識の観点等からみた有用性が考えられる。一方で，受益と負担の関係等に問題を有するものと考えられるので，この点の検討を行う[13]。

2．公共経営からみたふるさと納税の問題点

ふるさと納税については，自分が住む市町村等に納めるはずであった税金の一部を，自分が住んでいない市町村等に寄附することになる。このため，自分が住む市町村等から受ける行政サービスについての負担を払わず，自分が行政サービスを受けない市町村等の負担を担うことになり，応益負担の原則に反することになる。また，このことは，受益と負担の分離という問題だけではなく，住んでいないということは，選挙権を有しない市町村等という観点からも問題が生じる。

また，ふるさと納税については導入段階から，「寄附を集めるため，地方団体が寄附者に対して特産品などの贈与を約束したり，高額所得者で過去に居住していた者などに対して個別・直接的な勧誘活動を強く行うなど，『ふるさと納税』制度を濫用する恐れへの懸念もある」（ふるさと納税研究会 2007, 23）とされていた。この懸念のうち特産品の贈与については，現行制度では寄附金のうち2千円を超える部分について控除するとされていることから，2千円の自己負担があり，特産品の贈与が即座に濫用とは言い難い部分もあるが，高級食材等の特産品の贈与をみると濫用のそしりを免れないものもあると思われる[14]。

図表12-2　平成26年度の大船渡市の寄附金の活用状況

寄附の目的 (総合計画に掲げる政策)	活用事業例	金　額 (単位：円)
1．潤いに満ちた快適な都市環境の創造 (道路，上水道，住宅，公園・緑地の整備など)	都市施設管理費 道路・水路維持補修	1,904,000
2．自然豊かな環境の保全と創造 (地域環境対策，河川や湾内の水質保全など)	一般廃棄物試験分別収集事業 火葬場管理運営事業	480,000
3．やすらぎある安全なまちづくりの推進 (防災，交通安全，防犯対策など)	防災行政無線整備事業 防災センター整備事業 防災コミュニティセンター整備事業	185,000
4．安心が確保されたまちづくりの推進 (子育て支援，福祉・医療の充実，健康づくりなど)	放課後児童健全育成事業 感染症予防事業 施設維持管理事業	11,197,000
5．豊かな市民生活を実現する産業の振興 (農林水産業・商工業などの産業の振興，雇用の拡大，観光振興など)	物産販路拡大事業 つばきまつり運営事業 コンテナ定期航路利用促進事業	575,000
6．豊かな心を育む人づくりの推進 (幼児教育・学校教育の充実，生涯学習，芸術・文化の振興など)	共同調理場費 学校施設整備事業(小学校) 学校施設整備事業(中学校)	778,000
7．相互に理解し尊重し合う地域社会の実現 (男女共同参画の推進，国際交流，都市間交流など)	なし	0
8．自立した行政経営の確立 (市民との協働，効果的・効率的な行財政運営，広域連携の拡充など)	なし	0
9．その他目的達成のために市長が必要と認める事業	広報大船渡発行事業 道路・水路維持補修	6,370,411
合計		21,489,411

出所：大船渡市HP (http://www.city.ofunato.iwate.jp/www/contents/1431064960250/index.html)
2016年4月5日アクセス。

これらの問題を，改めて公共経営という観点で考えると，寄附者は，直接行政サービスを享受するわけでもなく，実際に提供される行政サービスの良否を実感として受けることはできない。そして，ふるさと納税については，使途の指定ができる市町村等があるが，そこでも開示される内容は選択できる事業とそこに用いた金額程度のものである。例えば，大船渡市では寄附者に使途の指定ができる取扱いとなっており，平成26年度のふるさと納税の使途の情報開示は図表12-2のとおりとなっている。なお，他の多くの市町村等でも同様の取扱いとなっている。これだけでは，寄附した金額がどの事業に利用されたかはわかるとしても，その事業が住民に有効にサービスを提供しているか等の検証は難しい場合も少なくないものと思われる。

また，そもそも高級食材等に誘引された寄附者においては，使途やその有効性等に関心を有しない場合も考えられ，納税意識の観点という意味では，かえって悪影響すら考えられる。

ふるさと納税という制度の趣旨そのものに誤りがある訳ではないと思うが，市町村等による開示の努力や寄附者自身の納税意識や公共経営への関心のよりいっそうの向上がなければ，市町村等による安易な財源確保の方法として利用されるだけのものとなり，無駄な行政コストとなりかねない。

5 おわりに

行政サービスは多様な種類があり，住民に理解されやすいものもあれば，そうでないものもある。住民の納税意識からは，わかりやすい行政サービスのために必要な負担である[15]という説明は比較的納得を得やすいかもしれないが，わかりにくい行政サービスの負担についても納得を得られるようにする必要がある。このためにも行政サービスの結果の情報開示が必要となるものと思われる。

また，地方公共団体の行政サービスの質の向上を図るには，その地方の実態に応じた行政サービスが必要になる場合があると思われる。このようなサービスの財源については，独自の財源があることが望ましいものと思われる

が，現行の法定外税の実態からは独自の財源の確保が困難となっている。課税自主権は地方自治の基礎であり，行政サービスの質の向上の観点からも改善が望まれる。

さらに，ふるさと納税では，行政サービスの受益者と負担者が分離する状況が生じている。寄附金の使途として一定の選択を示しているように，負担者が行政サービスを選択可能にし，行政サービスの財源的担い手（財源負担と財源利用の監視）の役割を期待することは，寄附された資金の有効な活用にとって必要な手続きであろう。ただし，受益者でない負担者に，行政サービスの選択を求めても，住民にとって何がより必要な行政サービスであるかを理解することは困難な場合もあるという問題がある。景品的な方法による誘因と同様に，わかりやすい行政サービスで他の地方公共団体から財源のみを移転しているのであれば，行政サービスの向上は期待できない。

行政サービスは財源が制約条件となるため，質の向上という観点からも財源の確保は重要である。この財源の確保という観点からは，納税者の納税意識に訴えかける太宰府市のような方法がとられるものと思われる。

行政サービスは，限られた財源に基づき，outcomeを考慮しつつ，投入可能なinputを選択するという方法によらざるを得ない。教育等のように結果となるoutcomeは短期的には成果がわかりにくい行政サービスも多く，納税者に行政サービスによる成果を完全な形で理解を得ることは困難な場合が多い。しかし，この一定の制約を理解しつつも，行政は，行政サービスの情報提供を充実させ，納税者は，この情報を十分に理解するようにするという環境づくりが重要になる。この両者の架け橋となることが公共経営における会計の役割であろう。この役割を十分に果たすことで，行政サービスの改善につながっていくものと思われる。

注

1 導入当初，特別徴収義務者である駐車場業者の反対があった等，問題点も存在するが，ほかにはない課税客体に対する課税を実施したという点で成功例と位置づけている。
2 太宰府市の「歴史と文化の環境税」の整理・検討については，柴（2008）を参考にした。なお，柴（2008）では，太宰府市の「歴史と文化の環境税」の導入を通じて，公会計の

「政策意思決定を支援するという観点からの機能拡大」が検討されている。ここでは，本章とは異なり，税制の観点からの検討は行われていないが，この税を通じた公会計の実務問題，制度問題，理論問題，教育問題についての分析・検討が行われており，事例から敷衍した公会計の在り方まで検討が行われている。

3　太宰府市HP（http://www.city.dazaifu.lg.jp/zeimu_r/rekibunzeigaiyou.html）2016年4月5日アクセス。
4　答申では，付記事項のその他の意見として「今回の法定外普通税は目的税的な普通税であり，あくまでも将来の『太宰府市のロマンあるまちづくり』を考慮した環境整備費などにあてるものである」との意見が出されたことが示されている。
5　困難であるが，これを実現する必要があり，ここにも公共経営の重要性があるものと思われる。
6　最高裁で神奈川県が敗訴した結果，神奈川県は約1,700社からこの税を徴収していたため，約636億円を返還することになり，この内156億円は還付加算金とされている（日本経済新聞 2013）。このため，神奈川県は，財政難から出発した問題でさらに財政に大きな負担を受けたことになる。
7　この点については，金子（2013）を参照。
8　制度的な観点から，課税自主権の推進が図られている経緯の説明については，金子宏（2014, 93）を参照。
9　総務省HP（http://www.soumu.go.jp/main_content/000377214.pdf）2016年4月5日アクセス。
10　都道府県や市町村によっては，ふるさと寄附金として説明しているものもある。
11　これは，地方自治体のみならず国にとっても大きな意義があるため，国も一定の役割を担うとの観点から，国税である所得税も控除の対象とされた（加藤 2010, 122）。
12　例えば，岩手県では，「いわて学びの希望基金」として「本県で東日本大震災津波に被災し，親を失った児童（未就学児童を含む），生徒及び学生（県外に転居した者を含む。）」への寄附を募集しており，ここでもふるさと納税による優遇措置が受けられると説明している（岩手県HP（http://www.pref.iwate.jp/shien/link/14902/003243.html）2016年4月5日アクセス）。
13　本章の目的は，公共経営の観点から検討を行うものであり，ふるさと納税のメリットとデメリットを勘案した評価ではない。
14　このような特産品の贈与については，「地方分権の流れの中で自治体間競争は高まらざるを得ないであろう」（加藤 2010, 128）とされ，自治体間競争の一環として，地域振興の財源確保の努力とみることも可能であろう。
15　また，対価的に納税を受け入れられる一定のサービスについては，地方公共団体自身がサービスの提供者にならずとも，安定したサービスが提供できるかを確認するのみで十分となり得る可能性がある。

参考文献

加藤慶一（2010）「ふるさと納税の現状と課題─九州における現地調査を踏まえて─」『レファレンス』2月号：119-130。

金子友裕（2013）「神奈川県臨時特例企業税最高裁判決からみた繰越欠損金に対する課税の問題」『税務事例』45（8）：34-39。
金子宏（2014）『租税法〔第19版〕』弘文堂。
小林麻理編著（2013）『公共経営と公会計改革』三和書籍。
柴健次（2008）「公会計の政策支援への役割」『会計・監査ジャーナル』20（1）：132-138。
太宰府市税制審議会（2001）『太宰府市観光環境税（仮称）の新設に関する答申』。
日本経済新聞（2013）5月13日朝刊29面。
ふるさと納税研究会（2007）『ふるさと納税研究会報告書』。

第13章 独立行政法人における会計の機能と課題

 はじめに

1．独立行政法人の定義

　独立行政法人とは，国民生活および社会経済の安定等の公共上の見地から確実に実施されることが必要な事務事業であって，国が自ら主体となって直接に実施する必要のないもののうち，民間の主体に委ねた場合には必ずしも実施されないおそれがあるものまたは一の主体に独占して行わせることが必要であるものを効率的かつ効果的に行わせるため，中期目標管理法人，国立研究開発法人または行政執行法人として，独立行政法人通則法（1999年法律第103号。以下，通則法）および個別法の定めるところにより設立される法人のことである（通則法第2条第1項）。独立行政法人は2001年1月の中央省庁等改革の実施にあわせて創設されており，同年4月に国の機関の一部が独立行政法人化され，2003年10月以降は，特殊法人等が独立行政法人化された。2015年4月1日現在の独立行政法人数は，98法人となっている。

2．問題意識

　独立行政法人制度では，予算統制等の国の事前関与が極力排除される一方で，発生主義会計による財務報告や業績評価による目標管理が導入されるなど，新公共経営（New Public Management: NPM）の考え方が採用された。行政活動には，市場原理が働かないことから，行政サービスが国民のニーズに適合しなかったり，効率的に提供されなかったりすることもあるため，NPMの考え方を採用した独立行政法人が政策実施機関となることにより，

221

国民のニーズに即応した行政サービスを効率的かつ効果的に提供することが期待されていた。

　このような期待にもかかわらず，独立行政法人では，不要な事務事業が継続されたり，不要な資産が保有されたりするなど，非効率的な業務運営が温存される傾向にあることが指摘されるようになった。このため，第一次安倍内閣以降，独立行政法人制度の見直しが幾度か行われたが，最終的に，制度全般の改革を行うため，独立行政法人通則法の一部を改正する法律（以下，改正通則法）が2014年6月に制定され，2015年4月から施行されている。

　独立行政法人の創設にあたっては，英国の執行エージェンシーをモデルにしたとされる。これは，英国の執行エージェンシーがNPMの考え方を採用することにより，業務運営の効率化と行政サービスの質の向上に成功したとされるからである。同じNPMの考え方を採用していても，なぜ，英国の執行エージェンシーは成功し，わが国の独立行政法人制度は改革を迫られたのであろうか。そこで，本章では，独立行政法人の会計（以下，独法会計）に焦点を当てながら，改革を迫られた独立行政法人制度の課題と今後の展望について論じることとしたい（本章は，すべて筆者の個人的見解であり，筆者が属する会計検査院の公式見解を示すものではない）。

2　独法会計の機能

　会計とは，一般的に，経済主体の経済活動を貨幣額によって測定し，かつ，報告する行為であるとされる。公的主体は国民の福祉の向上を図るなどの政策目的を達成するため，租税を根源的な財源として市場性のない行政サービスを提供している。このように，公的主体は民間企業とは異なる目的等を有しているため，公的部門の会計制度である公会計は，企業会計にはない機能を有している。独法会計は通則法で共通的な枠組みが定められているが，機能別に整理すると次のように制度設計されている[1]。

1. 財政統制

　国の財政を処理する権限は，主として内閣に属するが，これを国民の代表機関である国会の統制の下に置かなければならないという原則は，日本国憲法における財政制度の基本原則となっている。内閣は事前に資金配分を明確にした予算を作成し，国会の議決を受けた後，その適正な執行を管理するとともに，その結果を整理した決算を作成し，国会へ報告することを義務づけられている。このように，内閣は国会から予算循環過程を通じて一連の財政統制を受けているため，公会計は財政統制に資する財務情報を提供する必要がある。

　独立行政法人は予算について国会の議決を受ける必要はないが，国から出資，運営費交付金，施設整備費補助金等の財政援助を受けており，これらの財政援助については，主務省の予算に個別に計上され，国会の議決を受けている。独立行政法人において，予算の作成とその執行管理は，国と同様に現金主義で行われている。独立行政法人は当該年度終了度，決算報告書を作成し，主務大臣に提出することとされている。

2. 財務報告

　国の財政は，国民の経済生活と密接な関係をもち，かつ国民の負担に直接かかわっているため，内閣は国の財政状況について国会および国民に説明する責任を有している。また，内閣は予算執行の結果を整理した決算だけではなく，予算外で管理している資金，予算執行に伴い保有した資産・負債についても国会に報告することを義務づけられている。このように，内閣は国会および国民に対し国の財政状況について説明する義務を課せられているため，公会計は説明責任の履行に資する財務情報を提供する必要がある。

　独法会計は原則として企業会計原則，つまり，発生主義によるものとされているが，独立行政法人は企業会計が想定する民間企業とは異なる目的等を有するため，別途，独立行政法人会計基準（以下，独法会計基準）および独立行政法人会計基準注解（以下，注解）が作成されている。また，実務上の

223

図表13-1 独立行政法人の財務報告体系（現行）のイメージ

（注）太字は，本文と関連のある科目を示す。
出所：東（2012c, 305）図表9-1に加筆修正。

留意点を記述した「独立行政法人会計基準」および「独立行政法人会計基準注解」に関するQ&A（以下，Q&A）が作成されている。独立行政法人は説明責任を履行するため，当該年度終了後，①損益計算書，②貸借対照表，③キャッシュ・フロー計算書，④利益の処分または損失の処理に関する書類，⑤行政サービス実施コスト計算書，⑥附属明細書を作成するとともに，主務大臣に提出し，その承認を受けることとされている（図表13-1）。

3．業績評価

国の行政サービスは，市場機構ではなく，行政機構を通じて国民に提供されるため，国の機関には，効率的な財政活動を行おうとするインセンティブが働かない。財政活動の効率化を図るためには，費用等に関する財務情報を用いて業績評価を行い，その結果を財政活動に反映させる必要がある。このように，内閣は財政活動の効率性等に関し業績評価を行い，予算執行および

財産管理の改善を図ることが求められているため，公会計は財政活動の効率化に資する財務情報を提供する必要がある。

独立行政法人のうち中期目標管理法人は，主務大臣が3年以上5年以下の期間を対象に定めた中期目標を達成するため，中期目標と同じ期間，1カ年度をそれぞれ計画期間とする中期計画，年度計画を策定し，これらの計画に従って業務運営を行っている。主務大臣は中期目標において①行政サービスの質の向上に関する事項，②業務運営の効率化に関する事項，③財務内容の改善に関する事項を定めている。中期目標管理法人は年度終了後，当該年度の業務実績について，また，中期目標期間の終了後は，これに加え，中期目標期間の業務実績について，それぞれ主務大臣の評価を受けることとされている。国立研究開発法人および行政執行法人についても，ほぼ同様の業績評価が行われる。

3 独法会計の課題

独立行政法人は不要な資産を保有する傾向にあるなど，非効率的な業務運営が指摘されているが，その中には，独法会計の運用面だけではなく，制度設計そのものに起因するものも含まれている。本節では，第2節で示した独法会計の機能に沿ってその課題について論じてみたい[2]。

1. 財政統制

(1) 運営費交付金

独立行政法人には，毎年度，業務運営の財源に充てるために必要な資金として，国から運営費交付金が交付されている。運営費交付金は使途の内訳が特定されていないこと，使用されなかった部分について，中期目標期間中は特別な手続きをとらないで翌年度に使用できることなど，一般的な国庫補助金とは異なる予算執行上の弾力性が与えられている。この運営費交付金は，独立行政法人の創設に伴って導入されたが，運営費交付金に係る独法会計には，予算統制に関して次のような課題がある。

①算定の方法

　独立行政法人は中期計画において運営費交付金の算定ルールを定め，これに基づいて目標期間中の毎年度の運営費交付金を算定している。運営費交付金の具体的な算定方法は，独立行政法人により異なるが，代表的な例では，「運営費交付金＝人件費＋一般管理費＋業務経費±特殊要因－自己収入」となっている。独立行政法人は前年度の実績額を基礎として，これに効率化係数等の一定の率を乗じて，運営費交付金を算定している（図表13-2）。

　したがって，運営費交付金の算定にあたり控除した利息収入，運用収入等の自己収入において，当該年度の実績額が前年度の見積額を上回ると，運営費交付金が過大になり，余裕金が法人内に滞留する。また，事務所および職員宿舎の借上げ時に運営費交付金を財源に敷金・保証金を差し入れた場合，解約時に返還される返戻金は，自己収入として収益には計上されないため，余裕金が法人内に滞留する[3]。

図表13-2　運営費交付金の算定ルールの例

運営費交付金＝人件費＋一般管理費＋業務経費±特殊要因－自己収入
人件費　　　＝前年度人件費×人件費調整係数×人件費の効率化係数＋退職手当等 一般管理費＝前年度一般管理費×一般管理費の効率化係数×一般管理費の政策係数 　　　　　　　×消費者物価指数 業務経費　　＝前年度業務経費×業務経費の効率化係数×業務経費の政策係数×消費者物価指数 自己収入　　＝前年度自己収入見積額×収入政策係数×収入調整係数
（説明） 特殊要因　　　：特定の年度に一時的に発生する資金の増減 人件費調整係数：給与昇給率等を勘案し，各年度の予算編成過程において決定する値 効率化係数　　：中期目標および中期計画に記載されている業務運営の効率化に関する事項等を踏まえ，各年度の予算編成過程において決定する値 政策係数　　　：事業の進捗および政策的に必要となる経費等を総合的に勘案し，各年度の予算編成過程において決定する値 収入政策係数　：過去の実績を勘案し，各年度の予算編成過程において決定する値 収入調整係数　：過去の実績における自己収入に対する収益の割合を勘案し，各年度の予算編成過程において決定する値

出所：会計検査院（2011a, 9）表3に加筆修正。

このような事態として，独立行政法人科学技術振興機構の事例があげられる。同機構は設立の際，前身の科学技術振興事業団が差し入れた敷金・保証金を政府出資見合いの資産として継承し，また，設立後に新たに借り上げた事務所および宿舎に係る敷金・保証金の差し入れに運営費交付金を充てていた。その後，同機構は集約化を図るために事務所を廃止したり，職員の退去に伴い貸与していた宿舎を解約したりしたため，2003年10月から2012年3月までに，これらの事務所および宿舎に係る敷金・保証金の返戻金として計3億1961万円を受け取っていたが，国庫に納付していなかった（会計検査院 2012b, 818-820）。

②収益化の方法
　独立行政法人は国から運営費交付金を受領したときは，相当額を運営費交付金債務に計上するとされている。運営費交付金債務は中期目標期間中，業務の進行に応じて一定の基準に基づき収益化を行うものとされ，その際には，当該収益化に相当する額を運営費交付金収益に振り替えるとされている（独法会計基準第81第1項および第2項）。注解およびQ&Aでは，運営費交付金債務を収益化する際の基準として，①業務達成基準，②期間進行基準，③費用進行基準が示されている（図表13-3）。
　このうち，業務達成基準は業務の達成度に応じて財源として予定されている運営費交付金債務の収益化を行うため，業務の達成度が100％となれば運営費交付金債務の全額が収益化されるが，計画の縮小・中止により生じた不用額は，中期目標期間中，運営費交付金債務のまま残る。
　また，費用進行基準は業務のための支出額を限度として財源として予定されている運営費交付金債務の収益化を行うため，交付された運営費交付金の額と実際の支出額の差額が運営費交付金債務として計上される。このため，①運営費交付金を計画より効率的に使用した結果生じた節減額に相当する額，②予定していた業務が計画どおりに進ちょくせずに翌年度に繰り越した額，③計画の縮小・中止により生じた不用額等の支出しなかった額は，中期目標期間中，運営費交付金債務のまま残る。

図表13-3　運営費交付金債務の収益化基準

名　称	内　容
業務達成基準	中期計画およびこれを具体化する年度計画等において，一定の業務等と運営費交付金との対応関係が明らかにされている場合に，当該業務等の達成度に応じて，財源として予定されていた運営費交付金債務の収益化を行うもの。つまり，あらかじめ独立行政法人の達成すべき成果を定め，これに対応する収益化額を設定しておき，成果を達成するごとに当該額を収益化していく手法である。例えば，一定のプロジェクトの実施や退職一時金の支払について，交付金財源との対応関係が明らかにされている場合等がこれに該当する。
期間進行基準	業務の実施と運営費交付金とが期間的に対応している場合に，一定の期間の経過を業務の進行とみなし，運営費交付金債務の収益化を行うもの。例えば，管理部門の活動等がこれに該当する。
費用進行基準	上記２つの基準のような業務と運営費交付金との対応関係が示されない場合に，業務のための支出額を限度として，運営費交付金債務の収益化を行うもの。

出所：注解60およびＱ＆Ａ（Q81-2）より筆者作成。

　したがって，期間進行基準以外の基準が採用されると，計画の縮小・中止により生じた不用額等が運営費交付金債務のまま中期目標期間の最終年度まで残り，余裕金が法人内に滞留するため，国全体からみた場合，財源が有効に活用されないことになる。

　このような事態として，2007年度から2009年度までの間に中期目標期間が終了した独立行政法人35法人についてみると，中期目標期間の最終年度の期末処理において収益化された運営費交付金債務は計1115億3236万円となっていた（会計検査院 2011a, 22）。

③最終年度の期末処理

　独立行政法人は毎年度，損益計算において利益を生じた場合は，前年度から繰り越した損失を埋め，なお残余があるときは，その残余の額を積立金として整理するとされている（通則法第44条第１項）。運営費交付金債務は中期目標期間の最終年度の期末処理において収益化され，前年度からの繰越欠損金の処理に充当されたり，積立金として整理されたりする。中期目標期間

の最終年度末における積立金の処分については，主務大臣の承認を得て次の中期目標期間における業務の財源に充てることができるとされた額を控除して，なお残余がある場合は，その残余の額を国庫に納付するとされている。

したがって，運営費交付金債務の残高を上回る繰越欠損金があるときは，運営費交付金の使用残額は国庫に納付されることなく次期中期目標期間に繰り越され，余裕金が法人内に滞留するため，国全体からみた場合，財源が有効に活用されないことになる。

このような事態として，独立行政法人労働者健康福祉機構の事例があげられる。同機構は第1期中期目標期間の最終年度である2008年度の期末処理において，本部等勘定で運営費交付金債務15億7238万円の収益化を行った結果，当期総利益を15億7718万円計上したが，病院勘定で当期総損失が42億7963万円生じたため，機構全体で当期総損失を27億245万円，繰越欠損金を314億4125万円計上した。この結果，同機構は本部等勘定における運営費交付金債務の収益化額のうち現金の裏づけのある資金等15億8867万円を国庫に納付していなかった（会計検査院 2011b, 760-762）。

(2) 政府出資

独立行政法人には，その業務を確実に実施するために必要な資本金その他の財産的基礎として，国から出資が行われている。独立行政法人は国等から政府出資として土地，建物等の資産を承継したり，国からの追加出資による資金で土地，建物等の資産を取得したりしている。また，独立行政法人は所有資産のうち，将来にわたり業務を確実に実施する上で必要がなくなった不要財産については，処分し，国庫に納付するとされている（通則法第46条の2）。この政府出資は，各独立行政法人の個別法に基づいて行われているが，政府出資に係る独法会計には，予算統制に関して次のような課題がある。

①資産売却益

独立行政法人は国からの出資に係る不要財産を国庫に納付する場合，通則法第46条の2第1項に基づいて現物納付する方法と同条第2項に基づいて当

該資産の譲渡収入を国庫に納付する方法がある。前者の方法では，出資金相当額の土地，資金等がそのまま国庫に納付される。また，後者の方法では，譲渡後に出資金相当額の範囲内で国庫納付金が算定され，さらに，収入金額が当該資産の取得価額を上回り資産売却益が生じた場合は，これを国庫に納付するとされている。

したがって，通則法第46条の2第2項を適用すべきであるにもかかわらず，同条第1項を適用すると，資産売却益が国庫に納付されることなく中期目標期間の最終年度まで残り，余裕金が法人内に滞留するため，国全体からみた場合，財源が有効に活用されないことになる。

このような事態として，独立行政法人情報処理推進機構の事例があげられる。同機構は不要財産として認定した信用基金の国庫納付にあたり，資産の一部を債券で保有していたことから，国庫納付するための資金を得るため，2011年2月に債券を売却し，売却益9622万円を含む65億3711万円の譲渡収入を得た。その後，同機構は譲渡収入により得た取得価格相当額の資金に加え，現金預金として保有していた手元資金を合わせた90億5188万円のみを通則法第46条の2第1項に基づき，国庫に納付していた。この結果，同機構は同法第46条の2第3項が適用されないため，資産売却益9622万円を国庫に納付していなかった（会計検査院 2012a, 68）。

②資産減損損失・資産売却損

独立行政法人は固定資産に減損が生じている可能性を示す事象がある場合，当該資産について，減損を認識するかどうかの判定を行う。この場合，当該資産の市場価格が著しく下落し，その回復の見込みがあると認められないなどのときは，損益計算においてキャッシュ・フローを伴わない費用として資産減損損失が計上される。また，独立行政法人は国からの出資に係る不要財産を国庫に納付する場合，通則法第46条の2第2項に基づいて当該資産の譲渡収入を国庫納付する方法を選択することができる。この場合，売却による収入金額が当該資産の取得価額を下回るときは，損益計算においてキャッシュ・フローを伴わない費用として資産売却損が計上される。このような場合，

損益計算において，資産減損損失・資産売却損と同額で現金の裏づけのある収益が相殺されるため，この収益に相当する額は，利益処分において積立金として整理されない。

したがって，積立金として整理されなかった資金は，国庫に納付されることなく中期目標期間の最終年度のみならず，次期中期目標期間にまで繰り越され，余裕金が法人内に滞留するため，国全体からみた場合，財源が有効に活用されないことになる。

このような事態として，独立行政法人日本貿易振興機構の事例があげられる。同機構は2007年7月および2008年12月に3か所のFAZ支援センターを売却したが，これらの資産に関して，2006年度から2008年度までの損益計算書に資産減損損失および資産売却損を計8億611万円計上していた。これらの資産減損損失等は，いずれもキャッシュ・フローを伴わない費用として計上されるため，各年度の損益計算において，これと同額で現金の裏づけのある収益が相殺され，この収益に相当する額は，利益処分において積立金として整理されなかった。この結果，同機構は積立金として整理されなかった8億611万円を国庫に納付していなかった。（会計検査院 2012b, 851-853）。

2．財務報告

独立行政法人は毎年度，損益計算において生じた利益のうち独立行政法人の経営努力により生じたとされる額がある場合は，主務大臣の承認を受けて，その額の全部または一部を中期計画であらかじめ定めた剰余金の使途に充てるための積立金（以下，目的積立金）として積み立てることができる（独法会計基準第74（参考））。このため，独法会計基準では，独立行政法人にとって管理不可能な費用を，損益計算上の費用に計上しない会計処理（以下，損益外費用）（図表13-4）や，資産見返負債戻入（収益科目）により相殺したりなどする会計処理（以下，費用収益相殺）（図表13-5）が定められている[4]。目的積立金は独立行政法人に対して弾力的かつ効率的な業務運営を促すための動機づけを財務面から与えるために設けられたが，目的積立金に係る独法会計には，説明責任の履行に関して次のような課題がある。

図表13-4　損益外費用の会計処理

項　　目	内　　容
償却資産	独立行政法人が保有する償却資産のうち，その減価に対応すべき収益の獲得が予定されないものとして特定された資産（現物出資，施設費および目的積立金で取得した資産）の減価償却相当額については，損益計算上の費用には計上せず，資本剰余金を減額する。（独法会計基準第87）
賞与	賞与のうち，賞与に充てるべき財源措置が運営費交付金により行われることが，翌期以降の中期計画等で明らかにされている部分については，賞与引当金を計上しない。（独法会計基準第88第2項）
退職給付債務	退職給付債務のうち，退職一時金，厚生年金基金に払い込むべき掛金および積立不足額，退職共済年金に係る整理資源および恩給負担金に充てるべき財源措置が運営費交付金により行われることが，中期計画等で明らかにされている場合は，退職給付引当金を計上しない。（独法会計基準第89第2項）
資産除去債務	独立行政法人が保有する有形固定資産に係る資産除去債務に対応する除去費用等のうち，当該費用に対応すべき収益の獲得が予定されていないものとして特定された除去費用等については，損益計算上の費用には計上せず，資本剰余金を減額する。（独法会計基準第91）
不要財産	独立行政法人が通則法第46条の2または第46条の3の規定に基づいて行う不要財産の譲渡取引のうち，主務大臣が必要なものとして指定した譲渡取引については，当該譲渡取引により生じた譲渡差額を損益計算上の損益には計上せず，資本剰余金を減額または増額する。また，主務大臣が指定した譲渡取引に係る不要財産の国庫納付に要した費用のうち，主務大臣が国庫納付額から控除を認める費用については，損益計算上の費用には計上せず，資本剰余金を減額する。（独法会計基準第99第1項および第2項）
減損	損益外の会計処理を行うこととされた償却資産および非償却資産において，独立行政法人が中期計画等で想定した業務運営を行ったにもかかわらず生じた減損額については，損益計算上の費用には計上せず，資本剰余金を減額する。また，資産見返負債を計上している固定資産において，独立行政法人が中期計画等で想定した業務運営を行ったにもかかわらず生じた減損額については，損益計算上の費用には計上せず，資産見返負債を減額する。（固定資産の減損に係る独立行政法人会計基準第6（2），第7（2））

出所：独法会計基準等より筆者作成。

図表13-5 費用収益相殺の会計処理

項　目	内　容
運営費交付金 （償却資産）	独立行政法人が運営費交付金を受領した場合は，相当額を運営費交付金債務として整理する。運営費交付金により償却資産を取得したときは，その金額を，運営費交付金債務から資産見返運営費交付金に振り替える。資産見返運営費交付金は毎年度，減価償却相当額を取り崩して，資産見返運営費交付金戻入として収益に振り替える。（独法会計基準第81第6項）
運営費交付金 （棚卸資産）	独立行政法人が運営費交付金を受領した場合は，相当額を運営費交付金債務として整理する。運営費交付金により棚卸資産を取得したときは，その金額を，運営費交付金債務から資産見返運営費交付金に振り替える。資産見返運営費交付金は消費した際に，当該消費した相当額を取り崩して，資産見返運営費交付金戻入として収益に振り替える。（独法会計基準第81第6項）
補助金等	独立行政法人が補助金等の概算交付を受けた場合は，相当額を預り補助金等として整理する。補助金等により償却資産を取得したときは，取得に充てられた補助金等の金額を，預り補助金等から資産見返補助金等に振り替える。資産見返補助金等は毎年度，当該資産の減価償却額に取得価額に占める補助金等の割合を乗じて算定した額を取り崩して，資産見返補助金等戻入として収益に振り替える。（独法会計基準第83第4項）
特定の費用	独立行政法人の業務運営に要する費用のうち，その発生額を後年度において財源措置することとされている特定の費用が発生したときは，財源措置が予定される金額を，財源措置予定額収益の科目により収益に計上するとともに，未収財源措置予定額の科目により資産として計上する。（独法会計基準第84第1項）
寄附金	独立行政法人が寄附金を受領した場合は，相当額を預り寄附金として整理する。寄附金により償却資産を取得したときは，その金額を，預り寄附金から資産見返寄附金に振り替える。資産見返寄附金は毎年度，減価償却相当額を取り崩して，資産見返寄附金戻入として収益に振り替える。（独法会計基準第85第2項）

出所：独法会計基準等より筆者作成。

(1) 損益計算書（経営成績）

　独立行政法人はその運営状況を明らかにするため，損益計算書において，一会計期間に属する独立行政法人のすべての費用とこれに対応するすべての収益を記載して当期純利益を表示するとされている。また，損益計算書は通則法第44条にいう利益または損失を確定するため，当期純利益に必要な項目を加減して当期総利益を表示するとされている（独法会計基準第45第1項および第2項）。

　注解およびQ&Aでは，運営費交付金債務を収益化する際の基準として，①業務達成基準，②期間進行基準，③費用進行基準が示されている。大部分の独立行政法人は，運営費交付金から生じた利益については，経営努力により生じた額とは認定されないため，技術的に簡便な費用進行基準を採用している[5]。この費用進行基準では，費用と収益は通常同額となるため，損益はゼロとなり，経費節減努力は損益計算には反映されない。また，費用進行基準では，自己収入が生じた場合でも，自己収入の全額を費用に充てたことにする会計処理を行うと自己収入からも利益が計上されず，その他の処理方法であれば収益化される額が運営費交付金債務のまま残る。この結果，自己収入拡大の努力は損益計算には反映されず，運営費交付金債務も他の収益化基準を採用した場合に比べ多く計上されたままになる。

　したがって，運営費交付金債務の収益化基準として費用進行基準を採用した場合，損益計算において経営努力は反映されなくなるため，損益計算書には，業績の評価に資する財務情報は表示されず，当該法人の運営状況に関する説明責任を履行できないことになる[6]。

(2) 貸借対照表（将来の国民負担）

　独立行政法人はその財政状態を明らかにするため，貸借対照表において，貸借対照表日における当該法人のすべての資産，負債および純資産を記載し，国民その他の利害関係者に正しく表示するとされている（独法会計基準第44）。このうち，純資産の一部である利益剰余金については，独立行政法人の業務に関連し発生した剰余金であって，稼得資本に相当するとされている

ため，利益剰余金が表示されている場合には将来の財源が稼得され，逆に繰越欠損金が表示されている場合には将来の国民負担が生じたことになる。

しかし，独法会計基準では，損益外費用は損益計算上の費用に計上されないため，貸借対照表において利益剰余金が表示されていても，将来の国民負担が生じないわけではない。逆に，繰越欠損金が表示されている場合は，将来の国民負担はこれに止まらない。なぜなら，将来の国民負担となる損益外費用のうち，損益外減価償却累計額等については，貸借対照表の資本剰余金の区分に表示し，引当外退職給付引当金見積額等については，注記事項に表示するからである。また，独立行政法人の業務運営に要する費用のうち，その発生額を後年度において財源措置することとされている特定の費用（例えば貸倒損失）が発生した場合は，財源措置が予定される金額を，財源措置予定額収益の科目により収益に計上するとともに，未収財源措置予定額（資産科目）に計上するからである（図表13-1）。各独立行政法人の財務諸表によると，将来の国民負担は2013年度末現在で3兆9338億円となっているが，このうち繰越欠損金は7197億円（18.3％）で，残りは他の科目に表示されている（図表13-6）。

図表13-6　将来の国民負担の内訳（2013年度末現在）　　　　　（金額単位：百万円）

科　目			金額（割合）	該当法人数
貸借対照表	資産の部	未収財源措置予定額	532,771 (13.5%)	4
	純資産の部 資本剰余金	損益外減価償却累計額	1,838,925 (46.7%)	80
		損益外減損損失累計額	45,050 (1.1%)	68
		損益外利息費用累計額	1,696 (0.0%)	24
		損益外固定資産除売却差額	4,890 (0.1%)	7
	繰越欠損金		719,664 (18.3%)	19
注記事項	引当外賞与見積額		26,602 (0.7%)	76
	引当外退職給付引当金見積額		764,214 (19.4%)	83
計			3,933,811 (100%)	

（注）　2014年1月1日現在の独立行政法人（100法人）のうち，解散した2法人を除く98法人を対象とした。
出所：各独立行政法人の2013年度財務諸表より筆者作成。

したがって，貸借対照表において将来の国民負担に関する財務情報は，多元的に提供され，繰越欠損金に一元化されないため，貸借対照表には，将来の国民負担に関する財務情報は明瞭には表示されず，当該法人の財政状態に関する説明責任を十分に履行できないことになる[7,8]。

(3) セグメント情報

独立行政法人はその業務運営に関し当該年度の国民負担に帰せられるコストを明らかにするため，行政サービス実施コスト計算書において，業務費用，損益外費用，機会費用等を記載して行政サービス実施コストを表示するとされている（独法会計基準第48）。これは，損益計算では損益外費用が計上されなかったりなどして，損益計算上の損益が必ずしも当該年度の国民負担とは一致しないため，当該年度の国民負担に関する財務情報を別途表示する必要があるからである。一方，独立行政法人は附属明細書においてセグメント情報として，セグメント別に主要な資産項目，主要な事業費用および主要な事業収益の内訳を開示するとされている（独法会計基準第43第1項および第2項）。独法会計基準では，セグメントの区分については，特に定められていないため，必ずしも中期目標で示された事務事業別にはなっていない。また，計数については，損益計算書の収益・費用と損益外費用が別々に計上され，セグメント別のフルコストは表示されていない。

したがって，中期目標で示された事務事業別のフルコストが表示されないため，セグメント情報には，中期目標を達成するために実施した事務事業に関する財務情報は表示されず，中期目標を達成するために要した国民負担に関する説明責任を履行できないことになる。

このような事態として，独立行政法人日本原子力研究開発機構の事例があげられる。同機構は高速増殖炉の研究開発を行うため，1968年9月に高速増殖原型炉「もんじゅ」の予備設計を開始し，1991年5月に炉の据付けを完了した。同機構はセグメント情報として，業務区分別に事業費用，事業収益，総資産および損益外費用を開示している。区分された業務の中に「高速増殖炉サイクル技術の確立に向けた研究開発」があり，この区分に「もんじゅ」

の研究開発も含まれている。同機構は2010年度までに「もんじゅ」の研究開発に要した総事業費を9265億円と公表していたが、この額は各年度の予算額の合計であるため、実際の支出額を集計したり、計上されていなかった1979年度以前の建設費、機構職員の人件費、固定資産税等を加えたりなどすると、総事業費は公表額を714億8358万円上回っていた（会計検査院 2012b, 909-917）。

3．業績評価

(1) 業務運営の効率化目標

独立行政法人は主務大臣が中期目標の「業務運営の効率化に関する事項」で定めた効率化目標に基づき、具体策を中期計画および年度計画で定め、年度終了後は当該年度の実績を、また、中期目標期間の終了後は中期目標期間の実績を、それぞれ事業報告書で報告している。中期目標では、業務運営において効率化が図られたかどうかを評価する業績指標として、一般管理費、業務経費（事業費）、総人件費等が用いられている。2014年1月1日現在の独立行政法人100法人のうち、96法人では、2013年度を目標期間に含む中期目標でこれらの業績指標を用いて定量的な効率化目標が定められていた[9]。

図表13-7　独立行政法人の効率化目標

(単位：法人)

業績指標 \ 実績値	予算額・決算額 （現金主義財務情報）	損益計算上の費用 （発生主義財務情報）	計
一般管理費	87	7	94
業務経費（事業費）	78	5	83
総人件費	21	0	21
その他	3	0	3
計	189	12	201

（注1）2014年1月1日現在の独立行政法人（100法人）のうち、解散した2法人を除く98法人を対象とした。
（注2）目標期間は2013年度を含む中期目標期間で、独立行政法人により異なる。
出所：各独立行政法人の中期目標、2013年度事業報告書等より筆者作成。

この96法人のうち94法人では一般管理費を用いて効率化目標が定められていたが，その実績値について，87法人（92.6％）は，予算額・決算額（現金主義財務情報）で報告し，7法人（7.4％）は，損益計算上の費用（発生主義財務情報）で報告していた。また，業務経費（事業費）および総人件費についても，その実績値について，予算額・決算額で報告する傾向が見受けられる（図表13-7）。予算額・決算額で報告した場合には，減価償却費，引当金等のコストは含まれない。また，損益計算上の費用で報告した場合には，損益外費用は含まれない。

　したがって，業務運営の効率化に関する目標管理において，予算額・決算額を用いている場合には，減価償却費，引当金等の発生主義で認識されるコストが効率化の対象になっておらず，また，損益計算上の費用を用いている場合には，発生主義で認識されるコストの一部しか効率化の対象にならないため，コスト削減に向けた取り組みが十分に行われないことになる。

(2)　政府出資の機会費用

　独立行政法人は独立行政法人整理合理化計画（2007年12月閣議決定）等により，保有する合理的理由が認められない土地，建物等の資産について，国に現物納付したり，譲渡収入を納付したりすることとされている。この不要財産の国庫納付は，2010年の通則法の改正により導入されており，2010，2011両年度で計9730億円の国庫納付が行われた。独立行政法人は2011年度末現在で計27兆1296億円の土地および建物を保有しているが，依然として事業用の土地および建物，宿舎の跡地等が有効に利用されていない事態が見受けられる。行政サービス実施コスト計算書では，政府出資の機会費用（資本コスト）が算定されているが，中期目標の「業務運営の効率化に関する事項」では，資本コストを含めた効率化目標が設定されていないため，独立行政法人には，保有資産の見直しに取り組もうとする誘因が生じていない。

　したがって，独立行政法人では，資本コストが算定されているにもかかわらず，業務運営の効率化に関する目標管理において，資本コストを用いた効率化目標が設定されていないため，不要財産の国庫納付に向けた取り組みが

十分に行われないことになる。

このような事態として，独立行政法人日本高速道路保有・債務返済機構の事例があげられる。同機構は日本道路公団等から承継した高速道路に係る固定資産を保有し，これらを東日本道路株式会社等の道路会社に貸し付けている。このうち高速道路区域内の事業用地において，サービスエリア等の施設を整備するために取得した用地や，用途を廃止した高速道路本線およびサービスエリア等の施設の用地について，具体的な整備予定がなかったため，2013年7月末現在で3年以上にわたり有効に利用されていない用地が計59件，資産価額計190億3030万円見受けられた（会計検査院 2013, 788-793）。

(3) 単位当たりのコスト情報

独立行政法人が財政活動の効率化を図るためには，提供した行政サービスの効率性や費用対効果に関する財務情報を把握する必要がある。ここで，効率性とはアウトプット業績指標1単位当たりのコスト，費用対効果とはアウトカム業績指標1単位当たりのコストのことである。これらの財務情報が把握できれば，独立行政法人が複数の行政サービスを提供している場合には，効率性の高い，あるいは費用対効果の高い行政サービスにより多くの資源を配分することができる。また，単一の行政サービスを提供している場合でも，ベンチマーキングの手法を採用すれば，単位当たりのコストを組織内で比較したり，類似の行政サービスを提供している他の独立行政法人，地方公共団体等と比較することにより，行政サービスの提供方法を改善することができる。しかし，独立行政法人の業績評価では，事務事業別に，アウトプット業績指標およびアウトカム業績指標が必ずしも設定されておらず，また，損益外費用を含めたフルコストは集計されていない。

したがって，独立行政法人では，アウトプット業績指標1単位当たりのコストを算定したり，アウトカム業績指標1単位当たりのコストを算定したりしていないため，財政活動の効率化に必要な財務情報を提供できないことになる。

4．まとめ

　独立行政法人制度には，国の事前関与を極力排除するための仕組みを予算執行面から与えるため，運営費交付金が導入された。このため，独法会計基準では，運営費交付金債務を中期目標期間中，業務の進行に応じて収益化を行うものとされた。しかし，大部分の独立行政法人は，収益化基準として期間進行基準以外の基準を採用しているため，計画の縮小・中止により生じた不用額等が運営費交付金債務のまま中期目標期間の最終年度まで残り，余裕金が法人内に滞留している状況になっている。

　また，独立行政法人制度には，弾力的かつ効率的な業務運営を促すための動機づけを財務面から与えるため，目的積立金が導入された。このため，独法会計基準では，損益外費用および費用収益相殺の会計処理が定められ，企業会計原則と大きく異なることとなった。しかし，目的積立金積立率（損益計算上の総利益を計上した法人の総利益の合計額に対する目的積立金積立額の合計額）をみると，1％にも満たず，目的積立金は事実上機能していない状況になっている（図表13-8）。

　このような状況からして，運営費交付金，損益外費用および費用収益相殺の会計処理は，独法会計がその機能を果たす上で，有害無益の存在になっており，見直す必要がある。しかし，改正通則法の施行に伴う独法会計基準等の改訂において，抜本的な見直しは行われていない。

図表13-8　目的積立金の積立状況　　　　　　　　　　　　　　　　　　（金額単位：百万円）

年　　度	2008	2009	2010	2011	2012
①当期総利益	915,582	10,282,119	917,534	3,437,128	13,876,054
（該当法人数）	（77法人）	（78法人）	（82法人）	（85法人）	（93法人）
②目的積立金積立額	320	25,829	145	744	693
（該当法人数）	（6法人）	（5法人）	（2法人）	（3法人）	（4法人）
②／①目的積立金積立率	0.03%	0.25%	0.02%	0.02%	0.00%
（全独立行政法人数）	（100法人）	（99法人）	（104法人）	（104法人）	（102法人）

出所：独立行政法人評価年報より筆者作成。

4 今後の展望

本節では，第3節で示した独法会計の課題を解決するため，わが国の今後の独法会計の在り方を展望してみたい。

1．財政統制

(1) 運営費交付金

独立行政法人は主務省の政策実施機関であるため，主務省から行政サービスの提供に必要な財源として運営費交付金を受領している。運営費交付金は使途の内訳が特定されておらず，中期目標期間中は特別な手続きをとらないで翌年度に使用できるが，中期目標期間の終了後は，不用額を国庫に納付する取扱いになっている。また，独立行政法人が解散し，国の機関と統合する場合，運営費交付金で取得された資産は国に承継され，一般会計または特別会計に帰属する。独立行政法人が解散し，他の独立行政法人と統合する場合は，運営費交付金で取得された資産は統合先の独立行政法人に承継され，現物出資の形で当該独立行政法人の資本金を増加させる。このように，運営費交付金は一般的な国庫補助金とは性質が大きく異なるため，運営費交付金の受領は収益（損益取引）ではなく，拠出（資本取引）とみなすこともできる。

(2) 発生主義予算

現行の現金主義予算は，現金の収入および支出があった時点で，収益および費用を認識するため，予算執行にあたり，恣意性が排除され，客観性と確定性が高いというメリットを有する。その一方で，行政サービスを提供するために消費される経済資源の経済的価値を測定できないため，予算においてコストによる統制が不可能となり，また，決算においてコストに関する財務情報を提供できないというデメリットを有する。これに対し，発生主義予算は経済的価値の生成および消費が発生した時点で，収益および費用を認識することから，行政サービスを提供するために消費される経済資源の経済的価

値を測定できるため，予算においてコストによる統制が可能となり，また，決算においてコストに関する財務情報を提供できるというメリットを有する。その一方で，経済的価値の生成および消費の発生に関する認識において，恣意性が入りやすく，客観性と確定性が低いというデメリットを有する。したがって，現行の現金主義予算のメリットを生かしつつ，デメリットを改善するため，発生主義予算を併用することが考えられる[10]。

2．財務報告

　独立行政法人の行政活動は，市場機構において競争原理による評価を受けていないため，財務情報（収益―費用）で算定される利益または損失だけではその経営成績を測定することはできない。独立行政法人の経営成績を測定するにあたり，企業会計と同様の損益計算を行う意義は乏しく，別途，投入されたコストに対してどれだけの成果を上げることができたかという観点で非財務的な業績情報とあわせて行政の効率性等を判断する必要がある。このような考え方によると，損益計算書は実質的に業務費用計算書となり，独立行政法人にとって管理不可能な費用も含め，業務運営に伴うすべての費用を計上することになる。

　独立行政法人に発生主義会計を導入するメリットは，損益計算により経営成績を測定することではなく，行政サービスの提供に要したフルコストを把握することにあると割り切った場合，例えば，次のような独法会計基準の見直しが考えられる。

(1) 独立行政法人の財務報告体系を①業務費用計算書，②貸借対照表，③キャッシュ・フロー計算書，④純資産変動計算書，⑤附属明細書とする。
(2) 業務費用計算書は管理不可能な費用も含め業務運営に伴うすべての費用を計上するとともに，自己収入だけを収益として計上して当期純費用を表示する。
(3) 運営費交付金は資金収支差を補填するために必要な額を交付することとし，受領した年度に純資産変動計算書の繰越利益剰余金（資本科目）に貸方記帳する[11]。

図表13-9　独立行政法人の財務報告体系（提案）のイメージ

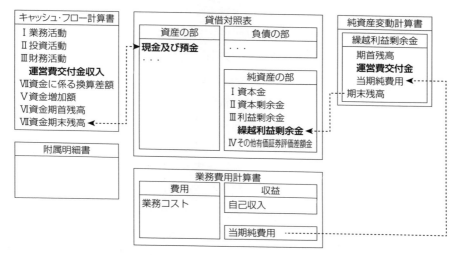

（注）　太字は，本文と関連のある科目を示す。
出所：東（2012c, 328）図表9-5に加筆修正。

(4) キャッシュ・フロー計算書は，運営費交付金収入を財務活動の区分に表示する。

(5) 期末処理において業務費用計算書に表示された当期純費用を純資産変動計算書の繰越利益剰余金に振り替え，その期末残高を貸借対照表に表示する。繰越利益剰余金が借方残高になった場合には，将来の国民負担が生じたことになる。

これにより，独立行政法人の財務諸表では，当該年度の国民負担に関する財務情報は業務費用計算書の当期純費用に，将来の国民負担に関する財務情報は貸借対照表の繰越利益剰余金に一元化されることになる（図表13-9）。

3．業績評価

(1) 業績目標

主務大臣は独立行政法人の中期目標期間の終了時までに，当該法人の事務事業を継続させる必要性，組織を存続させる必要性等について検討を行い，

その結果に基づいて所要の措置を講じるとされている。独立行政法人は主務省の政策実施機関であるため，その事務事業の改廃にあたっては，主務省の政策手段としての効率性や費用対効果を定量的に評価する必要がある。つまり，主務省はその政策目的を達成するため，①自らが実施する直轄事業，②独立行政法人，国立大学法人等の政府出資法人が実施する事務事業，③地方公共団体が実施する国庫補助事業等の複数の政策手段を用いているが，限られた財源を有効に活用するためには，より効率性の高い，またはより費用対効果の高い政策手段により多くの資源を配分する必要がある。

　主務省は行政機関が行う政策の評価に関する法律（平成13年法律第86号）に基づいて政策評価を行っており，施策レベルの政策の事後評価として実績評価方式を用いている。この実績評価のスキームを利用して独立行政法人の事務事業を含めた複数の政策手段の効率性や費用対効果を比較する場合，まず次のように政策体系の明確化を計る必要がある（政策体系のイメージについては，図表13-10）。

(a) 実績評価において，「政策（狭義）→施策→事務事業」で構成される政策体系を作成する。この場合，事務事業レベルでは，当該事務事業を実施する政策実施機関を明確にする。
(b) 実績評価において，事務事業別に業績目標を設定する。この場合，アウトプット業績指標およびアウトカム業績指標を用いて定量的な目標値を設定する。
(c) 実績評価において，政策実施機関別に業績目標を設定する。この場合，業績指標については，(b)で用いたアウトプット業績指標およびアウトカム業績指標を採用する。また，目標値については，各政策実施機関の予算規模等に応じて(b)で設定した目標値の一部を分担させる。
(d) 独立行政法人に指示する中期目標において，事務事業別に業績目標を設定する。この場合，業績指標および目標値については，(c)で設定したものを採用する。

図表13-10　政策体系のイメージ（公共職業訓練（離職者訓練）の仮説例）

政策			労働者の職業能力の開発および向上を図るとともに，その能力を十分に発揮できるような環境整備をすること					
施策			多様な職業能力開発の機会を確保すること					
事務事業			公共職業訓練（離職者訓練）を実施すること					
政策実施機関			独立行政法人高齢・障害・求職者雇用支援機構（施設内訓練）					
			都道府県（施設内訓練・委託訓練）					
アウトプット業績指標			離職者訓練の受講者数（単位：人）					
			基準値（実績）	目標値				
			2011年度	2012年度	2013年度	2014年度	2015年度	2016年度
			149,112	150,000	150,000	160,000	160,000	160,000
内訳	雇用支援機構	施設内	30,727	32,000	32,000	32,000	32,000	32,000
		委託	2,742	0	0	0	0	0
	都道府県	施設内	11,912	12,000	12,000	12,000	12,000	12,000
		委託	103,731	106,000	106,000	116,000	116,000	116,000
アウトカム業績指標			離職者訓練の受講者のうち，訓練修了3ヵ月後の就職者数（単位：人）					
			基準値（実績）	目標値				
			2011年度	2012年度	2013年度	2014年度	2015年度	2016年度
			105,670	104,100	104,100	116,400	116,400	116,400
内訳	雇用支援機構	施設内	26,056	25,600	25,600	25,600	25,600	25,600
		委託	1,793	0	0	0	0	0
	都道府県	施設内	8,529	9,600	9,600	9,600	9,600	9,600
		委託	69,292	68,900	68,900	81,200	81,200	81,200

（説明）
　厚生労働省は多様な職業能力開発の機会を確保するため，公共職業訓練（離職者訓練）を実施している。公共職業訓練（離職者訓練）はハローワークの求職者を対象に，再就職に必要な技能および知識を習得させるために行われる。
　厚生労働省は公共職業訓練を実施するため，独立行政法人高齢・障害・求職者雇用支援機構に労働保険特別会計雇用勘定から運営費交付金等を交付しており，その額は2014年度で計562億円となっている。同機構は公共職業訓練（離職者訓練）を全国に設置した職業能力開発大学校（2014年度現在9か所）と職業能力開発促進センター（同60か所）で実施していて，その経理は職業能力開発勘定で整理されている。
　また，厚生労働省は公共職業訓練を実施するため，都道府県に一般会計および労働保険特別会計雇用勘定から離職者等職業訓練費交付金等を交付しており，その額は2014年度で計446億円となっている。都道府県は公共職業訓練（離職者訓練）を都道府県内に設置した職業能力開発校（同全国計154か所）で実施したり，専修学校等の民間教育訓練機関に委託したりして実施している。なお，表において，業績指標の目標値は仮定の数値である。

出所：厚生労働省（2014a; 2014b）等を参考に筆者作成。

(2) 業績予算

　独立行政法人では，予算編成とその執行が経費別に現金主義で行われているため，現状では，その事務事業の政策手段としての効率性や費用対効果を定量的に評価するために不可欠なコスト情報を入手することができない。このため，中期計画および年度計画では，経費別の現金主義予算に加え，発生主義の業績予算を編成する必要がある。業績予算では，第4節3.(1)の(d)で述べた中期目標に沿って，①予算が事務事業別に区分され，②事務事業の目標

図表13-11　ABCのイメージ（職業能力開発促進センターの仮説例）

資　源		
資源項目	金額	資源ドライバー
業務経費	×××	特定した活動
人件費	×××	作業時間
退職給付引当金	×××	
一般管理費	×××	特定した活動
減価償却費	×××	占有面積
計	×××	

資源ドライバーにより
資源コストを活動に割当

活　動		
活動単位	金額	活動ドライバー
訓練コースの企画立案	×××	打合回数
受講者の選考	×××	申込者数
訓練コースの実施	×××	受講者数
受講者への就職支援	×××	
センターの管理業務	×××	
計	×××	

活動ドライバーにより
活動コストを原価計算対象に割当

原価計算対象	
訓練コース	金額
金属加工コース	×××
電子回路コース	×××
電気設備コース	×××
生産管理技術コース	×××
ビル設備コース	×××
計	×××

活　動		
活動単位	コストドライバー1	単価
訓練コースの企画立案	受講者数	××
受講者の選考	（アウトプット業績指標）	××
訓練コースの実施		××
受講者への就職支援		××
センターの管理業務		××
計		××

活　動		
活動単位	コストドライバー2	単価
訓練コースの企画立案	就職者数	××
受講者の選考	（アウトカム業績指標）	××
訓練コースの実施		××
受講者への就職支援		××
センターの管理業務		××
計		××

（説明）
　独立行政法人高齢・障害・求職者雇用支援機構は公共職業訓練（離職者訓練）を職業能力開発促進センターで実施している（図表参照。13-10）。
　センターでABCを導入するとした場合，例えば，次のような手続きが考えられる。
(ｱ)　会計システムから離職者訓練に要した資源コスト情報を収集する。資源コスト情報は資源項目別に発生主義でフルコストを把握する。
(ｲ)　離職者訓練を業務内容に応じて活動単位に細かく分類する。
(ｳ)　各資源項目を各活動単位に割当てるための資源ドライバーを決定する。
(ｴ)　資源ドライバーを用いて各資源項目を各活動単位に割当てる。経費が，ある活動単位の特定の活動だけのコスト要因になっているときは当該活動単位に割当てる。経費が，複数の活動単位のコスト要因になっているときは作業時間を測定したりなどして各活動単位に割当てる。
(ｵ)　原価計算対象を決定する。上図の仮説例では原価計算対象は訓練コースとしている。
(ｶ)　各活動単位コストを各訓練コースに割当てるための活動ドライバーを決定する。
(ｷ)　活動ドライバーを用いて各活動単位コストを各訓練コースに割当てる。
(ｸ)　1単位当たりのコストを把握するためのコストドライバーを決定する。上図の仮説例では，コストドライバー1は受講者数（アウトプット業績指標），コストドライバー2は就職者数（アウトカム業績指標）としている。
(ｹ)　各活動単位コストをコストドライバー1，コストドライバー2で割り，効率性，費用対効果をそれぞれ計算する。

出所：筆者作成。

がアウトカムベースで設定され，③事務事業別に予算額とともに，アウトプットおよびアウトカムベースの業績指標で目標値が設定されることになる。

発生主義の業績予算の下で，事務事業別にアウトプット業績指標の実績値を測定するとともに，その提供に要したフルコストを集計すれば，アウトプット業績指標1単位当たりのコスト（効率性）を把握できる。同様に，事務事業別にアウトカム業績指標の実績値を測定するとともに，その改善に要したフルコストを集計すれば，アウトカム業績指標1単位当たりのコスト（費用対効果）を把握できる。さらに，活動基準原価計算（ABC）を用いると，1単位当たりのコストの内訳も把握できるようになる（ABCのイメージについては，図表13-11）。

このような会計制度を整備すれば，独立行政法人は単位当たりのコストおよびその内訳を組織内で比較したり，類似の行政サービスを提供している他の独立行政法人，地方公共団体等と比較したりして，行政サービスの提供方法を改善することが可能となる。また，主務省は単位当たりのコストをすべての政策実施機関から入手することにより，行政サービスの効率性や費用対効果を相互に比較し，効率性の高い，あるいは費用対効果の高い行政サービスを提供している政策実施機関により多くの資源を配分することが可能となる。さらに，単位当たりのコストを把握することにより，業績指標の目標値に対応した予算額を算定することが可能になる。

5 おわりに

独法会計は制度設計において，原則として企業会計原則を適用するが，独立行政法人が中期計画に沿って通常の業務運営を行った場合，損益がゼロになるように構築する必要があるとされた（独立行政法人会計基準研究会1999, 3）。中期計画では，独立行政法人の業務運営に必要な資金しか財源措置されないため，計画通りに業務運営が行われれば，中期目標期間終了時において，資金収支，損益ともゼロになり，余裕金は法人内に生じないことになる。つまり，制度設計では，減価償却費，引当金等のキャッシュ・フロー

を伴わない費用については，これに対応する収益相当の資金を法人内に留保させないため，損益に影響を及ぼさないような仕組みを構築する必要があるとされたのである。

　財政統制の制度設計では余裕金が法人内に生じないように腐心したにもかかわらず，運営費交付金債務の収益化基準として費用進行基準を採用したり，資産売却損，減損損失等のキャッシュ・フローを伴わない費用が発生したりしているため，余裕金が法人内に滞留することとなった。また，発生主義を導入した場合，損益と資金収支は当然に乖離するにもかかわらず，両者を一致させるために設けられたのが損益外費用および費用収益相殺の会計処理であった。この結果，損益計算書では当該年度の国民負担に関する財務情報が提供されず，貸借対照表では将来の国民負担に関する財務情報が明瞭には提供されないこととなった。さらに，業績評価では，事務事業別に，アウトプット業績指標およびアウトカム業績指標が必ずしも設定されていない上に，損益外費用を含めたフルコストが集計されないため，コスト情報に基づいた効率的な資源配分が行えないこととなった。

　公会計に発生主義会計を導入するメリットは，減価償却費，引当金等のキャッシュ・フローを伴わない費用も含めた国民負担に関する財務情報を提供できることである。現行の独法会計は，損益と資金収支が一致するように制度設計されているため，かぎりなく現金主義に近く，発生主義会計のメリットがもたらされていない状況となっている。改正通則法の施行に伴い独法会計基準等が改訂されたが，抜本的な見直しは行われていない。損益と資金収支を一致させなくても，余裕金が法人内に生じないような資金管理は可能であるため，運営費交付金，損益外費用および費用収益相殺の会計処理を見直すとともに，業績予算を導入する必要がある。英国では，予算制度および会計制度に発生主義が導入され，予算については，現金主義と発生主義の両建てとなっており，独法会計を見直す場合，参考になると考えられる。

注

1 公会計の機能については，財政制度等審議会（2003, 10-11）を参考にした。
2 改正通則法の施行に伴い2015年1月に独法会計基準等が改訂され，2015年4月から適用されている。改訂の主な内容は，目標設定および評価とセグメント情報の整合性を図ったこと，運営費交付金債務の収益化において，原則として業務達成基準を採用したことである。現時点では，これらの改訂が財務報告に及ぼす影響が不明であるため，第3節では，2015年3月以前の独法会計を取り上げている。
3 独立行政法人が運営費交付金により固定資産を取得した場合，非償却資産については，運営費交付金に対応する額を，運営費交付金債務から資本剰余金に振り替えるとされている（独法会計基準第81第4項）。そして，敷金・保証金を差し入れたときの仕訳は，
　　（借方）敷金・保証金　×××　　（貸方）現金預金　　×××
となり，返戻されたときの仕訳は，貸借が逆になるだけであるため，収益は認識されない。
4 損益外費用および費用収益相殺の会計処理については，独法会計の制度設計の段階から理論的根拠がなく，独立行政法人の損益計算を不明瞭にしているとの批判がなされていた（野中 2000）。その後も，同様な主張は，高橋（2008），石津（2010），長谷川（2012）等でも示されている。
5 2012年度に運営費交付金の交付を受けた独立行政法人86法人のうち，費用進行基準のみを採用した法人は60法人（69.8％），業務達成基準のみを採用した法人は8法人（9.3％），期間進行基準のみを採用した法人は0法人（0％），複数の基準を併用した法人は18法人（20.9％）になっている（総務省 2015, 29）。
6 どのような収益化基準を採用したとしても，主務省は行政サービスの対価として運営費交付金を交付しているわけではないため，損益計算で算定される利益または損失は，事前に見積られた予算と発生した費用の差額に過ぎず，独立行政法人の経営成績を貨幣的尺度で測定したものではない。同様な主張は，山本（2000, 225）でも示されている。
7 内閣は当該年度終了後，国有財産の区分別に年度間の増減および年度末現在の現在額を記載した「国有財産増減及び現在額総計算書」を作成し，国会に提出している。同計算書において，独立行政法人への「政府出資」の現在額は，当該法人の貸借対照表の総資産から総負債を控除した純資産額で計上されている（2013年度末現在で計29兆5606億円）。この純資産額の算定では，将来の国民負担のうち，資産の部に表示される「未収財源措置予定額」は総資産に含まれ，また，注記事項に表示される「引当外賞与見積額」および「引当外退職給付引当金見積額」は総負債に含まれていない。したがって，同計算書において，独立行政法人への「政府出資」の現在額は，これらの科目に表示される金額の合計額だけ，過大に評価されていることになる（2013年度末現在で過大評価額は，計1兆3236億円になる（図表13-6））。
8 一部の独立行政法人では，中期目標の「財務内容の改善に関する事項」で，繰越欠損金の解消を目標として設定される場合があるが，繰越欠損金は必ずしも将来の国民負担のすべてを示しているわけではないため，財政状態の業績指標として十分ではないことになる。
9 代表的な例では，「一般管理費について，毎年度，前年度比3％以上の削減を図る。業務経費について，毎年度，前年度比1％以上の削減を図る。総人件費について，2006年

249

度からの5年間で5％以上の削減を図る。」となっている。運営費交付金の交付を受けている独立行政法人の場合，一般管理費および業務経費の目標値は，中期計画で運営費交付金を算定する際に用いる効率化係数と一致している（図表13-2）。
10 財政民主主義の下で民主的な財政統制を直接担っているのは，国会議員であるため，財務報告は国会議員の情報ニーズを反映した財務情報を提供する必要がある。山本（2007, 37）によると，国会議員のうち発生主義予算の支持者は62％で，多数派を占めている。この調査結果は，多くの国会議員が，公会計改革の課題として，予算と会計を連動させることが重要であると認識していることを示している。
11 運営費交付金の受領に係る会計処理には，①受領時に全額を繰延収益として負債に計上した後，業務の進行に応じて収益を認識する方法（現行制度），②受領時に全額を収益として認識する方法，③受領時に全額を資本取引として純資産の部に直入する方法が考えられるが，本稿では，英国の事例にならい資本取引とする会計処理を採用した（東 2009b, 103-108）。

参考文献

東信男（2009a）「イギリス中央政府における国際会計基準（IAS/IFRS）の導入—公会計の目的に対応させながら—」『会計検査研究』39: 135-151。

東信男（2009b）「独立行政法人会計基準の課題と展望—損益計算に焦点を当てて—」『会計検査研究』40: 97-109。

東信男（2012a）「イギリスにおける発生主義財務情報の活用状況—財政統制に焦点を当てて—」『会計検査研究』45: 161-174。

東信男（2012b）「イギリスにおける発生主義財務情報の活用状況—政策評価に焦点を当てて—」『会計検査研究』46: 151-165。

東信男（2012c）「第9章 効率的運営が求められる独立行政法人の会計」大塚宗春・黒川行治編著『体系現代会計学第9巻 政府と非営利組織の会計』中央経済社，299-331。

東信男（2013）「改革を迫られた独立行政法人制度—独法会計に焦点を当てて—」『会計検査研究』48: 71-89。

石津寿恵（2010）「独立行政法人における固定資産の会計処理—損益外減価償却の課題—」『財務会計研究』4: 33-60。

会計検査院（2011a）「独立行政法人における運営費交付金の状況について」『会計検査院法第30条の2の規定に基づく報告書』。

会計検査院（2011b）『平成22年度決算検査報告』。

会計検査院（2012a）「独立行政法人における不要財産の認定等の状況に関する会計検査の結果について」『会計検査院法第30条の3の規定に基づく報告書』。

会計検査院（2012b）『平成23年度決算検査報告』。

会計検査院（2013）『平成24年度決算検査報告』。

厚生労働省（2014a）『厚生労働省における事後評価の実施に関する計画（平成26年度）』。

厚生労働省（2014b）『厚生労働省における政策評価に関する基本計画（第3期）』。

財政制度等審議会（2003）『公会計に関する基本的考え方』。

総務省（2015）『独立行政法人評価年報（25年度版）』。

高橋選哉（2008）「独立行政法人会計における減価償却の検討」『會計』174（6）: 55-70。
独立行政法人会計基準研究会（1999）『独立行政法人会計基準中間的論点整理』。
野中郁江（2000）「「独立行政法人会計基準」批判─損益計算を中心にして─」『経理知識』79: 41-58。
長谷川哲嘉（2012）「非営利会計の混迷」『早稲田商学』432: 111-174。
山本清（2000）「独立行政法人の財務と会計に関する考察」『岡山大学経済学会雑誌』31（4）: 207-234。
山本清（2007）「公会計制度改革の課題」『会計検査資料』 7: 35-37。

第14章 公益法人・NPO法人における会計の機能と課題

はじめに

　本章では，公益法人と特定非営利活動法人（以下，NPO法人）の会計が，公共経営の中で果たし得る機能と課題について述べていく。両者は，第1節で述べるとおり，根拠法も会計基準も別個に構築されている。このため，多くの文献でも，両者は区分して取り扱われている。本章では，最初に各法人制度と，各法人のこれまでの会計制度を概観する。その上で，公共経営における両法人の会計の機能については，統一的な枠組みの中で論じていく。その理由を，以下に3つ述べる。

　第1に，組織目的の共通性があげられる。ともに非営利の組織で，活動内容もさまざまな分野に及んでいる。両者とも教育，国際協力，社会福祉，環境保護，男女共同参画などの活動を行っている。この点で，教育を主要な目的とする学校法人や社会福祉施設の運営を主要事業とする社会福祉法人のように，特定の活動を中心に行う非営利組織とは異なる。

　第2に，行政経営に果たす役割の共通性があげられる。公共経営の中では，両者は行政だけでは担えないようなさまざまな活動を行っている。東日本大震災での各種支援や，災害発生国における国際協力などは政府だけではなしえなかったといえよう。両者とも公の施設の管理を民によって行う指定管理者制度等を通じて，また政府からの委託金や補助金等をもとに様々な活動を行って，公共経営の一翼を担っている。

　第3に，非営利組織会計の統一的枠組みを構築していく流れの中で，両者を統合して議論していく必要性があげられる。平成25（2013）年7月に日本公認会計士協会から公表された非営利法人委員会研究報告第25号「非営利組

織の会計枠組み構築に向けて」では，公益法人やNPO法人といった法人類型にとらわれずに，民間非営利組織に共通の会計枠組みを構築していく必要性が主張されている。

こうした考えに従えば，活動分野や目的が共通する公益法人とNPO法人を区別する必要性は少ない。そこで，本章では公共経営における会計の機能を論じるにあたって，公益法人とNPO法人とを区分しないこととする。

第2節では，会計を考察するにあたっての基礎となる，公益法人とNPO法人をとりまく法律や会計基準の経緯について述べる。第2節では，会計が果たし得る機能について述べる。特に，近年における発生主義会計の導入や寄附等の会計に着目して議論を進める。第3節では，これまでの議論をまとめ，公共経営の中で積極的な役割を果たしていくための両者の会計の方向性について述べる。

② 公益法人・NPO法人制度と会計の概要

1．公益法人・NPO法人と公共経営

少子高齢化の進行や本格的な人口減少社会を受け，行政による各種の活動だけでは財政面・運営面ともに不十分であり，公益法人やNPO法人が担う公共経営の役割の拡充が求められている。しかし，こうした活動を担う団体は，人材面，資金面そして信頼性の問題でさまざまな課題を抱えている。

自主事業や各種委託事業などが少なく，安定した事業収入が見込めない法人にとっては，寄附[1]の必要性が高い。寄附を集めるためには，法人自身が活動の成果や寄附の使途について積極的に情報発信して透明性を高め，信頼を確保していくことが重要である。2008年に行われた内閣府の調査[2]では，寄附者にとっての寄附を増やす条件の第1位として「経済的に余裕があること」（57.8％），第2位は「団体の活動に関する報告が行われること」，第3位が「手続きが簡便であること」（33.3％），第4位が「団体の会計に対する報告が行われること」（31.9％）であった。

寄附を獲得し，法人の事業活動の信頼性を向上させるための一助として会計情報は重要な機能を果たし得る。以下では，これまでの法人制度や会計制度を概観する。

2．公益法人制度

公益法人とは，一般社団・財団法人法により設立された一般社団法人と一般財団法人，さらに「公益社団法人及び公益財団法人の認定等に関する法律」（以下，公益法人認定法）により公益性の認定を受けた公益社団法人と公益財団法人をいう。公益社団法人と公益財団法人は，特に税制上の大きな優遇を受けている。具体的には，公益社団・財団が行う各種事業について非課税となるほか，収益事業を行った場合でもその利益を公益事業に組み入れることで非課税となる。また，寄附者は当該法人に寄附することで，所得税や住民税等が減免される。税制改革に伴い，非営利組織への寄附者は，寄附額に応じこれまで以上に大きな税制優遇を得られることとなった。これまで，行政への依存度が高かった公益法人も，補助金等の削減等により自主努力により財源を見つける必要性が高まっており，寄附の増加が期待されている。

ここで，公益認定について述べる。公益社団や財団として認定されるためには，内閣府や各都道府県に設置される公益認定等委員会の審査を受け，認可を受けなければならない。公益法人認定法では，従来の主務官庁の許認可に基づく法人設立を廃し，学識経験者等からなる公益認定等委員会に公益認定の権限を移行した。公益法人認定法では，認可する要件として公益目的事業を行うことを主たる目的とするものである（第5条第1号）ことを第1にあげている。そのほか，遊休財産額が制限を超えないこと（第5条第9号および第16条）や，公益目的事業について，当該公益目的事業に係る収入がその実施に要する適正な費用を償う額を超えないこと（第5条第6号および第14条）もあげられている。認定にあたっては，会計の各種数値が重要な基準となっている。

3．公益法人会計基準の経緯

　公益法人会計基準は，昭和52（1977）年に公益法人監督事務連絡協議会の申し合わせとして設定された。その後，昭和60（1985）年公益法人会計基準，平成16（2004）年公益法人会計基準，平成20（2008）年公益法人会計基準と3つの基準が公表，適用されている。平成16（2004）年には，公益法人等の指導監督等に関する関係省庁連絡会議により大きな改正が行われた。

　平成16（2004）年基準前文では，会計基準の全面的改正の理由として，「公益法人の活動状況をわかりやすく広く国民一般に対して報告するものとする」ことをあげた。それまで法人の内部管理，監督官庁による指導を重要視してきた会計を，外部報告を第1の目的とすることが明文化された。そして，内部管理事項（会計処理規程，会計帳簿，収支予算書および収支計算書の作成ならびに書類の保存）については，特段の定めを置かないこととした。あわせて，一取引二仕訳・収支計算の重視といった公益法人独特の会計に関する規定は廃止され，損益計算中心の体系へ改められた。企業会計との整合性が図られ，法人外部の利用者にとって理解しやすい情報が想定された。

　その後，公益法人制度の改革や主務官庁の廃止といった平成20（2008）年の新法施行に伴う改正を織り込む必要が生じたことから，内閣府公益認定等委員会を主体として平成20（2008）年に会計基準が改正された。平成16（2004）年基準を基本的に継承しながらも，財産目録を会計基準から除外し基金に関する規定を設けるなど，公益認定にかかる法律との調和が重視されている。法的に強制適用される会計基準ではないので，各公益法人は一般に公正妥当と認められた会計の慣行に従うことでよい（公益法人認定法第119条，第199条）。

　公益認定の判断では，公益法人の実施する事業が公益に資するものであるかはもちろんのこと，財務情報により遊休財産を多く保有していないか，事業の収支相償の要件を満たしているかなども問われる。これらを判断する上で，会計情報が不可欠である。そして，公益認定後も公益法人に対して検査が行われ（公益法人認定法第27条），この際にも会計情報が用いられる。

公益法人の認定を得て，税制の優遇を受けることは組織にとって非常に重要であり，認定を受けるための会計情報の整備に多くの労力が割かれてきた。もっとも公益認定は，公益社団・財団となるためのプロセスであり，認定自体が最終目的ではない。また認定されることは，組織の活動が継続し公共経営の重要な担い手であり続けることを保証するものではない。会計は公益認定を受けるためのものではなく，公共経営の担い手として十分な役割を果たし，財務的健全性を保持しているかの評価に役立つ情報であるべきである。

4．NPO法人制度

　阪神大震災等をきっかけにして，非営利活動を促進し，その法的基盤を明確にする必要性が認識され，平成10（1998）年に特定非営利活動促進法（以下，NPO法）が成立し，NPO法人制度が誕生した。当時の公益法人は，所轄官庁による認可が必要で，認可を得るのが難しかった。それと比較して，NPO法人は認証が容易であり認証数は毎年増加してきた[3]。もっとも，その後公益法人制度の改革に伴い一般社団・財団が容易に設立できるようになったため，NPO法人との差異は少なくなった。

　平成23（2011）年にNPO法が改正され，税制優遇を受けられる認定NPO法人の要件が緩和された。認定基準としては，多くの市民から支えられているかどうか，運営組織・事業活動が適正かどうか，自らの情報を広く公開しているかが重要視される。また，認定NPO法人になる前段階として，仮認定の制度が取り入れられた（NPO法第2条第4項，第58条第1項）。これにより認定NPO法人数の増加や寄附の増加などが想定されるが，2016年3月現在認定を受けているのは955法人（仮認定を含む）と，NPO法人全体の2％にも満たない。また，経理的基礎の弱い小規模法人が多いのも特徴である。内閣府が2011年11月に43,993法人を対象に行った調査では，年間総収入500万円以下の法人が全体の53.3％を占めていた。

5．NPO法人会計の経緯

　平成11（1999）年に，当時の経済企画庁より「特定非営利活動法人の会計

の手引き」(以下,手引き)が公表された。これは,NPO法人の会計担当が会計書類を作成するにあたっての目安を提供することを目的とし,小規模な組織が多い実情に即して公表されたものであった。その内容は,昭和60(1985)年公益法人会計基準と多くの類似点を有し,収支計算を軸とした会計が示されていた。

当初のNPO法における会計規定では,収入および支出は予算に基づいて行うこと(第27条1号)や収支計算書の作成(第27条3号)といった規定が置かれていた。平成15(2003)年改正により予算準拠主義の規定は削除され,第3号の収支計算書は平成23(2011)年改正で活動計算書に変更され,収支計算中心から損益計算中心の体系へと移行した。

このような動きの中,従来の「手引き」ではNPO法人の活動実態を開示するのに不十分と考えられるようになっていた。そこで,NPO法人関係者や会計専門家等により構成されたNPO法人会計基準協議会により,平成22(2010)年に「NPO法人会計基準」が公表された。これまで監督官庁が設定することが一般的であった会計基準を,NPO法人にかかわる民間有志の団体が自発的に作成したことは特筆してよい。

現行のNPO法第27条では,会計簿は,正規の簿記の原則に従って正しく記帳すること(第2項)および計算書類(活動計算書及び貸借対照表をいう。)及び財産目録は,会計簿に基づいて活動に係る事業の実績及び財政状態に関する真実な内容を明瞭に表示したものとすること(第3項),また採用する会計処理の基準及び手続については,毎事業年度継続して適用し,みだりにこれを変更しないこと(第4項)とされている。そして,第29条では「特定非営利活動法人は,都道府県又は指定都市の条例で定めるところにより,毎事業年度一回,事業報告書等を所轄庁に提出しなければならない。としている。

平成23(2011)年には,市民・特定非営利活動法人・所轄庁の三者にとってわかりやすい会計の在り方を検討するため,内閣府に特定非営利活動法人の会計の明確化に関する研究会が設置され同年に報告書が公表された。これは,「NPO法人における会計の明確化を促していく提言」(報告書第1章第

3節）として位置づけられている。

3 公益法人・NPO法人の会計と公共経営

1. 公益法人・NPO法人会計の目的の変化と発生主義会計への移行

　民間非営利組織における会計の目的は，資源提供者・サービス提供者への情報提供，さらには監督官庁への報告，理事者への報告など多くが考えられる。従来，非営利組織の会計では，内部管理目的が重要であった。例えば，組織内部での経営管理・監督官庁や理事への報告などである。これまでの非営利組織の会計は，組織の内部管理や監督官庁への収支報告という側面が強いものであった。このため，予算書の作成や公表が明文化されていた。例えば，NPO法人では，収支予算の作成義務を規定していたが，平成14（2002）年の法改正と同時に記述が削除されている[4]。

　非営利組織の会計も外部の資源提供者への情報提供を重要視するようになってきている。平成16（2004）年改正により，公益法人会計基準では収支予算書に関する規定がなくなり，外部報告の会計について規定するものであることが明確化されている。つまり，会計基準は監督官庁や一部の資源提供者に向けたものではなく，広く一般目的の財務諸表について規定したものであるといえる。

　NPO法人会計基準では，会計の目的として，(1)NPO法人の会計報告の質を高め，NPO法人の健全な運営に資すること，(2)財務の視点から，NPO法人の活動を適正に把握し，NPO法人の継続可能性を示すこと，(3)NPO法人を運営する者が，受託した責任を適切に果たしたか否かを明らかにすること，(4)NPO法人の財務諸表等の信頼性を高め，比較を可能にし，理解を容易にすること等をあげている。

　非営利組織の会計は，外部報告へ軸足を置く変化のみならず，従来の収支計算を中心とした会計から損益計算をベースとするものに変化している。両法人の会計基準において，発生主義・複式簿記を前提とした貸借対照表と正

味財産増減計算書(NPO法人においては,活動計算書)が作成・開示される。正味財産増減計算書も,ストック式は認められなくなり,収益から費用を差し引いて正味財産の増減を記録するフロー式に統一されている。

　以上のとおり,会計基準は大きく変化した。一方,公益法人やNPO法人の組織や活動は会計基準改正の前後で大きく変化しているわけではないが,旧基準が想定していた組織と,新基準が想定している組織とは異なる。旧基準では,十分な経理的基礎を有していない組織も想定し,外部報告も目的とはするものの,組織の内部管理の一助となることを意識していた。これに対し,新基準はある程度の経理的基礎を前提とし,組織が寄附等を獲得するために,広く外部へ情報を提供することを意識したものとなっている。もっとも,非常に小規模な組織もあれば,寄附に依存しない,また寄附を獲得する意思のない組織も多い。このようなことから,新基準への移行は障害も多い。もっとも,近年における寄附に対する意識の高まりやさまざまな税制優遇を考えれば,新基準は公共経営へ積極的な機能を果たすことが期待される。

2.　公益法人・NPO法人における発生主義会計導入の意義

　非営利組織会計における発生主義会計の導入は,企業会計にならったものなのであろうか。また,企業会計へ準拠することが非営利組織会計の改善につながるのであろうか。FASB概念フレームワークでは,民間非営利組織においては資源提供者への情報提供を第1に位置づけており,株主等の資源提供者への情報提供を目的とする企業会計と共通点を有する。収支報告にとどまらず,組織の保有するさまざまな資源(資産や負債)を包括的に捉え,活動成果を把握するために,発生主義会計が必要とされる。一方,発生主義会計では作成者に一定の会計に関する知識が求められ,減価償却や引当金等見積りを必要とするなど,手続は複雑になる。また,財務報告の利用者にも発生主義会計の知識が必要となる。

　もっとも,非営利組織の財務報告の利用者の関心は,企業会計とは大きく異なっている。非営利組織には,寄附や補助金等を通じて資源を提供する者もいるが,企業の株主とは異なる。資源提供の目的は,株主のように利益を

得ることにあるわけではない。したがって，企業会計に沿った発生主義会計を導入しても，それが直ちに非営利組織の会計を改善することにつながるとはいえない。川村（2010）では，非営利会計に対してやみくもに企業会計を導入するやり方は，誤った結論を導く可能性があることを指摘している。

そうであるとすれば，非営利組織における発生主義会計導入の意義は，企業会計との整合性よりも，また非営利組織の財政状態や事業の運営状況を（現金主義会計よりも）よりよく示すということに求める必要がある[5]。その意義を検討するにあたっては，発生主義会計でないと提供し得ず，非営利組織特有の項目に着目することが必要である。次節以降，これらの項目に着目して議論を進める。

3．公益法人・NPO法人における正味財産（純資産）の区分

企業会計とは異なる非営利組織会計の特徴として，第1に，正味財産の区分（指定正味財産と一般正味財産）があげられる。指定正味財産とは，資産から負債を引いた正味財産のうち，寄附者等による使途の指定が付された部分であり，一般正味財産はそれ以外の部分である（公益法人会計基準第2の2）。

補助金や寄附金は，対価を伴わない非交換取引であり，非営利組織では多く行われる取引である。寄附金等を受け取った年度と，事業を行う（寄付金を使用する）年度との間にずれが生じることがある。寄附金を受取時に全額収益としてしまうと，年度間での収益に大きな変動が生じ，結果として収益と費用の差額にも大きな影響をもたらすことがある。

例えば，初年度に500の寄附を受領し，それを5年間にわたって100ずつ活動のために使用する例を考える。活動計算書上で初年度に受取寄附金を500計上したとしても，事業費を計上するのはその後5年間1年につき100ずつとなり，寄附金とそれをもとに行う事業費とが同年度に対応しない。1年目の差額は大幅にプラスとなり，2年目以降の差額が大幅なマイナスとなる。

受取寄附金と費用（寄附金をすべて受領年度の収益とする場合）

	1年度	2年度	3年度	4年度	5年度
受取寄附金	500				
事業費	100	100	100	100	100
受取寄附金―事業費	400	−100	−100	−100	−100

　このような結果が，組織の活動状況の適正な報告となっているかは疑問である。そこで，寄附を受け取った年度だけではなく，それをもとに活動した（事業費が生じた）年度に配分していくことが必要となる。その1つの手段として採用されているのが，正味財産を指定正味財産の増減の部と一般正味財産の増減の部とに区分する方法である。寄附を受け取ったときに，まず指定正味財産に計上する。その後使用した期に，受取寄附金を一般正味財産に振り替えていく。事業費は，すべて費用が生じた期の一般正味財産の減少とする。これによって，一般正味財産増減の部で受取寄附金と事業費とが同年度に計上される。例えば，上記の例の場合，2年目以降の毎期に正味財産増減計算書の一般正味財産増減の部に「指定正味財産からの振替額（収益）」が100計上され，あわせて費用100が同じく一般正味財産増減の部に計上されることになる。

受取寄附金と費用（寄附金を指定正味財産から一般正味財産へ振り替えていく場合）

	1年度	2年度	3年度	4年度	5年度
受取寄附金(一般正味財産の増加)	100	100	100	100	100
事業費(一般正味財産の減少)	100	100	100	100	100
受取寄附金―事業費	0	0	0	0	0

　貸借対照表においても，使途の指定のある指定正味財産とそれ以外の一般正味財産とを区分することは意義がある。指定正味財産と一般正味財産とでは，組織の財務的生存力に与える影響が異なる。また，指定正味財産の残高は，寄附者から使途を指定された金額の残高を示しており，寄附者にとって重要である。また，使途を特定された資産が寄附された場合，貸借対照表の

貸方に指定正味財産を示すだけではなく，借方でもその資産を他の資産と区分することは重要となる。例えば，公益法人会計基準では，固定資産を基本財産，特定資産，その他の固定資産の3つに区分する。このような資産の区分は企業会計には存在しないものの，非営利組織においては寄附された財産の重要性から，不可欠となる。

財務諸表における正味財産の区分に加えて，注記等による寄附等の内容に関する補足情報も重要である。注記において使途の制約の付された寄附の内訳を示すことで，寄附者への責任が果たされることになる。しかしながら，前述したとおり小規模法人が多く相対的に会計基準の強制力が弱いNPO法人においては，すべての主要事項についてNPO法人会計基準を順守している法人数は，2.1％に過ぎなかった[6]。このような実務上の問題点により，会計基準が意図した結果は達成できない可能性がある。

4．活動計算書における費用の区分

活動計算書（正味財産増減計算書）は組織の活動の全容を示す。活動計算書は，損益計算書と計算構造が類似するものの，収益から費用を差し引いた数値のみが重要なのではない。収益・費用の各項目や分類が重要となる。活動計算書において企業会計にみられない分類として，事業費と管理費の区分がある。

事業費とは，組織が目的とする事業のために直接要する人件費およびその他の経費であり，例えば事業遂行のために支出した人件費，セミナー講師の謝金や会場の賃借料などが含まれる。管理費とは，組織の各種の事業を管理するための費用であり，総会や理事会の開催・運営費用，管理部門にかかる役職員の人件費，経理や総務にかかる費用などがあげられる。

事業費と管理費の区分により，全体の費用のうち事業費や管理費の比率，また収益のうちどれくらいが事業費または管理費に充てられているかの割合も明らかになる。事業を行う上で管理費は不可避的に生じ，事業費の割合は高いほどよいとはいえないが，事業費の比率が低いことはプログラムに十分な資源の投下が行われていないこと，また管理部門が肥大化している可能性

を示している。

　NPO法人会計基準では，法人が複数の事業を行っている場合，事業ごとの収益・費用の開示を推進している（第22項）。公益法人においては，会計は，公益目的事業会計，収益事業等会計，法人会計の３つに区分する（認定法第19条）。

　費用の区分として，事業費と管理費という２区分では不十分かもしれない。非営利組織が積極的に寄附等を獲得しようとすると，ファンドレイジングに伴う活動が必要となる。これらは本来事業ではないものの，組織の存続や発展にとって不可欠なものである。米国においては，事業費・管理費のほかにファンドレイジング費用を区分して開示する。ファンドレイジングという非営利組織で非常に重要な活動を，その他の事業費や管理費と区分する必要性は高い。

　もっとも，事業費と管理費の区分は実務上必ずしも適切に行われていない。理由は，組織に事業費を多めに配分するインセンティブがあることと，適切な費用区分にはコストがかかるという問題である。公益法人においては，公益認定の基準を満たすために，公益目的事業にかかる事業費の比率を一定以上に保持する必要がある[7]。このためには，事業費に多くの費用が配分された方がよいので，実態以上に管理費よりも事業費に恣意的に費用が配分される可能性がある。Granof and khumawara（2011）によれば，アメリカにおいても事業費の比率を高くするバイアスが生じているとされる。これは，寄附の獲得等において，高い管理費率が障害となると考えられているためである。

　費用の区分にかかるコストの問題としては，小規模な法人になるほど，１人で管理業務から各種事業まで何役もこなすことが多く，事業費と管理費の区分は不明瞭となる。その一方で，経理業務に割ける資源が限られており，費用を明確に区分し記録する体制が十分とはいえない。

5．発生主義会計における寄附の収益認識時点の検討

　わが国の会計基準では明示されていない寄附の会計処理として，寄附の約

束（pledge）がある。これは，将来の一定期間にわたって寄附することを寄附者が約束するものである。米国では，収益の認識は，実際に現金を受領した時点ではなく，約束を受けた時点で行われる。その上で，将来受け取る予定の金額を現在価値で割引いて寄附に関する収益と未収金を計上し，あわせて将来約束が履行されない可能性を考慮して，引当金を計上する[8]。

わが国では，そもそも寄附の約束が少ないものと思われる。これらをいつ収益として認識するかについて，公益法人・NPO法人の会計基準では明文化されていない。実務的には，寄附金収益は約束時点ではなく寄附金や各種の資産の受領時点で認識されることが多いと推測される。発生主義会計の趣旨からすれば，約束の履行が確実であれば，現金や各種資産を受領する前であっても約束を受けた時点で収益を認識すべきである。発生主義の導入による収益の認識時点については，今後も検討していくべき課題である。

このほか，ボランティアにかかる会計処理も問題となる。わが国の会計基準の中でボランティアに関し規定しているのは，NPO法人会計基準のみである。基準では，無償または著しく低い価格で活動の原価の算定に必要なボランティアによる役務の提供を受けた場合で，提供を受けた部分の金額を合理的に算定できる場合には，その内容を注記することができ，また，当該金額を外部資料等により客観的に把握できる場合には，注記に加えて活動計算書に計上することができるとされている（第26項）。

つまり，ボランティアの計上については「活動の原価の算定に必要」で，「金額が合理的に算定できる」という2つの条件を満たさなければならない。また，仮に双方を満たしたとしても，計上は任意である。資金に限定されないさまざまな経済的資源を包括的に把握できるのが発生主義の利点であり，ボランティアの受け入れというサービスの寄附は資産の寄附と同様に，公共経営を担う組織の活動を遂行していく上で不可欠のものである。これを会計上認識する場合，次のような仕訳が考えられる。

　（借）ボランティア評価費用　××（貸）ボランティア受入評価益　××[9]

このようにボランティアを評価することで，活動計算書の収益と費用に影響を及ぼし，活動計算書の総収益と総費用は，評価しない場合と比較して増加する。資産の寄附が組織内に残るのとは異なり，ボランティアのサービスはすぐに費消されてしまうことから純資産の増加につながらず，貸借対照表に影響を及ぼさない。例外的に，建物建設などにボランティアが投入された場合，次のような仕訳が考えられる。

　（借）建　　　　　物　　××　（貸）ボランティア受入評価益　××

　ボランティアの評価により，組織の運営にかかるフルコストを的確に把握できるようになる。例えば，ボランティアの活動を定量的に把握しない場合，200の寄附を得て有償の職員を雇用して業務を遂行する法人と，10の寄附と190に相当するボランティアを用いて業務を遂行する法人とがあった場合，ボランティアの活動を活動計算書上で把握しないと，両者の活動内容が類似したものであったとしても，活動計算書上はまったく異なる表示となる。組織の活動の全容を把握する上では，ボランティアの活動計算書への計上は意義深いものと考えられる。
　もっとも，ボランティアについては，計上金額の客観性の確保が困難な場合があり，またボランティアを貨幣評価するよりも注記等で内容や活動時間等の情報を提供することの方が重要と考えることもできる。非営利組織独自の寄附等の取引を巡って，発生主義会計導入にあたって検討すべき課題は多く残されている。

6. 財務諸表からみるNPO法人の会計の意義（震災時における寄附金の取り扱いを中心に）

　ここでは，日本NPOセンター（以下，センター）の財務諸表を検討する。特に，震災時における寄附金にかかる貸借対照表の正味財産の部の増減に注目する。センターは，NPO法人の中間支援組織である[10]。
　2011年3月の東日本大震災の発生に伴って，企業等からの寄附が大幅に増加した。これに伴い，正味財産は2010年3月期の－959千円から2011年3月

図表14-1　日本NPOセンターにおける総資産・正味財産の変遷

(単位：千円)

	2010.3		2011.3		2012.3		2013.3	
総資産	12004		44142		418300		681504	
正味財産（正味財産／総資産）	−959	N/A	35982	82%	399921	96%	655475	96%
一般正味財産（一般／総資産）	N/A		N/A		5069	11%	20730	5%	31602	5%
指定正味財産（指定／総資産）	N/A		N/A		31872	72%	379191	91%	623872	92%

出所：センターの2009〜2012年度の貸借対照表より筆者作成。2010年3月期は，正味財産の細区分が行われていない。

期には35,982千円と変化した。しかし，そのうち使途等が制約された寄附金「NPO応援基金」残高が31,872千円となっている。この基金は，外部の団体に各種助成金の支給を行うためのものであり，センター自身が自由に使えるものではない。助成金の交付終了時には，その分だけセンターの正味財産が減少することとなる。このため，指定正味財産は，センターの将来にわたっての財政基盤を強固にするものではない。一方，一般正味財産の増加は，使途を自由に決定することができ，財政基盤の強化につながる。

センターにおいては，図表14-1のとおり，正味財産の総額や正味財産が総資産に占める比率は毎年増加しているものの，一般正味財産の総資産に占める比率は5％程度にすぎず，増加していない。総資産や正味財産の増加が，組織の財政基盤の確立にはつながっていないといえる。

注記では，「使途等が制約された寄附金等の内訳」が示されている。寄附金等を交付元等により細分し，それぞれについて前期繰越額，当期受入額，当期減少額，次期繰越額が示されている。貸借対照表や活動計算書では示されない寄附に関する情報について，各種の注記により補完している。寄附に関しては，質・量双方の観点から積極的な注記が必要となろう。

課題と展望

政府が公共経営の役割のすべてを担えなくなったこと，高齢化等社会構造の変化に伴う公共サービスに対するニーズの増加などにより，公益法人や

NPO法人の活動分野や可能性は広がっている。公益法人・NPO法人は民間の非営利組織であり，その永続性は，資源提供者からの信頼を得て継続的な資源提供を受けることからしか保証されない。

非営利組織は，与えられた資源を効果的・効率的に利用する責任が問われ，それを開示する会計の機能は重要である。会計は，寄附の獲得や活動内容の透明化を通じて，非営利組織の発展ひいては公共経営に役立つ。しかし，特にNPO法人には小規模な法人が多いこともあって，会計の整備や開示が不十分で，機能を発揮できていない。発生主義会計の導入にあたっては，その目的を単に企業会計との同一化，わかりやすさに求めるのでは不十分である。発生主義会計で得られる非営利組織の活動に関する新たな情報，例えば寄附に関する情報に着目する必要がある。

貸借対照表における，貸方の正味財産およびそれに対応する借方の資産の区分は，企業会計にはないが非常に重要である。また，活動計算書における正味財産増減の部の区分や事業費と管理費の区分も重要である。こういった非営利組織特有の点の明確化が，財務諸表利用者の非営利組織の活動に対する理解の促進につながるといえる。企業会計にない処理であるから，また小規模法人であるからという理由で非営利組織に特徴的な会計処理を簡略化するのは適切ではない。

会計基準の設定および運用にあたっては，非営利組織の会計情報の質的特性にも注目する必要がある。質的な重要性は，非営利組織のミッションとのかかわりで判断されなければならない。非営利組織が意図したミッションを達成できた（できる）かどうかは，寄附者等のステイクホルダーにとって重要である。その中では，非財務的側面も含めたサービス提供の成果と報告に関する情報についても検討が必要である。

公益法人とNPO法人とは別の法制度のもとで会計基準が別々に設定されているが，組織の目的は類似している。非営利組織内での比較可能性，そして公共経営における会計の機能を向上させるためにも，会計基準の統一化への道筋を明らかにしていく必要がある。また，本章で示した非営利組織固有の論点について検討するためには，多くの専門家の関与が必要であり，法人

ごとに会計基準を作成するのではその内容に整合性が保たれない可能性がある。より高品質の会計基準の確立という観点からも，公益法人とNPO法人の会計の統一化は急務であろう。

注

1 所得税法や法人税法などの国税関連や，特定非営利活動促進法では「寄附」を用いる一方，一般的には「寄付」が使われることが多い。本章では，「寄附」に統一して表記することとする。
2 内閣府経済社会総合研究所（2008）による調査結果。
3 内閣府の集計によれば，2016年3月末現在で50,870法人となっている。
4 非営利組織の活動を予算で過度に制約することは，法人の自律的な活動を通じた公共経営への参画にとって逆効果となることも考えられる。寄附収入等は不確実なものであるし，予期できない災害救援などを行う組織では予算制約が活動の障害となることも考えられる。
5 「NPO法人会計基準設定の経緯と経過」では，「正味財産がどのような活動によってどれだけ増加・減少したかについての情報は，営利企業だけではなくNPO法人にとっても重要となりますから，損益計算書的なフローの計算書はNPO法人にとっても欠かせないものです。」としている。
6 NPO法人会計基準協議会が，2012年10月～2013年1月にかけて，全国約18,000法人の2011年度の会計報告を調査したものである。活動計算書がどれくらい導入されているか，会計基準にどれくらい準拠して財務諸表が作成されているのか，注記がどれくらい記載されているかなどを所轄庁ごと，事業規模別に調査したものである。概要は，http://www.npokaikeikijun.jp/wp-content/uploads/2013/07/npohoujinkaikeikijunhakusyogaiyou.pdf に掲載されている。
7 公益目的事業比率は，公益法人が「公益目的事業を行うことを主たる目的とするものであること」（認定法第5条）から，公益法人の活動全体における公益目的事業活動の割合がその費用額において50％以上であることを求めるものである。
8 寄附の約束に関する会計処理は，FASBのASC（Accounting Standards Codification;会計基準のコード化体系）958-605-25 等に示されている。
9 この仕訳は，
　（借）サービス給付（資産）　××　（貸）ボランティア受入評価益　××
　（借）ボランティア評価費用　××　（貸）サービス給付　　　　　　××
という仕訳を1つにまとめたものである。サービス給付は直ちに費消されるため，受入評価益と評価費用は通常仕訳されない。
10 センターのウェブサイトでは，「日本NPOセンターは民間非営利セクターに関するインフラストラクチャー・オーガニゼーション（基盤的組織）として，NPOの社会的基盤の強化を図り，市民社会づくりの共同責任者としての企業や行政との新しいパートナーシップの確立をめざします。」と述べられている。

参考文献

NPO法人会計基準協議会（2010）『NPO法人会計基準』。
NPO法人会計基準協議会（2013）『NPO法人会計白書　2012』。
岡村勝義（2011）「公益法人会計基準の現状と課題」『会計』179（4）。
川村義則（2010）「公益法人会計基準にみる非営利法人会計の基礎概念」『非営利法人研究学会誌』12。
経済企画庁国民生活局（1999）「特定非営利活動法人の会計の手引き」。
齋藤真哉（2011）「非営利組織体会計の現状と課題」『会計』179（4）。
柴健次（2014）「解題　公会計改革の3E」『会計』185（5）。
内閣府公益認定等委員会（2009）『公益法人会計基準』。
内閣府経済社会総合研究所（2008）「非営利サテライト勘定に関する調査研究」『季刊国民経済計算』139。
日本公認会計士協会（2013）非営利法人委員会研究報告第25号『非営利組織の会計枠組み構築に向けて』。
日本ファンドレイジング協会（2014）『寄付白書　2013』経団連出版。
日本NPOセンター「2009・2010・2011・2012年度事業報告書」。
長谷川哲嘉（2012）「非営利会計の混迷」『早稲田商学』第432号。
馬場英朗（2013）『非営利組織のソーシャル・アカウンティング』日本評論社。
日野修造（2009）「非営利組織体会計における財務報告様式の検討―財務的生存力情報と受託責任情報の開示を中心として―」『会計』176（5）。
藤井秀樹（2010）「非営利法人における会計基準統一化の可能性」『非営利法人研究学会誌』12。
Anthony, R.N.（1989）*Should Business and Nonbusiness Accounting Be Different?*, Harvard Business School Press.
Financial Accounting Standards Board（FASB）（1980）Statements of Financial Concepts No.4：*Objectives of Financial Reporting by Nonbusiness Organizations*.（平松一夫・広瀬義州訳（2002）『FASB　財務会計の諸概念』中央経済社）
FASB（1990）Exposure Draft：*Accounting for Contributions Received and Contributions Made*.
FASB（1993）Statement of Financial Accounting Standards No.116：*Accounting for Contribution Received and Contribution Made*.
Granof, H.G. and S.B. Khumawara（2011）*Government and Not-for-Profit Accounting: Concepts and Practices*, 5th Edition, Wiley.
Salamon, L.M. and H.K. Anheier（1991）*The Emerging Sector*, The Johns Hopkins University.（今田忠訳『台頭する非営利セクター』ダイヤモンド社，1996年）。

第15章 大学経営における財務情報

はじめに

　OECD（2012）によれば，日本における大学型高等教育への進学率は51％，非大学型高等教育への進学率は27％であった。ただしこの数値は，世界的にみると決して高いものではない。同調査では，例えばアメリカ合衆国の大学型高等教育への進学率は74％，イギリス：63％，ドイツ：42％，スウェーデン：76％などとなっている。ちなみにOECD諸国の平均では62％である。
　このような大学教育のマス化・ユニバーサル化が進むにつれて「量を拡大するだけでは大学の質が低下する。量を拡大し，質を充実するためには，大きな財政負担が必要」になるという「トリレンマ」（矢野 2011, 134）にいずれの国も直面することになるが，それへの対応のかたちは当然ながら国によって異なる。量および質の問題を公的財政負担でもって解決しようとするタイプをヨーロッパ型，量の問題は州立大学によって，また質の問題はハイレベルな私立大学によって対処するタイプをアメリカ型，そして質は公的財政投入（すなわち国立大学）に，量は家計負担（私立大学）に依存するタイプを日本型としたとき，公的負担で質を充実させる一方で家計の負担により量的拡大を進めるかたちの解決策を選択したのは日本だけであると指摘されている（矢野 2011, 136）[1]。
　文部科学省の『学校基本調査報告書』によれば，1950年度の大学学部学生数は，国立：80,025人，公立：8,438人，私立：135,072人であったが，2013年度においては国立：447,973人，公立：127,144人，私立：1,986,951人となっている。この間の学生増加率でみれば，国立：5.6倍，公立：15.1倍，私立：14.7倍と，公立大学の伸び率が私立大学のそれをわずかに上回ってはいるも

271

のの，量的にみれば私立大学の学生増が他を圧倒している。高等教育の整備にあたって国費負担をできるかぎり軽減するために，量的拡大の受け皿としての役割を私立大学に担わせたことに対して天野郁夫は，「日本のマス化・ユニバーサル化は『受益者負担』の名のもとに，政府・納税者ではなく，個々の家計・学習者の負担においておしすすめられてきたのであり，その点では高等教育の市場化がアメリカ以上にすすんでいるとみるべきかもしれない」（天野 2003, 151）としている。

❷ 会計基準に反映された国立大学の在り方

例えば阿部謹也が批判するような「英国でエージェンシー議論が始まるとき，行政効率化を十分に考えなかった従来の姿勢は哲学的な怠慢だという発想があった。日本の行革にあるのは，どうやって財政赤字を克服するかだけ。日本の高等教育に関する公的支出は，GNP（国民総生産）比で欧米の半分なのに，それをもっと減らそうという貧しい発想だ」（日本経済新聞 1997）という問題を孕みながらも，「小さな政府」を標榜した行財政改革の流れを受けて，2004年度から国立大学は独立行政法人へと移行した。ただし，独立行政法人になったとはいえ，国立大学は自らの判断で何でも自由に行うことができるというわけではなく，原則として文部科学省の承認を受けた中期計画に盛り込まれていることだけしか実行できないような制度設計がなされている。

すなわち，各大学は各々の使命を具体化した中期計画を文部科学省に提出してそれが承認されると，計画どおりに活動したとすれば過不足が生じないだけの運営費交付金が交付されることになる。ただし中期計画には，政策の立案主体である国の科学技術政策の一環として国の資金でもって整備する施設設備の取得・維持管理などが当該大学の予算に盛り込まれているような場合もあるため，自らでは管理不能な費用が発生したりもする。そのため「公共的な性格を有し，利益の獲得を目的とせず，独立採算制を前提としない」（国立大学法人会計基準 第5 注6）エージェントとしての国立大学の会計

基準は,「説明責任の観点および業績の適正評価の観点から・・・その財政状態および運営状況に関して,真実な報告を提供するものでなければならない」(国立大学法人会計基準 真実性の原則について 注1)とあるように,採算計算を主目的とするのではなく業務執行の説明責任を前面に押し出したものとなっている。

このことは,国立大学法人に流入する資金の扱いなどに明確に表れている。例えば,国立大学が学生・保護者から授業料を受け取ったときには,まずは負債として扱ったのち,教育活動の進行状況に応じてそれらを徐々に収益化していく手続きがとられるのであるが,会計期間が1年である組織体において1年間のサービスの対価である授業料を受領した時点でそれを負債とみなすということはいささか理解しづらい。受け取りとその費消が同一年度内に生じる授業料については,はじめから収益として認識するのが適切であるにもかかわらずこのような処理方法が採用されたのは,おそらくは「授業料の入金」⇒「業務執行義務の発生」⇒「義務=負債」といったような発想によるものなのであろう。

国立大学の予算と実績との差異をその最終行に示すことを目的とする計算書には損益計算書という名称が付されているが[2],この損益計算書は企業会計における同じ名称の計算書とは異なり管理責任説明という側面を強調したものであるために,組織の採算性計算を担うものとしては不十分なものとなっている。例えば,国の教育研究インフラ整備の一環として,国から交付される施設費をもって取得した施設設備に係る減価償却費は,国立大学側の判断では決定することはできない費用であるため損益計算書からは除かれている。また,退職金については運営費交付金をとおして国が直接的に措置するという理由により,退職給付引当金の繰入れについても損益計算書には含められていない。

このように,法人の権限の範囲外のところで決定されてしまう費用は計算から除かれているために,この損益計算書では組織体そのものの採算性を示すことはできない。そこで,この点を補うために財務諸表の体系に組み込まれることになったのが業務実施コスト計算書である。

この業務実施コスト計算書の構造はおおよそ以下のようになっている。
①損益計算書に示されている費用額をそのままのかたちで抜き出す。
②上記の①に，当該法人が独自で獲得した収入（授業料収益，病院収益，受託研究等収益，寄付金収益など）のみを対応させる。
③損益計算書には計上されなかった費用（減価償却費，退職給付引当金繰入額など）も計上する。
④国有資産の無償使用や政府出資額に対する機会原価もあわせて費用として控除する。

このように業務実施コスト計算書では，当該法人では決定することができないという理由で損益計算書から除外された費用部分のみならず，独立行政法人移行時に政府が現物出資した国有財産に係る想定金利額や国有財産の無償使用分などといった項目までもが「コスト」として含められている。そしてこれら諸コストに対応させられるものは，国から手当てされる運営費交付金などを除いた自前の収入のみである。つまりこの計算書は，かりに国の資金がまったく投入されずに授業料収入や病院収入などといった自らが獲得した収入だけで運営されたとして，しかも政府出資額や国家財産の無償使用に係る機会原価も考慮に入れたときに国民の負担額はいくらになるのかを表示しようとするものである[3]。

ここでみられるような，かりに国立大学に対して国の財政支援がまったくないと仮定したときに，機会原価も含めると国民負担額はどの程度になるのかを計算しようとするのは，いわゆるニュー・パブリック・マネジメント（NPM）の考え方に由来するものである。政府部門と民間部門とを同一の基準に置き，質の高いサービスを低いコストで提供することのできる側に発注をかけることで財政の効率化を図ろうとする際には，出資というかたちで国立大学に管理を委ねられ取得された政府インフラ資産などに係る資本コストも機会費用として含めなければ双方を正しく比較することはできない[4]。こうして採算性を比較するのであれば，国立大学の民間委託・払い下げといった事柄の是非を判断する際の有益な情報を得ることも可能であろう[5]。

ここで，国立大学法人の損益計算書に話を戻すと，この計算書では費用項

目が列挙されたのちに収益項目が示されるというように,企業会計における損益計算書とは逆の順序がとられている。このように,まずは要した費用を計上したのちに収益額を並べていく形式は,非営利組織としての性格をより強調させるためのものとして理解することができるであろう。

すなわち,何らかの使命を遂行するために設立された組織体が,そのままでは収支均衡を果たすことが困難であるという理由で当初予定していたサービスの水準を安易に引き下げることは,自らの存在意義を揺るがす事態を引き起こしかねない。したがってそのような状況に陥ったときには,営利企業のように費用を削減するためにサービスの質ないし量を低下させる方向をまずは目指すというのではなく,自らが掲げる使命の意義を広く世間に訴えて,外部からの協力に支えられながら流入資金の不足を補おうとするのが本来の姿であるといえるのであろうからである。

ただし,それぞれの国立大学がそれぞれに必要であると考える活動をすべて行動計画に盛り込もうとするならば,財政規模は自然と膨張する方向に進んでいくことになる。そこで,そのような動きを抑えるためにも,国立大学に対しては毎年一定率の業務改善効果を求める効率化係数・経営改善係数なるものが導入された。その結果として国立大学は,「法人化によって自由度が高まるという当初のうたい文句は裏切られ,教育系の大学を中心に多くの地方国立大学が運営費交付金の連続的な削減という兵糧攻めによって,新自由主義的構造改革がめざす大学改革への迎合を余儀なくされている」(米田 2013, 7)とも評されるような状況に追い込まれることになった。

3 会計基準に反映された私立大学の在り方

学校法人会計基準が制定される前年に文部省の「学校法人の財務基準の調査研究のための会議」がまとめた中間報告(1969年7月)には,学校法人の会計基準を考えるにあたっては,学校法人の「公器性」「永続性」「自主性」「予算制度」の4点を「基礎的前提」とすべきであることがうたわれている[6]。しかしながら,例えば「永続性」を担保するといっても,経常的な経費はも

ちろんのこと教育研究のために必要な施設設備なども，基本的には学生納付金をはじめとする自己資金をもって手当てしなければならないという現実が私立大学側にはある。そのため，高等教育拡大の必要性は感じながらも，それに対する公的支出の負担をできるかぎり避けようとする姿勢を国側がとるのであれば，その受け皿となる私立大学の永続を可能とするような会計基準，すなわち資金留保を目的する会計基準を設けることが必要となってくる[7]。

学校法人会計基準は，1971年度より私学助成制度をスタートさせるにあたって制定された。いうまでもなく補助金を公平に配分するためには，それまでのように大学ごとに異なる会計処理方法をとることを認めるのではなく，何らかの統一的基準に沿って会計書類を作成させることが不可欠であったためであるが，学校法人会計基準を特徴づける消費収支計算書では，①まずは帰属収入から基本金を控除して消費収入を算出する，②次いでこの消費収入から消費支出を差し引いて消費収支差額を表示する，という2段階の計算構造がとられている。

このように将来の設備投資等に必要となる原資をまずはじめに確保しようとする計算構造に対しては「会計基準である前にまず財務の基準にウエイトをおき過ぎている」（会田 1972, 14-15）といったような批判が基準の制定当初から数多くみられていた。私立大学はその収入のうち「あらかじめ一定のいわゆる『利益』を確保した上で人件費や物件費に充当すると見られ」たわけである（日本私立大学連盟 学校会計委員会 2001, 3）。

2014年の学校法人会計基準の改正に先立って文部科学省が招集した「学校法人会計基準の諸課題に関する検討会」が2012年3月に公表した『学校法人会計基準の諸課題に関する検討について（課題の整理）』においても「私立学校は，公共性がきわめて高く，安定性，継続性が求められ・・・中長期的にわたって永続的な維持を可能にするため収支の均衡を図ることが求められているなど，私立学校の特性を踏まえた制度設計がなされている」（学校法人会計基準の諸課題に関する検討会 2012, 2）として学校法人会計基準の基本構造が高く評価されている。いうまでもなくこのような特異な会計基準を利用することのできる「日本の私学は基本金組み入れ制度によって，経常費

から基本金への移転が生じ，基本金積立ができたことはたしかである。同時に本来の余剰を基本金に移転することによって，余剰が表面化することなく，授業料値上げの理由ができ，人件費の高騰を抑制することもできたと思われる」（丸山 2013, 69）のであるから，政府ならびに学校法人の理事会等にとっては都合のいい基準であった。

　くりかえすとこの学校法人会計基準は，国による経常費補助の開始を機にまとめあげられたものである。すなわちこの会計基準は学校法人の経営を安定させるための補助金の分配に資することが主眼であって，経営状態の開示にはとくに関心は向けられていなかった。例えば，その制定後しばらくして公表された日本会計研究学会のスタディ・グループの報告書にも，学費負担者，学生およびその団体に対しては「会計報告の利用者としての位置すら，必ずしも明確に規定しがたい」（日本会計研究学会スタディ・グループ 1973, 9）と財政の公開に対してはきわめて消極的な態度が示されているように，学校法人の会計基準が企業会計のものと大きく異なるために一般にはわかりづらいものであったとしても，理解可能性を向上させる努力を払う必要などはあまり感じていなかったことがうかがえる。

　しかしながら，2004年の私立学校法の一部改正によって財務情報の公開が義務づけられたからには一般にもわかりやすいかたちに会計基準を改めることが必要となってきたため，2014年度の学校法人会計基準の改正では，「基本金組入前当年度収支差額」をまずは示した上で，そののちに「基本金組入額」を控除して「当年度収支差額」を表示するというように，一般の理解が容易になると考えられるかたちに修正された。とはいえ，学校法人会計基準を特徴づけるところの，そしてまた数多くの批判が加えられているところの基本金組入制度は，ほぼそのままの内容で存続することとなった。

　補助金配分を目的とする会計であることは，費用項目の集計の在り方にも影響を及ぼしている。すなわち，私立学校に対する補助金は学部等の部門ごとに算定されるため，例えば複数の学部の仕事を担当している教職員の人件費は各学部に按分するのではなく，その人が職制上属している学部等に全額帰属させられることになる。また，各種の費用は目的別ではなく形態別によ

って分類されているが，このような扱いは配分された補助金を跡づけする際には適していたとしても，原価分析目的などにはあまり向いていないであろう。とはいうものの，人件費の部門別帰属や費用の形態別分類は，補助金配分目的からばかりでなく，予算設定を容易にするという観点からもある一定の支持を得ているようである[8]。

企業会計における利益のような明確な成果尺度を求めづらい非営利組織体においては，その成果は「事業目的に対して，可能な範囲でもっとも効果的な事業計画を選択したか否かをもって判定するほかない」（古川 1970, 25）ため，事業計画を係数的に示した予算による事前コントロールの意義は大きい。そしてこれに資するものであるとすれば，部門別の人件費帰属や形態別費用分類も正当化することができるということなのであろう。

財務面に関する追加的情報

Howard R.Bowen は，「大学は支出と教育成果の関係についてほとんど理解していないので，支出を増加させればそれに応じて大きな成果が生まれるという考えに流されがちである」（Howard 1980, 15）と指摘している。しかしそれには，大学の組織は教育研究活動を協同的に遂行することができるように横断的（cross functional）に編成されているため，例えば企業のように製造・販売・管理などといった職能ごとに階層的（hierarchically）に組織されているところ（Rubun 1995, 16-18）に比べるとコスト情報をつかみづらいという事情もあろう。

大学の収入が伸び悩むなか，コスト情報を利用して組織運営の効率化を図るために，大学全体を15のセグメントに分割し「各セグメントの下位に『予算単位』を設けて予算要求者（ディシジョン・パッケージ作成者）」とするゼロベース予算を利用した山口大学（坂手 2006, 20）や，「危機的状況に対する」体制を築くために「重点的に取り組むべき課題の明確化」をバランスト・スコアカードの導入によって進めていった明星大学（中嶋 2010）のような事例も報告されるようになってきた。しかしながら，コスト情報を積み

上げて授業料水準を決定したり，管理会計情報を利用して最大の支出項目である人件費を抑制しようとする動きは，全体的にみるとまだそれほど大きくないように感じられる[9]。

また，セグメント情報の活用なども運営の効率化のために求められるであろうが，セグメント情報は情報公開という点からも欠かせない。国立大学法人会計基準では「その業務の内容が多岐にわたる場合，説明責任の観点から，その業務ごとのセグメントに係る財務情報を開示する必要がある」（国立大学法人会計基準 第39 注33）と記されている。

国立大学法人会計基準の制定当初は，附属病院については独立したセグメントとして開示しなければならないとされていただけであったが，現在では附属学校や研究施設等についてもセグメントとして扱うこととなった。とはいうものの実際には，「大学」「病院」「研究所」といった程度の，外部情報としてはほとんど役立ちそうにない大ざっぱな区分で済ませているような国立大学が数多くみられるような状況である。

説明責任の観点からセグメント情報が必要とされるのは，私立大学においても同様であろう。2014年の学校法人会計基準の改正に至る一連の作業の中では「学校法人が授業料納付者である学生生徒等に対し，どのように説明するかが第一義的に重要である。例えば経済学部の学生が納付した授業料が本当に経済学部で使われているかというような学部ごとのセグメント情報をいかに作っていくかが大事である」[10]といった指摘もなされている。しかしこれに応えようとすると，例えば社会科学系の学生たちが支払った学費がいわゆる内部補助によって他学部，特に理系学部に流れているといったような状態が明示されることになりかねないので，かりに内部管理目的では有効に利用されていたとしても，セグメント情報の公開には慎重な姿勢をとることになるのであろう。

これらセグメント情報と並んでこのところその必要性が取り沙汰されているのが，大学，なかでもとくに私立大学の「生存可能性」に関する情報である。近年の急激な少子化の進行は，大学経営に深刻な影響を及ぼしている。いわゆる18歳人口が減少しても大学の収容定員は縮小していないため，少な

からぬ大学では低学力層の学生まで受け入れざるを得なくなってきている。しかし，それにもかかわらず私立大学の約40％が定員割れをきたすところまで追い込まれていることを受けて日本私学振興・共済事業団は，キャッシュ・フローを最重要指標として私立大学の経営破綻の可能性を分析するための方法を2007年に提案した。

　同事業団は「学校法人の破綻のきっかけは資金ショートである」（日本私立学校振興・共済事業団 2007, 13）ので，資金収支計算書を組み替えて作成されたキャッシュ・フロー計算書に示された「教育研究キャッシュ・フロー」に「外部負債と運用資産の差額」と「帰属収支差額」を加えた合計３つの指標をもとにして財政状態を判断しようとする。その分析手続きをまとめ上げたのが，図表15-１に示されるフローチャートである。

　このフローチャートに沿って各大学は，大きくは「レッドゾーン／イエローゾーン」，「危険予備的段階」，「正常状態」の３段階に，そしてより細かくはＡ１からＢ４までの７段階に分類される（日本私立学校振興・共済事業団 2007, 28）。例えばある大学が「Ｂ３」に区分されるまでのプロセスをみると，

①施設設備の整備についてはひとまず考慮外におき，日常の教育研究活動のキャッシュ・フローだけをみてもその段階ですでに赤字であり

②運用資産は外部負債を上回るにしても

③その超過額（運用資産と外部負債の差額）を毎年の教育研究キャッシュ・フローの赤字額で除した値が４（年）以下

であるならば，新入生が卒業するまでの４年間のうちに破綻する可能性もあるかなり危険な状態であるとして，きわめて低位の「Ｂ３」にランクされることになる。このように，図表15-１のフローチャートによる分析は，ひとたび定員割れが生じて教育研究キャッシュフローが赤字になったなら，あとはその大学は下り坂に入っていくだけなので，過去の金融資産の蓄積（運用資産と外部負債の差額）を食いつぶして終末を迎えるのみ，という発想に基づいたものであると評することができよう。

　このフローチャートは2012年３月に改訂されたが，2014年の学校法人会計基準の改正が決まったのちに，その2012年の改訂版にさらに若干の文言を修

図表15-1 定量的な経営判断指標に基づく経営状態の区分

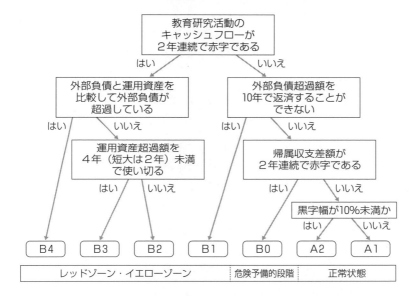

出所：日本私立学校振興・共済事業団（2007）。

正して現行のフローチャートが公表された（日本私立学校振興・共済事業団2012）[11]。改訂前のフローチャートでは，教育研究キャッシュ・フローが赤字になったなら，あと何年で「運用資産純額」を食いつぶすことになるであろうかという基準でもってきわめて単純に「レッドゾーン／イエローゾーン」大学を捉えていたが，今回の修正版では借入金の存在なども考慮した上で「レッドゾーン／イエローゾーン」大学をもう少し細かく区分するように変更が加えられた。

しかし，ここで最も注意しなければならないのは，旧チャート（図表15-1）では黒字幅（帰属収支差額）が10％以上であれば，日本私学振興・共済事業団は最高ランクの「A1」格を与えていたものが，現行チャートでは「黒字

幅10％」にくわえて「積立率が100％以上」でなければ最高格「A1」を付与しないかたちに改められたことである。すなわち，旧チャートでは帰属収支差額がプラスであれば，その大きさが10％以上であるか否かによって「正常状態」のうちの「A1」と「A2」に区分するだけであったものが，現行チャートにおいては，

　　帰属収支差額がプラスで①黒字幅10％以上・積立率100％以上なら「Ａ１」
　　　　　　　　　　　　　②黒字幅10％以上・積立率100％未満なら「Ａ２」
　　　　　　　　　　　　　③黒字幅10％未満なら「A3」

というように「正常状態」をこれまでの２段階から３段階に細分し，私立大学に100％以上の積立率確保を推奨するようなかたちに変更されていることは大きな問題であるといえよう。なお，ここで取り上げられた「積立率」なる指標は以下のようにして求められる。

$$積立率 = \frac{運用資産}{要積立額}$$

　・運用資産＝現金預金＋引当特定預金＋有価証券
　・要積立額＝減価償却累計額＋退職給与引当金＋２号基本金＋３号基本金

　現行のフローチャートに添えられた各ランクに対する短評のうち，例えばA2に対しては「黒字幅は十分だが，過去の資金蓄積が不十分な状態」（日本私立学校振興・共済事業団 2012, 12）と付せられているように，健全な大学運営を行うためには，減価償却累計額および退職給与引当金の合計額を上回る金融資産を保有するほどの過度の蓄積を目標とすべきであるとのメッセージを現行チャートは発信している。このような高水準の資金蓄積を理想とする分析方法を，政府が全額出資するところの独立行政法人に準じた日本私学振興・共済事業団が案出するからには，私立大学を内部留保の蓄積に駆り立てさせ，私学助成の増額などがなくても十分に余裕をもった経営が可能であるように財務体質の強化を促していると理解する以外にないのであろう。ここにも，高等教育拡大の受け皿としての私立大学に対する公費投入をできるだけ避けようとする姿勢が表れている。

誰が大学教育の費用を負担するのか

　教育制度も社会の中の1つのシステムである以上，そのときどきの社会において支配的な論理の影響を受けざるを得ない。特に現在のように，市場メカニズムに期待して諸制度を改革していこうとする風潮が強い時期にあっては，価格メカニズムでは捉えきれない外部効果などは過小に評価されてしまう可能性は否めないであろう。大内裕和が「新自由主義改革によって『教育が経済の論理に従属してしまった』悲惨な現実」（佐藤ほか 2014, 30）と評するように，国立大学授業料の大幅な値上げや奨学金有利子制度の導入などの受益者負担策の強化，株式会社立学校の認可といった新自由主義の流れに沿った諸政策はたしかに目立つようになってきている。

　市場原理の浸透によって安定的な社会を持続させることに対する懸念が高まっているときだからこそ，進学機会の均等化や所得再配分効果も期待できるようなかたちに大学を含む諸制度を整備していくことが必要であろうが，このあたりに関して矢野眞和は諦観を込めながら次のように述べる。すなわち，国民の世論が「学力のある人は，税金によって授業料が安く押さえられた国立大学に進学すればいい。国公立大学に進学できない学力層は，自分のお金で私立大学に行けばいい。学力もないのに無理をして大学に行くことはないのだから，授業料の高い私立に進学するかしないかは，個人の好みで決めればいい……現状を追認している限り，私立大学の授業料は社会問題にならず，家計負担を減少すべきだという政治勢力は生まれない」（矢野 2014, 182）と。

　教育には，国民の教育水準が高くなることで円滑なコミュニケーションが促進され，文化的基盤が構築されるなどといった外部効果が存在する。しかし，外部性が広く認識されている初等中等教育とは異なり，高等教育においてはそれがもたらす外部効果に比して過剰な資源が投入されているのではないかとの見解が根強く存在する[12]。そのような考え方のもとでは，特に高等教育に対しては個人の欲求を満たす消費財としての側面が強調されるように

なり，大学教育に係るコストは国の財政支出によってではなく受益者が負担すべきであるという考えを抱く人が多くみられるようになってくるわけであるが，問題は受益者負担の原則を，負担を強いられない他者が主張するばかりではなく，負担に苦しむ当事者さえもそれが当然であると考えている点である。

矢野は自らが実施した調査（図表15-2）ならびに図表15-3での調査結果から以下のように結論づけている。「（図表15-2は）『教育家族に恵まれず，大学進学の機会を逸した階層は，高い自己負担の現状に不満をもっているに違いない。だとすれば，非大卒者ほど，あるいは家計所得が低い層ほど，社会負担を望む割合が高くなるのではないか』という仮説である。つまり，階層によって，負担意識が異なると考えた。ところが，統計的にまったく関係はなかった」「（図表15-3は）近い将来に大学進学を考えることになるだろ

図表15-2　大学の教育費は社会が負担すべきか，個人もしくは家族が負担すべきか（%）

	(A)社会が負担	どちらかといえば(A)	どちらかといえば(B)	(B)個人・家族が負担	計
中卒	2.7	18.7	50.7	28.0	100%（75人）
高卒	4.3	17.8	52.1	25.7	100%（303人）
短大（専門）	3.0	14.6	52.0	30.3	100%（198人）
大卒	3.1	16.4	51.9	28.6	100%（318人）
学歴計	3.5	16.7	51.9	28.0	100%（894人）

出所：矢野（2012）。

図表15-3　あなたは次のことについて，どの程度税金で負担すべきだと思いますか（%）

	すべて税金	どちらかといえば税	どちらかといえば個人	すべて個人	わからない・不明
公立高校の授業料	28.8	49.5	13.1	1.7	7.0
国公立大学授業料	17.3	43.5	24.3	4.8	10.1
私立大学授業料	4.8	19.0	47.3	18.1	10.8

出所：Benesse教育研究開発センター・朝日新聞社共同調査（2013）「学校教育に対する保護者の意識調査」。

う保護者（小中学校の子どもをもつ親）が調査の対象である。子どもをもつ親ですら，私立大学の授業料は個人負担だと考えていることに驚かされる。……国公私によって費用負担が区別されるということは，『国公立大学は社会全体のために役立っているが，私立は個人だけのため役立つ大学だ』と考えていなければいけない」（矢野 2014, 181-182）。

　もともと日本は，高等教育拡大のための公的財政支出には消極的な国である。加えて近年では，例えば一国の総理大臣が議長を務めるところの重要な会議において現役の閣僚から「あえて言えば，大学進学率を上げることが1つの目標と思っている価値観を改めるために，運営費交付金で公的セクターは1兆2000億円近く毎年固定費のように使っていますし，私学助成全体でも約4000億円で，この中身はほとんど変わらないということに問題意識を持って…」「社会が求めている人材をしっかり教育していく（ことに）対応できない大学は淘汰されるべきだと思います」などといった発言が相次いで飛び出すような状況である（国家戦略室 2012, 14-16)[13]。その上さらに，大学生総数の70％超を抱える私立大学の学費に対しては個人負担を当然と考える風潮が根強く存在しているのであるとすれば，少なくとも今後しばらくは大学，特に私立大学に向けた大幅な財政負担の増加は期待できないと考えざるを得ないであろう。

　ところで，教育基本法第七条では「大学は，学術の中心として，高い教養と専門的能力を培うとともに，深く真理を探究して新たな知見を創造し，これらの成果を広く社会に提供することにより，社会の発展に寄与するもの」とされているが，いわゆる大学の種別化問題が議論されてきたように，一口に大学といってもそこでの教育研究内容およびそれぞれが果たすべき使命は大きく異なる。一方では，高度な研究活動の成果の還元を通した社会貢献を使命としてあげる大学もあるが，他方では，高校までの教育を十分に理解することができなかった学生を受け入れて，たとえわずかであったとしても学生の力を伸ばすということに自らの存在意義を求めているようなところもある。

　したがって，大学全体を一括りにして財政の在り方を論じることには無理

があろう。これに関してはまずは各大学がそれぞれの使命を具体的に検証可能なレベルにまで落とし込んで公表し，それぞれの使命をどの程度まで達成することができたのかという「使命達成報告書」とでもいうべきものをまとめた上で，自らの活動の成果について広く社会の判断を仰ぐことから始める以外に現状改善の途はないように思われる。

　それぞれの大学がその使命や活動の成果を広く社会に伝えて，さまざまなかたちの支援を受けることができるように努力しなければならないのは，国立大学であっても私立大学でも違いはないはずである。ただし国立大学においては，運営費交付金を交付してもらうためにそれぞれの使命を中期計画に具体化して公表するというかたちをとらざるを得なくなってきたのに対し，私立大学においては建学の精神などに示される使命をどのように具体化するのかということについては必ずしも明確に意識されていないように感じられる。山崎そのが指摘するような「ビジョン・目標・戦略があったとしても，それを実現するための具体的な計画がない。計画があったとしても，予算と連動していない。すなわち実行できない。実行できたとしても，その成果を評価する基準がない」（山崎 2012, 18）状態は，私立大学に対してより当てはまる。

　使命の遂行に向けて真摯に取り組もうとすれば，その活動は予算の中に具体化されるはずである。大学のように貨幣価値で測定される成果を目的としていない組織は，「事業活動の結果を予算と比較しうる形式で記録計算」（井口 1969, 205）してその教育研究活動の成果を詳しく説明していくことでしか広範な支持を得ることはできないのであろう。

⑥ おわりに

　教育制度が社会の支配的な論理の影響を受けざるを得ないのと同様に，実施された政策に対する評価もまたそのときどきの風潮によって大きく左右される。このあたりについては，多くの人々を巻き込んでの活発な議論がなされた「ゆとり教育」に対する評価を例にとって少し考えてみることにしたい。

例えば大内裕和は「『『ゆとり教育』による学校五日制と，『新時代の「日本的経営」』による労働力の三分類は完全に繋がっていたのです。『ゆとり教育』の内実は『公教育の縮小』ですから，出身階層による教育格差は拡大します」（佐藤ほか 2014, 32-33）と捉えている。すなわち，労働者を「長期蓄積能力活用型」「高度専門能力活用型」「雇用柔軟型」という3つのグループに分けて扱うことを宣言したことにより，多くの労働者に契約社員や派遣社員，パートタイマーなどの非正規雇用に甘んじることを余儀なくさせたとして問題視されることの多い1995年の日経連「新時代の『日本的経営』」とゆとり教育の導入とは，その社会的文脈を同じくするというのである。

　しかしながら，ゆとり教育の推進者であり「文部科学省のスポークスマン役を務めている」（榊原 2001, 221）とみなされることも多い寺脇研は，そもそもゆとり教育の導入が公教育の一方的な切り捨てをめざすものであるとは考えていなかった。寺脇が「授業時間に比して学習内容が課題であったこれまでの教育の現場では，先生は生徒のそうした疑問に付き合う『ゆとり』がなかったのです。授業時間を減らし教える内容を削減すれば，当然，旧来的な意味での学力は下がります。……しかしそれを恐れていては，生徒の考える力は育ちません。どちらを採るかです」（寺脇 2001, 195）とするように，もともとは知識詰め込み型から主体的思考促進型への教育の転換を意図したものであって，少なくとも寺脇の意図は公教育そのものの量的削減を主目的とするところにあったのではないと解するのが適切なように思われる。

　山内乾史は，「学習に関して『質の変換』であるのに『量の削減』と国民に伝わってしまったのは……一つは時代背景が大きく転換するなかで行われたために，理解されなかったということである。それはすなわち，格差社会化ということである。要はタイミングが非常にまずかったのではないか，ということである」（山内・原 2006, 21）と総括しているが，「ことほどさように，『ゆとり教育』を巡る批判は，批判の対象となる時期も論点も混乱しているのが現状」（寺脇 2009, 42）であるといえよう。

　このようなゆとり教育論争に限らず一般に教育をめぐる議論が混乱しがちなのは，いわゆる新自由主義的発想の浸透があまりにも急速であったため，

それの受容の度合いが人それぞれに大きく異なることに加えて，われわれすべては少なくとも9年，大多数の人々は12年ないし16年，ときにはそれ以上の長きにわたって学校教育を経験してきた当事者として，それぞれの立場から自分なりの思い入れでもって語ることが可能であるという教育問題に特有の要因も大きく関係しているのであろう。

　高等教育の外部効果はどの程度のものであるのか，その費用をだれがどのように負担するのかという問題は，高等教育の拡大に伴って多様な学力層の若者が大学等に進学するようになったことによっていっそう複雑なものとなってきた。このような現状のもとで全大学をひとまとめにして改革を検討したとしても得るところは少ないであろう。まずは「使命達成報告書」を示した上で，個別大学ごとないし大学群ごとの事情を斟酌しながら一歩ずつ議論を進めていく以外に方法はないのであろう。

注

1　なお，いささか数値は古くなるが，小藤康夫によれば2005年度における国立大学（54校）と私立大学（102校）の運営費交付金比率（運営費交付金／経常収益）ならびに補助金比率（補助金／帰属収入）は以下のとおりである。国立大学：平均値45.5%，標準偏差：8.3。私立大学：平均値：10.1%，標準偏差：3.0（小藤 2007, 18）。
2　野口晃弘は「同じ用語を異なる意味で使うことは，情報利用者に混乱をもたらす可能性があるので適切ではない。その一つの例が『損益計算書』である。……企業会計原則で意味する損益計算は行っていないのにもかかわらず，損益計算書と称して活動の結果を報告することが法律によって強制されていることになる」と指摘している（野口 2003, 35）。また野中郁江は，「ここでいう『当期純利益』は，従来の収支計算であれば，予算の未消化分とされていた『予算の節約分』および予算を超過して獲得した自己収入額から構成されている。あくまでも予算との『差異』であることに注意する必要がある。予算との差異を損益と呼ぶのは無理があろう」と評している（野中 2003, 131-132）。
3　山本清は「国民負担又は経済コスト算定は計算書自体の意思決定への有用性は認められるが，論点は，これを国立大学法人の財務諸表に含めるべきかおよびその計算様式が妥当かである。経済資源を測定の焦点にしても，財務会計で測定されるフローは，資産の無償使用や資源調達にかかる資本費用を含む機会費用概念の経済コストでない。このため，政策的意思決定の基礎資料として経済コスト計算は有用であるが，国立大学法人にとって必ずしもアカウンタブルでないコスト要素が含まれる。……経済コストでなく独法基準のように国民負担に焦点をおくと，授業料収入等の事業収入の多寡が影響し，しかも事業収入についても国立大学法人には機会保証の政策的判断が加わり自立的に決定できないため，単純な私立大学等との比較は誤った判断を招きかねない。したがって，

上記計算書は，法人の財務諸表と区分して，参考財務情報とすることが妥当と考えられる」としている（山本 2001, 155-156）。

4 山本清は「供給者として民間事業者の参入を認め，政府の直営部門と競争させるが，この場合に公正競争環境となるよう比較の尺度たるコスト算定を共通ルールたる発生主義かつ機会費用概念で行うことが要請されている。公的部門は資本調達につき公権力の行使から有利な資本調達手段を有していることおよび既に保有している資産について保有コストを認識しないと，新規参入者のサービス供給コストと比較可能性がないからである。……その意味でＮＰＭにおける会計は，企業会計の導入でなく．経済学的な機会費用概念の適用とみなすのが適切である」と評している（山本編著 2005, 226）。

5 国立大学の会計基準の最大の特徴は，国立大学の民間委託・払い下げといったことを判断するさいの資料としても利用することが可能な業務実施コスト計算書を財務諸表の体系に組み込んだところにあるといえよう。ただし，この書類が現在のところどのように利用されているのかについては残念ながらはっきりとしない。

6 なお，日本私立大学連盟が1967年に公表した『学校法人会計準則』には「基礎的前提」として学校法人の「公器性」「永続性」「予算制度」の３点があげられている。このように，経営者側も所轄庁も「公器性」「永続性」などについては認識を同じくしていたことがわかる。

7 学校法人会計基準第15条。現在の学校法人会計基準の条文の中には．先の４点の「基礎的前提」に関する直接的な記述はみられないとはいうものの，これらのうちの「永続性」を担保するという点については，学校法人会計基準において「当該会計年度の消費収入および消費支出の内容および均衡の状態を明らかにする」ために作成するものとされる消費収支計算書の基本金組入制度の中にその精神は息づいているといえる。

8 例えば「製造業の場合ですと同じ人件費でも売上原価に計上されるもの，販売費に計上されるもの，一般管理費に計上されるものに分かれます。経費も同様です。……同じような収入や支出を分類するには，会計的な判断が必要になってきます。これでは大まかな見積りは立てられても，厳密な予算制度には不向きといえます。また，科目の分類方法には，目的別分類と形態別分類とがありますが，学校法人会計は原則として形態別分類を採用しています。これも予算制度に向いているといえます」と．予算制度のもとでは判断を交えることなく機械的に処理することができるかたちの方が適しているとの指摘がある（清稜監査法人 2014, 1）。

9 例えば東京電機大学環境情報学部では，平成24～26年度入学者に対しては848,500円＋（@15,700円×履修単位数）という「学費単位従量制」を導入している（同大学では工学部第二部においても学費単位従量制がとられている）。また立命館大学アジア太平洋大学でも，684,000円＋（@20,500円×履修単位数）の従量制が採用されている。ただし，東京電機大学では「基本的な考え方」として「140単位履修した時の４年間の学費総額を既設学部と同額とする」としているが，それでは既設学部の学費水準はどのように決められているのかについての詳しい説明は見当たらなかった（長江 2005, 68）。

10 学校法人会計基準の在り方に関する検討会（第１回）議事要旨（http://www.mext.go.jp/b_menu/shingi/chousa/koutou/025/gijiroku/03093001.htm）の中の委員発言。

11 なおここでは，平成25年12月13日～12月25日に開催された「学校法人会計基準の改正に

関する説明会」で配布されたフローチャートをもとに説明している。
12 このような立場からの見解の代表的なものとしては，1998年4月に経済企画庁経済研究所から公刊された『エコノミストによる教育改革への提言―「教育経済研究会」報告書』をあげることができよう。この報告書は，アメリカなどと比較したときの大卒者の「教育の投資利回り」の低さを論拠として，日本の大学教育は効率性に劣るという観点から論を進めているのであるが，そこでの「大学進学率が低いときには，大学卒業生が1人増えることにより社会が受けるメリットは相当なものであろう。……しかし，大学進学率が高まるにつれ，限界的な外部性は逓減していくのが一般的である。現在では，高等教育の機会が増加しても，学生がその果実のほとんどを私的に収穫すると考えられる」（同報告書，60-61）として，同報告書において外部性が高いと考えている基礎研究を担う大学院―特に理工系の博士課程―以外では，基本的には受益者負担の原則を適用するのが望ましいと考えている。山内・原は「政府の供給すべき公教育には適正規模があり，それを超えると望ましくない事態が生じるという考えをもとに，高学歴社会を批判的に見る」のは「保守層・新自由主義的な立場に立つ人々に広く見られる」とする（山内・原 2006, 7）。
13 なお，前者は安住淳財務大臣，後者は川端達夫総務大臣の発言である。

参考文献

会田義雄（1972）「『学校法人会計基準』を論評する」『会計ジャーナル』7月号: 14-15。
天野郁夫（2003）『日本の高等教育システム―変革と創造―』東京大学出版会。
井口太郎（1969）「学校法人会計の特徴」井口太郎・栗山益太郎・船津忠正・村山徳五郎・山上一夫編『私立学校会計事典』帝国地方行政学会。
学校法人会計基準の諸課題に関する検討会（2012）『学校法人会計基準の諸課題に関する検討について（課題の整理）』。
経済企画庁経済研究所（1998）『エコノミストによる教育改革への提言―「教育経済研究会」報告書―』。
国家戦略室（2012）「平成24年 第3回 国家戦略会議議事要旨」（http://www.npu.go.jp/policy/policy04/pdf/20120413/yousi.pdf）。
小藤康夫（2007）「私立大学と国立大学の経営比較と会計情報のパラドックス」『商学研究所報』（専修大学商学研究所）。
榊原英資（2001）「『ゆとり教育』で日本滅亡」文芸春秋編『教育の論点』文芸春秋。
坂手恭介（2006）「全学的な予算要求システム」『文部科学教育通信』No.139: 20。
佐藤学・大内裕和・斎藤貴男（2014）「『教育再生』の再生のために」佐藤学・大内裕和・斎藤貴男『現代思想』4月号。
清稜監査法人（2014）『新学校法人会計基準ハンドブック』清文社。
寺脇研（2001）「なぜ，今『ゆとり教育』なのか」文芸春秋編『教育の論点』文芸春秋。
寺脇研（2009）『2050年に向けて生き抜く力』教育評論社。
長江光男（2005）『21世紀の私大経営と財政』学校経理研究会。
中嶋教夫（2010）「明星大学におけるBalanced Scorecardの活用―経営学科の事例を中心に―」日本会計研究学会第69回大会報告。

日本会計研究学会スタディ・グループ（1973）『学校法人会計制度の基礎』国元書房。
日本経済新聞（1997）8月3日。
日本私立学校振興・共済事業団（2007）「私立学校の経営革新と経営困難への対応」。
日本私立学校振興・共済事業団（2012）「私学の経営分析と経営改善計画」。
日本私立大学連盟学校会計委員会（2001）「新たな学校法人会計基準の確立に向けて（中間報告）」。
野口晃弘（2003）「国立大学の法人化と会計問題」『学術の動向』。
野中郁江（2003）「私立大学と国立大学の会計制度とその課題—大学会計と企業会計原理—」『経済』：131-132。
古川栄一編著（1970）『学校法人会計基準解説』同文舘出版。
丸山文裕（2013）「高等教育への公財政支出の変容」広田照幸・吉田文・小林傳司・上山隆大・濱中淳子編『大学とコスト—誰がどう支えるのか—』岩波書店。
山内乾史・原清治（2006）「学力問題・ゆとり教育序論」山内乾史・原清治編著『学力問題・ゆとり教育』日本図書センター。
山崎その（2012）『大学経営の評価システム』晃洋書房。
矢野眞和（2011）『「習慣病」になったニッポンの大学—18歳主義・卒業主義・親負担主義からの解放』日本図書センター。
矢野眞和（2012）科学研究費成果報告書「教育費政策の社会学」。
矢野眞和（2014）「教育家族の逆説」『現代思想』4月号：182。
山本清（2001）「国立大学の法人化と会計システムの課題」『大学論叢』（広島大学）第32集：155-156。
山本清編著（2005）『「政府会計」改革のビジョンと戦略』中央経済社。
米田貢（2013）「はじめに」日本科学者会議大学問題委員会編『危機に直面している日本の大学』合同出版。
Howard, B.R. (1980) *The Costs of Higher Education, How Much Do Colleges and Universities Spend Per Student and How Much Should They Spend?*, Jossey-Bass publishers.
OECD（2012）「Education at a Glance 2012」（www.oecd.org/edu/eag2012）：355。
Rubun, B.D. (1995) The Quality Approach in Higher Education : Context and Concepts for Change, Brent D. Rubun (ed.), *Quality in Higher Education*, Transaction Publishers.

索 引

A〜Z

3E ·· 6, 7
ADAMS Ⅱ ·· 203
AGA ··· 113, 114
GASB ·· 19
ICM ·· 90
IPSAS ·· 11, 23
IPSASB ·· 19
KPI ·· 205
Managerial Cost Accounting and Condepts 94
MfR ··· 8
NPG ··· 3, 25, 87
NPM ············· 3, 5, 11 14, 21, 67, 71, 87, 119, 221, 253, 274
NPO ·· 4, 5, 14, 253
NPS ··· 25, 87
NPW ·· 7
OPA ····································· 3, 24, 67, 71
PFI ··· 74
PPP ··· 4, 73, 87
SAP会計システム ·· 8
SNA ··· 68
WGA ·· 73

あ

アウトカム ································· 12, 91
アウトプット ····· 12, 13, 91, 105, 108, 109, 112, 116

意思決定 ··························· 2, 107, 114, 115
一般会計 ·· 196
一般会計・特別会計合算財務書類 ··············· 200
一般会計財務書類 ·· 200
一般会計省庁別財務書類の作成基準 ··········· 202
一般会計等 ·· 161
一般財団法人 ·· 255
一般正味財産 ·· 262

一般目的的財務報告 ··· 55
移転支出 ·· 197, 206
いわゆる公会計 ····················· 5, 6, 8, 11, 13
インテグレーテッド・コスト・マネジメント（ICM）······ 90

運営費交付金 ······················ 223, 272-275, 286

営利会計 ·· 5

応益負担の原則 ··· 215
乙号継続費 ··· 198

か

会計区分 ·· 196
会計検査院 ·· 199
会計専門職 ·· 27
概念フレームワーク ····························· 12, 54
外部効果 ·· 283
閣議のアウトプット ···································· 194
課税自主権 ·· 218
学校法人会計基準 ····························· 276, 277
合算財務書類 ·· 197
活動基準原価計算 ··· 246
活動計算書 ·· 263
神奈川県臨時特例企業税事件 ··················· 212
ガバナンス ··· 31
間接費 ······························ 104-106, 110, 116
官庁会計システム（ADAMS Ⅱ）·············· 203
監理 ·· 111
管理会計 ·· 13, 113
管理可能コスト ··· 107
管理費 ·· 263
関連原価 ·· 108

企画立案機能 ·· 205
期間進行基準 ·· 227
企業会計 ······························· 2, 11, 14, 98

企業会計手法	200
基準モデル	143
寄付	39
寄付金	214
基本金	276, 177
基本金組み入れ	277
基本金組入制度	278
旧公共管理	3
行政コスト計算書	138
行政評価	125, 205
業績	55
業績測定	107
業績評価	224
業績予算	4, 246
共通費	104
業務改善	110, 112
業務実施コスト計算書	273, 274
業務達成基準	227
金利	104
経営管理目的の原価計算基準及び概念	94
経営原価計算基準	105
経済性	6, 7, 93
景品的な方法	218
経理区分	196
結果を試行する政府マネジメント	8
結合政府	72
決算	40
決算情報	13
決算情報の評価基準	153
決算統計	6, 140
決算否認	194
欠損金	213
原価	89
原価計算	110, 112, 113, 117
原価計算対象	91
減価償却費	104, 108
公益財団法人	255
公益法人	5, 14, 253
公益法人会計基準	256
公会計	1-4, 6, 7, 11-14, 16, 68, 171
公共財政管理	57
甲号歳入歳出予算	198
公民連携（PPP）	4, 73, 87
効率化目標	237
効率性	6, 91
国際公会計基準	11, 12, 53
国際公会計基準審議会	53
国税組織	110-113, 116
国民勘定行列	78
国民勘定体系（SNA）	68
国立大学法人会計	15
国立大学法人会計基準	272, 273, 279
コスト・ベネフィット分析	194
コスト・マネジメント	12, 89, 107
コスト情報	12, 103, 104, 112, 116, 117, 206
コスト測定	14, 205
コスト有効度	93
固定制配列法	140
コントロール	207
コントロール機能	202

さ

サービス業績情報	63
サービス受領者	11, 36, 54
歳出決算報告	195
財政エンティティ	196, 204
財政の持続可能性	4
財政評価	171
再調達原価	151
歳入決算明細書	195
歳入歳出決算	194, 195
歳入歳出決算書	199
歳入歳出予算	195
歳入歳出予算書	198
財務情報	12, 171
財務諸表	11
財務書類	14, 30, 103, 107, 171
財務責任者	103, 113-117

財務的生存力	262
財務報告	12, 171
サテライト勘定	77
私会計	4
私企業会計	7
事業管理者	103, 110, 113-117
事業費	263
資金コスト	106
資金収支計算書	141
資源ストック情報	204
資源提供者	11, 36, 55
資源のインプット	194
資源フロー情報	204
市場化テスト	123
指定管理者制度	122
指定正味財産	262
資本コスト	108, 239
資本チャージ	108, 110
市民	35
事務区分	111
事務量	110-112
収支計算書	6
受益者負担	272, 284
取得原価	149
純財政状態	59
純資産変動計算書	141
省庁別財務書類	200
省庁別財務書類の作成基準	202
正味財産	7
正味財産増減計算書	263
私立大学法人会計	15
人件費	104, 109, 113
新公共管理（NPM）	3, 11 14, 21, 67, 71, 119, 221
新公共経営	3, 7
新地方公会計	6, 8
推奨実務ガイドライン	54

政策評価	205
政策別コスト情報	103, 201, 205
税収	157
税収使途	211
政府会計	4, 5, 14, 68
政府会計人協会（AGA）	113, 114
政府全体決算書（WGA）	73
政府全体志向	72
政府予算案	194
税務会計	44
責任セグメント	13, 94, 105, 108, 109, 112, 116
セグメント情報	236, 279
説明責任	30, 202
ゼロベース予算	278
選挙	40
全部原価	94
戦略コンサルテーション	57
総務省方式	6, 138, 140
総務省方式改訂モデル	141
測定目的	59
組織目的	193
租税	38
租税支出	40
租税条例主義	38
租税制度	45
租税法律主義	38
その他の義務	59
その他の資源	59
損益外費用	233

た

貸借対照表	6, 138
多元的な評価	158
地方議会	171
地方公会計	13
地方公共団体	4-6, 8, 11, 13
地方分権	121
中央省庁	13, 193

中間支援組織 266
中期計画 225, 272, 286
中期目標 225
長期持続可能性報告 61
直接費 105, 106, 109, 116
直課 105, 109

丁号国庫債務負担行為 198
伝統的行政管理（OPA） 3, 24, 67, 71

統一的な基準 149
東京都方式 148
統計情報 60
透明性 114, 115
独自財源の確保 213
特定非営利活動法人（NPO） 4, 5, 14, 253
特別会計（勘定） 196
特別会計財務書類 197, 200
特別会計財務書類作成基準 202
特別会計法 197
独立行政法人 14, 23, 194
独立行政法人会計基準 223

な

日本経済再生への戦略 138
ニュー・パブリック・ガバナンス（NPG） 3, 25, 87
ニュー・パブリック・サービス（NPS） 25, 87
ニュー・パブリック・マネジメント（NPM） 3, 5, 11, 14, 21, 67, 71, 87, 119, 221, 253, 274
認定NPO法人 257
人日 111-113, 116, 117

ネットワーク 31
年度計画 225

納税意識 215
納税者 11, 36, 209

は

配賦 106, 109
発生主義 95, 104
発生主義予算 242
バランスト・スコアカード 278

非営利会計 5, 98
非営利法人 14
非財務情報 12
非資金コスト 106
非生産プログラム・コスト 106
非補償コスト 106
費用収益相殺 234
費用進行基準 227

ファンドレイジング 264
複式簿記 7, 19
普通会計 154
フルコスト 12, 13, 103-108, 116, 237
フルコスト分析 161
ふるさと納税 16, 214
プログラム 13, 105, 106
プログラム非割当コスト 106
分権化 121

丙号繰越明許費 198

保育所事業 108, 116
法人事業税 213
法定外普通税 210
補償コスト 106
ポストNPM 72
ボランティア 265

ま

埋没原価 108
マクロ会計 5, 12, 69
マクロ環境会計 77
マクロ公会計 68, 69

マトリクス形式 …………………………… 140

ミクロ会計 ……………………………… 5, 12
ミクロ公会計 ……………………………… 68
ミッション ……………………………… 268
見積事由 ………………………………… 195
民間非営利組織 ………………………… 254

メゾ・マクロ会計 ………………………… 5
メゾの会計 ………………………………… 5

目的税 …………………………………… 211
目的積立金 ……………………………… 233
問題解決型 ……………………………… 205

や

有権者 …………………………………… 11, 36
有効性 …………………………………… 6, 7, 91

予算 ……………………………………… 40
予算参照書 ……………………………… 195
予算情報 ………………………………… 60
予算総則 …………………………… 195, 198
予定損益計算 …………………………… 196
予定貸借対照表 ………………………… 196

ら

利害関係 ………………………………… 115
領域別 ……………………………… 205, 207
料金算定 ………………………………… 107

歴史と文化の環境税 …………………… 210
レッドゾーン／イエローゾーン ……… 280, 281
連結特別会計財務書類 ………………… 200
連邦会計基準諮問委員会 ……………… 105

297

【執筆者紹介】（執筆順）

柴　　健次（しば・けんじ）〔第1章〕
　編者紹介

山本　　清（やまもと・きよし）〔第2章〕
　東京大学大学院教育学研究科教授

依田　俊伸（よだ・としのぶ）〔第3章〕
　東洋大学経営学部教授

伊澤　賢司（いざわ・けんじ）〔第4章〕
　新日本有限責任監査法人パートナー，公認会計士

大森　　明（おおもり・あきら）〔第5章〕
　横浜国立大学大学院国際社会科学研究院教授

小林　麻理（こばやし・まり）〔第6章〕
　早稲田大学政治経済学術院客員教授

藤野　雅史（ふじの・まさふみ）〔第7章〕
　日本大学経済学部准教授

松尾　貴巳（まつお・たかみ）〔第8章〕
　神戸大学大学院経営学研究科教授

大塚　成男（おおつか・しげお）〔第9章〕
　千葉大学大学院人文社会科学研究科教授

佐藤　綾子（さとう・あやこ）〔第10章〕
　富山国際大学現代社会学部准教授

会田　一雄（あいだ・かずお）〔第11章〕
　慶應義塾大学総合政策学部教授

金子　友裕（かねこ・ともひろ）〔第12章〕
　東洋大学経営学部准教授

東　　信男（あずま・のぶお）〔第13章〕
　会計検査院事務総長官房調査課国際検査情報分析官

金子　良太（かねこ・りょうた）〔第14章〕
　國學院大學経済学部教授

梅田　守彦（うめだ・もりひこ）〔第15章〕
　中京大学経営学部教授

【編著者紹介】

柴　　健次（しば けんじ）

関西大学大学院会計研究科教授，博士（商学）関西大学
1982年神戸商科大学大学院経営学研究科博士後期課程中退。
大阪府立大学経済学部教授，関西大学商学部教授を経て，2006年より現職。
現在，日本会計研究学会理事，日本ディスクロージャー研究学会名誉会長，
日本会計教育学会会長，日本学術会議連携委員など。

〈主要著書〉
『大震災後に考える リスク管理とディスクロージャー』〔編者〕同文舘出版
『IFRS教育の実践研究』〔編著〕創成社，2013年
『IFRS教育の基礎研究』〔編著〕創成社，2012年
『分析 利益情報の変容と監査』〔共著〕中央経済社，2011年
『会計専門家からのメッセージ―大震災からの復興と発展に向けて―』〔編著〕
　同文舘出版，2011年
『〈震災後に考える〉地方自治体は重い負担に耐えられるか』〔共著〕早稲田大学
　出版部，2011年
『公会計と政策情報システム』〔共著〕多賀出版，2007年
『市場化の会計学―市場経済における制度設計の諸相』中央経済社，2002年
その他著書，論文多数。

平成28年12月15日　初版発行　　　　　　　　　　　　　　略称：公共経営

公共経営の変容と会計学の機能

　　　　編著者　Ⓒ柴　　健次
　　　　発行者　　中　島　治　久

発行所　同文舘出版株式会社
東京都千代田区神田神保町1-41　　　　　〒101-0051
電話　営業(03)3294-1801　　　編集(03)3294-1803
振替　00100-8-42935　　　　　http://www.dobunkan.co.jp

Printed in Japan 2016　　　　　　　　　　　　　製版：一企画
　　　　　　　　　　　　　　　　　　　　　　印刷・製本：萩原印刷

ISBN978-4-495-20281-1

JCOPY 〈出版者著作権管理機構 委託出版物〉
本書の無断複製は著作権法上での例外を除き禁じられています。複製される
場合は，そのつど事前に，出版者著作権管理機構（電話 03-3513-6969, FAX
03-3513-6979, e-mail: info@jcopy.or.jp）の許諾を得てください。